Deutschbuch 9

Trainingsheft für Klassenarbeiten und die zentrale Prüfung

Real- und Gesamtschule Nordrhein-Westfalen

Herausgegeben von
Bernd Schurf und Andrea Wagener

Erarbeitet von
Günther Biermann, Gerd Brenner,
Friedrich Dick, Marianna Ernst,
Josi Ferrante-Heidl, Marlene Koppers,
Joana Louvros-Ankel, Anett Neumann,
Corinna Potthoff, Natascha Rompé-Schlösser,
Nicole Rottinghaus, Bianca Weber,
Carolin Wemhoff

Inhaltsverzeichnis

Wie du mit diesem Trainingsheft trainieren kannst 3

SCHREIBEN

Was macht ein/e *Mechatroniker/in*? – Ein Informationsblatt für Auszubildende erstellen 6
Aufgabentyp 2

Was guckst du?! – Einen informativen Text über ein Jugendprojekt verfassen 12
Aufgabentyp 2

Sollten Foto-Handys an Schulen verboten werden? – Einen Online-Leserbrief schreiben 18
Aufgabentyp 3

Schon als Teenager für die Schönheit unters Messer? – Einen Kommentar verfassen 26
Aufgabentyp 3

PRODUKTIONSORIENTIERTES SCHREIBEN

Barbara Lehnerer: Blind – Eine Kurzgeschichte fortsetzen 32
Aufgabentyp 6

Narinder Dhami: Kick it like Beckham – Einen Tagebucheintrag verfassen 37
Aufgabentyp 6

NACHDENKEN ÜBER SPRACHE

„Ich hatte richtig Spaß dabei …" – Einen Tagesbericht aus dem Praktikum überarbeiten 42
Aufgabentyp 5

UMGANG MIT TEXTEN UND MEDIEN

Sonja Moser: „Mach mich nicht an!" – Einen Sachtext analysieren 48
Aufgabentyp 4a

Matthias Horx: Wie wirken sich Computerspiele aus? –
Einen Sachtext analysieren 56
Aufgabentyp 4a

Botho Strauß: Drüben – Eine Kurzgeschichte analysieren und interpretieren 64
Aufgabentyp 4a

Mascha Kaléko: Weil du nicht da bist – Ein Gedicht analysieren 72
Aufgabentyp 4a

Ausziehen = Erwachsen werden? –
Informationen aus Texten entnehmen, in Beziehung setzen und bewerten 80
Aufgabentyp 4b

LESEVERSTEHEN – ZENTRALE PRÜFUNG

Susann Reichert: Medien von morgen – Geschlossene Aufgabenformate trainieren 87
Testaufgaben trainieren

Mit dem beigefügten Lösungsheft kannst du deine Ergebnisse selbst überprüfen.

Wie du mit diesem Heft für Klassenarbeiten und die zentrale Prüfung trainieren kannst

Liebe Schülerin, lieber Schüler,

mit diesem Trainer kannst du dich gezielt auf die **fünf Klassenarbeitstypen** im Fach Deutsch in der 9. Klasse vorbereiten. Alle Kapitel sind in fünf Schritten aufgebaut. Dieser „rote Faden" hilft dir dabei, die Aufgabenstellung zu verstehen, die nötigen Teilaufgaben erfolgreich zu lösen und deinen zusammenhängenden Text zu überarbeiten:

A Die Aufgabe verstehen

    B Erstes Textverständnis – Stoff sammeln – Ideen entwickeln

        C Übungen

            D Den Schreibplan erstellen

                E Den eigenen Text überarbeiten

Klassenarbeiten vorbereiten – Aufgabentypen erkennen

1 a) *Finde mit Hilfe der Übersicht auf Seite 4 heraus, um welchen **Aufgabentyp** es in der nächsten Klassenarbeit gehen wird. Wenn du dir nicht sicher bist, frage deine Lehrerin oder deinen Lehrer.*
b) *Mach dich mit den Arbeitsschritten A bis E vertraut und bearbeite das jeweilige Kapitel. Beachte dabei auch die Zwischenüberschriften, die wichtige **Arbeitsschritte** ausdrücklich benennen.*

Die Aufgabenstellung genau lesen – Operatoren erkennen

2 a) *Verschaffe dir anhand der Übersicht auf der nächsten Seite einen Überblick, welche (Teil-)Anforderungen in den verschiedenen Aufgabentypen erwartet werden. Diese Anforderungen, auch **Operatoren** genannt, werden in der Aufgabenstellung meist ausdrücklich erwähnt (z. B. interpretiere, analysiere, bewerte, stelle dar …).*
b) *Kläre zunächst mit Hilfe des Inhaltsverzeichnisses bzw. der Kopfzeilen der Kapitel, um welchen Aufgabentyp es sich jeweils in dem Kapitel handelt. Trage in der linken Spalte die Nummer des Aufgabentyps ein.*
c) *Ergänze dann in der mittleren Spalte die Operatoren, die als Teilaufgaben der Aufgabenstellung genannt werden.*
d) *Trage in der vorletzten Spalte ein, von welcher Seite bis zu welcher Seite das jeweilige Kapitel sich erstreckt.*

3 *Finde jeweils heraus, was die Operatoren bedeuten. Was ist z. B. auf Seite 48 gemeint, wenn bei Aufgabentyp 4a von der Anforderung „analysieren" die Rede ist? Schlage zur Übung im Teil A des zugehörigen Kapitels nach. Kreuze die richtige Antwort an.*

Du sollst …

a) ☐ … die jeweilige Textgrundlage der Klassenarbeit gründlich auf Fehler hin durchsehen.

b) ☐ … immer alle formalen und sprachlichen Mittel untersuchen, die im Text vorkommen.

c) ☐ … prüfen, ob du der Meinung des Verfassers guten Gewissens zustimmen kannst.

d) ☐ … z. B. stilistische Auffälligkeiten herausfinden oder die Gliederung des Textes erklären.

4 a) *Schau dir deine letzten Klassenarbeiten an. Welche Anforderungen konntest du schon gut erfüllen, an welchen musst du noch arbeiten?*
b) *Setze in der Liste auf Seite 4 in der Spalte rechts ein Häkchen, wenn du den Aufgabentyp bearbeitet und die Operatoren verstanden hast.*

	Aufgabentyp	Erläuterungen und Beispiele	Operatoren	Seite	✓
2	Einen **informativen Text verfassen**	Hier sollst du auf Grundlage von Materialien einen informativen Text schreiben (z. B. ein Informationsblatt oder einen Bericht) und anschließend erklären, warum du welche Mittel eingesetzt hast (z. B. Stil, Aufbau, Inhalt usw.).	☐ erstellen ☐ verfassen ☐ erläutern ☐ …	S. 6–11 S. …	
3	Eine textbasierte **Argumentation** zu einem Sachverhalt **erstellen**	Dieser Aufgabentyp erfordert, dass du zu einem Sachverhalt deine Meinung darstellst und begründest, z. B. in Form eines Kommentars oder Leserbriefs. Dabei sollst du Argumente aus den Materialien und eigenes Wissen einbeziehen.	☐ verfassen ☐ …	S. 18–25 S. …	
__	Einen **Sachtext** bzw. medialen Text **analysieren** *oder:* Einen **literarischen Text analysieren** und **interpretieren**	Hier geht es darum, die genannten Aspekte (Inhalt, Aufbau, Sprache, Bildlichkeit o. Ä.) des jeweiligen Textes zu untersuchen. Die Aussage eines Sachtextes (z. B. Artikel aus Magazinen oder Fachzeitschriften) bzw. eines literarischen Textes (z. B. Gedicht oder Kurzgeschichte) sollte richtig erfasst und dazu kurz Stellung genommen werden.	☐ zusammenfassen ☐ …	S. 48–…	
__	Mehreren verschiedenen Materialien **Informationen entnehmen**, diese **vergleichen**, **deuten** und **bewerten**	Textgrundlage sind hier verschiedene Materialien, z. B. Sachtexte aus Lexika oder Zeitungen, Diagramme und Tabellen, zu einem strittigen Thema. Wesentliche Aussagen der Materialien sollst du wiedergeben, auf Übereinstimmungen und Unterschiede hin vergleichen und zum Thema Position beziehen.	☐ …	S. …	
__	Einen vorgegebenen Text **überarbeiten** und die Textänderungen **begründen**	Bei diesem Aufgabentyp erhältst du einen fehlerhaften Text (z. B. einen misslungenen Praktikumsbericht), den du gezielt auf bestimmte Mängel hin durchsuchen und entsprechend verbessern sollst (z. B. im Hinblick auf Satzbau, Ausdruck, Rechtschreibung). Deine Überarbeitung sollst du anschließend kurz anhand von Regeln begründen.	☐ …	S. …	
__	Einen literarischen Text **produktiv** und **kreativ umgestalten**	Dieser Aufgabentyp verlangt, dass du dich intensiv mit einem literarischen Text auseinandersetzt, z. B. indem du ihn fortsetzt oder aus Sicht einer Figur einen Tagebucheintrag schreibst. Es kommt darauf an, die Textgrundlage richtig zu deuten sowie sprachlich und inhaltlich daran anzuknüpfen. Außerdem ist zu begründen, warum dein Text inhaltlich und sprachlich zur Vorlage passt.	☐ …	S. …	

Sich selbst richtig einschätzen – aus Fehlern lernen

Mach dir nichts vor: Eine ehrliche Selbsteinschätzung verlangt von dir Mut, Ehrlichkeit und ein scharfes Urteil. Folgende Hinweise können dir helfen, dich zunehmend realistisch einzuschätzen:

Wo du wirklich stehst, erfährst du nur, wenn du erst **nach** Beendigung der Übung ins Lösungsheft schaust.

Zu allen Aufgaben enthält das **Lösungsheft** eine Lösung. Nutze sie regelmäßig zur Selbstkontrolle:
- ☐ Markiere die Stellen, an denen du von der Lösung abweichst.
- ☐ Mache dir klar, ob es sich bei den Abweichungen um echte Fehler handelt oder nicht.
- ☐ Streiche falsche Lösungen durch, schreibe die richtige Antwort farbig daneben.
- ☐ Ergänze fehlende Antworten in deiner Korrekturfarbe, damit du auf einen Blick erkennst, woran du noch arbeiten musst.

Für jeden Klassenarbeitstyp findest du im Lösungsheft einen beispielhaften **Musteraufsatz** oder ein **Punkteraster**.
- ☐ Lass deine Arbeit am besten von jemand anderem (Eltern, Geschwister, Klassenkameraden ...) mit Hilfe der Musterlösung bzw. der Punkteraster bewerten. Eine unbeteiligte Person hat mehr Abstand und sieht Fehler oft besser.
- ☐ Falls es niemand anderen gibt, korrigiere bzw. überarbeite deine Arbeit erst am nächsten Tag, damit du etwas Abstand hast.
- ☐ Verfahre bei der Korrektur entsprechend der Vorschläge in Hinweis 2. Falls jemand anderes deine Arbeit kontrolliert, besprich anschließend mit dieser Person ausführlich deine Arbeit.
- ☐ Versuche zu klären, was du schon gut kannst und woran du noch weiterarbeiten musst.
- ☐ Ist ein Aspekt sinngemäß bearbeitet, bedeutet das die **volle Punktzahl**, ist er in Ansätzen erkennbar, heißt das die **halbe Punktzahl**. Ist ein Teilbereich falsch oder fehlt ganz, gibt es **keine Punkte**.

Sich gründlich vorbereiten – die Checkliste nutzen

Nutze die **Tipps** (Umschlagseiten 2-5) und die **Checklisten** (in den Kapiteln) zur Vorbereitung:
- ☐ Lies die Tipps in den Umschlagseiten mehrere Male intensiv durch.
- ☐ Schau dir die Checkliste am Ende des Kapitels, das du zur Vorbereitung der bevorstehenden Arbeit bearbeitet hast, gründlich an. Lerne die Checkliste ggf. auswendig.

Orientiere dich während der Klassenarbeit an den **fünf Schritten** aus diesem Trainer:
(A) Überlege, welche Teilaufgaben zur Aufgabe gehören und in welcher Reihenfolge du sie bearbeiten willst. Frage notfalls deine Lehrerin/deinen Lehrer nach einem guten Tipp.
(B) Bearbeite die Materialien gründlich (Text verstehen, Stoff sammeln, Ideen entwickeln).
(C) Erinnere dich, welche Aspekte du bei diesem Aufgabentyp gezielt geübt hast.
(D) Erstelle eine Gliederung oder einen Schreibplan, bevor du ins Reine schreibst.
(E) Nutze die Checkliste des jeweiligen Aufgabentyps zur Kontrolle und Überarbeitung.
- ☐ Prüfe, ob du alle Aspekte der Aufgabenstellung gelöst hast – hake die Operatoren ab.
- ☐ Bist du mit dem Ergebnis deiner Arbeit zufrieden? Wenn nicht, was kannst du noch ändern?

Viel Erfolg bei deiner Vorbereitung – und viel Glück!

SCHREIBEN

Was macht ein/e *Mechatroniker/in*? – Ein Informationsblatt für Auszubildende erstellen

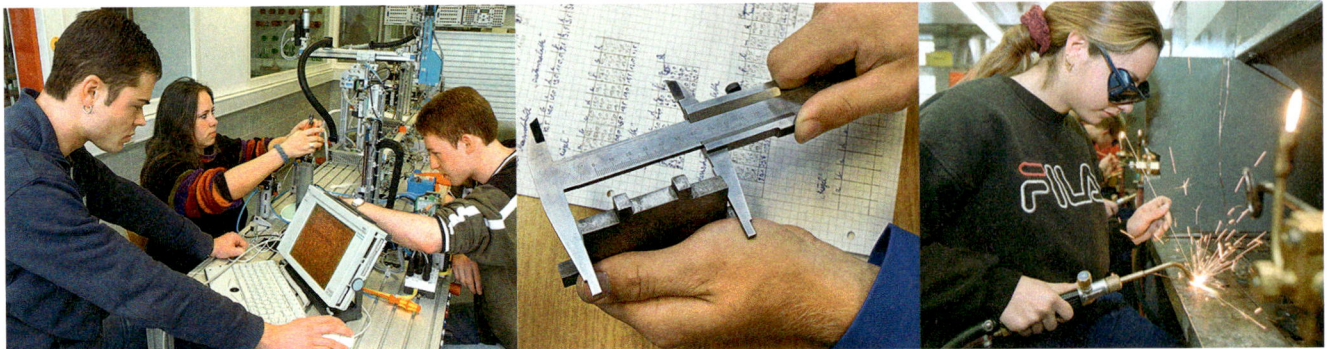

Im Anschluss an die Berufsinformationswoche soll eine Berufsinformationsbroschüre erstellt werden.
1. Verfasse auf Grundlage der Materialien M1–M4 ein Informationsblatt über das Berufsbild eines Mechatronikers/einer Mechatronikerin für interessierte Mitschülerinnen und Mitschüler.
2. Begründe anschließend Aufbau und sprachliche Gestaltung deines Informationsblattes und deine Informationsauswahl.

M1 Wer kann Mechatroniker/in werden?

Wie für alle gesetzlich geregelten Ausbildungsberufe ist auch für Mechatroniker/innen keine bestimmte schulische Vorbildung vorgeschrieben. Die meisten Betriebe bevorzugen bei der Einstellung jedoch Auszubildende mit mittlerem Bildungsabschluss (Realschul-, Fachschulabschluss usw.). Weder ein Mindestalter noch ein Höchstalter ist
5 gesetzlich vorgeschrieben, die Ausbildung ist für Frauen wie Männer gut geeignet.
Darüber hinaus werden zurzeit folgende Eigenschaften und Fähigkeiten von Ausbildungsbetrieben vorausgesetzt: gute Mathematik-, Physik- und Informatikkenntnisse, außerdem logisches Denken sowie Abstraktionsvermögen, Geschick bei technisch-handwerklicher Tätigkeit, Interesse für Technik, Mathematik und elektronische Daten-
10 verarbeitung (für zunehmend computergesteuerte Geräte), aber auch gute Leistungen in Deutsch, insbesondere Sicherheit in Rechtschreibung, Satzbau und Ausdruck sowie Englischkenntnisse.
(aus einem Faltblatt im Ausbildungszentrum)

M2 Was macht ein Mechatroniker?

Das Berufsbild Mechatroniker/in gibt es erst seit 1998. Als Schnittstelle verbindet dieser junge Ausbildungsberuf die Berufsfelder Elektrotechnik, Metalltechnik und Informatik: Der Begriff Mechatroniker/in setzt sich zusammen aus **Mecha**niker/in + Elek**tron**iker/in + Informa**tiker**/in.
5 Beispielsweise der Autopilot eines Motorboots, die Abfüllanlage in einer Fabrik, die programmierbare Mikrowelle, der MP3-Player oder Roboter sind ohne diese Verzahnung von Technik undenkbar.
Nach der 3,5-jährigen Ausbildung können Mechatroniker/innen diese und andere Anlagen montieren oder demontieren, transportieren und aufbauen. Sie können sie program-
10 mieren und in Betrieb nehmen oder prüfen, warten und reparieren. Dabei stehen sie im Kontakt zu ihren Kunden und setzen deren Wünsche mit Hilfe von Mechanik, Elektronik, Informations-, Steuerungs- und Regelungstechnik um. Sehr viele Branchen benötigen diese vielseitigen Fachkräfte, wie z. B. Maschinenbau, Elektronikindustrie, Chemische Industrie, Automobilbau, Energiegewinnung und -versorgung.
(aus einer Berufsinformationsbroschüre)

M3 Frauenpower: Drei junge Mechatronikerinnen „stehen ihren Mann"

Dass ein technischer Beruf keineswegs nur Männersache ist, beweisen drei junge engagierte Mechatronikerinnen jeden Tag aufs Neue: Danika, Birgit und Anna-Sophie haben ihre Ausbildung erfolgreich abgeschlossen und sind seitdem als einzige weibliche Mechatronikerinnen im Werk eingesetzt.

5 Anna-Sophie ist unter anderem für die Fehlerbehebung an verschiedenen Anlagen zuständig. Birgit und Danika arbeiten in der Produktion. Ihre Aufgabe ist es, die Maschinen zu bedienen, zu warten und Störungen zu beheben.

Warum haben sich die jungen Frauen gegen einen der typischen „Mädchenberufe" wie beispielsweise Friseurin, Verkäuferin oder Büroangestellte entschieden? Alle drei sind
10 handwerklich geschickt und an technischen Zusammenhängen interessiert. Anna-Sophie erkundigte sich eingehend bei der Berufsberatung, Danika wurde von ihren Freunden auf die Ausbildung aufmerksam gemacht. Bei Birgit war ein Schnupper-Praktikum der entscheidende Auslöser – ebenso wie die Zukunftssicherheit und die guten Aufstiegschancen: Man kann eine Meister- oder Technikerprüfung machen und sogar
15 Diplom-Ingenieurin werden. Das Anfangsgehalt kann 2000 € übersteigen.

Auch nach einem Jahr Praxiserfahrung ist die Begeisterung der jungen Damen ungebrochen: Obwohl es gerade am Anfang galt, manchen männlichen Kollegen von ihren Fähigkeiten zu überzeugen, würden die drei diesen interessanten Beruf technikinteressierten jungen Frauen jederzeit empfehlen. „Wir sind akzeptiert und haben nur gute
20 Erfahrungen gemacht", resümiert Anna-Sophie.

(aus der Presseerklärung eines Automobilzuliefererunternehmens)

M4 Wie sieht die Ausbildung aus?

Aufgabentyp 2 – Einen informativen Text verfassen

A Die Aufgabe verstehen

1 a) *Was sollst du tun? Markiere die **Operatoren** und **Schlüsselbegriffe** in der Aufgabenstellung.*
b) *Kreuze an: Welche Arbeitsschritte sind sinnvoll, um die Aufgabe zu lösen, welche nicht?*

Du sollst ...	sinnvoll	unsinnig
a) ... ausschließlich über die Nachteile des Berufs „Mechatroniker/in" berichten.	☐	☐
b) ... wichtige Informationen aus den Materialien verwenden und neu zusammenstellen.	☐	☐
c) ... die ganze Fülle von Informationen aus allen Materialien verwenden.	☐	☐
d) ... einen kreativen Aufbau wählen, damit dein Text unterhaltsam ist.	☐	☐
e) ... Fakten über die Ausbildung zum/zur „Mechatroniker/in" zusammenfassen.	☐	☐
f) ... deine Meinung über den Beruf „Mechatroniker/in" darstellen und begründen.	☐	☐
g) ... begründen, welche Informationen du aus welchem Material ausgewählt hast.	☐	☐
h) ... möglichst nur Jugendsprache nutzen, um deine Zielgruppe anzusprechen.	☐	☐
i) ... Aufbau und Sprache so wählen, dass dein Text übersichtlich und informativ ist.	☐	☐

B Erstes Textverständnis – Stoff sammeln

Leitfragen entwickeln

1 *Welche Informationen könnten deine Mitschülerinnen und Mitschüler interessieren? Notiere mögliche (W)-Fragen.*

– Was heißt „Mechatronik" eigentlich?

– Was macht ein Mechatroniker/eine Mechatronikerin?

– ...

_____

_____

_____

_____

_____

_____

_____

Sich einen Überblick verschaffen

2 a) *Verschaffe dir einen Überblick über die Materialien M1–M4, indem du sie sorgfältig liest.*
b) *Markiere dann Textstellen, die für deine Adressaten wichtig sind. Suche dazu gezielt nach Informationen, die Antworten auf die W-Fragen geben, und unterstreiche sie. Verwende pro Frage eine bestimmte Farbe.*
c) *Umkreise wichtige Schlüsselbegriffe, damit du Informationen zu diesem Begriff schnell wiederfindest.*

Aufgabentyp 2 – Einen informativen Text verfassen

Alle Materialien auswerten

3 *Ergänze die folgende Tabelle um deine **Leitfragen** (ganz links). Trage daneben die **Antworten** zusammen und notiere rechts davon, aus welchem **Material** sie stammen. Lass die letzte Spalte zum **Ort** noch frei.*

W-Frage	Antwort	Material	Ort
Was heißt „Mechatronik"?	Mechatronik umfasst die Berufsfelder Mechanik, Elektronik, Informatik; ...	M 2, Z. 3–4	
Was macht ein/eine Mechatroniker/in?	Aufgaben des Mechatronikers/der Mechatronikerin bestehen in Aufbau, Übergabe, Prüfung, Wartung und Reparatur von ...	M 2, Z. ...	
...	...		

C Übungen

Merkmale der Textsorte bedenken

1 *Was kennzeichnet ein Informationsblatt inhaltlich? Kreuze an.*

Ein Informationsblatt ... richtig falsch

a) ... stellt kurz wesentliche Fakten dar. ☐ ☐

b) ... informiert über alle Details. ☐ ☐

c) ... setzt wenige Schwerpunkte. ☐ ☐

d) ... nimmt Stellung zum Thema. ☐ ☐

e) ... nennt anschauliche Beispiele. ☐ ☐

f) ... beantwortet wichtige W-Fragen. ☐ ☐

> **TIPP**
> **Informative Texte** sind ...
> ☐ klar strukturiert,
> ☐ kurz und sachlich,
> ☐ gut verständlich,
> ☐ auf Fakten beschränkt.

Aufgabentyp 2 – Einen informativen Text verfassen

2 *Überlege, mit welchen Gestaltungsmitteln du **Übersichtlichkeit** erzeugen kannst. Beschränke dich auf einige dieser Mittel und begründe kurz deine Wahl.*

„Orientierung auf einen Blick" erzeugst du, indem du zum Beispiel ...

a) ☐ ... mit verschiedenen Farben arbeitest.
b) ☐ ... Zwischenüberschriften verwendest.
c) ☐ ... eine aussagekräftige Skizze zeichnest.
d) ☐ ... neue Gedanken durch Absätze trennst.
e) ☐ ... eindeutige Symbole (→ ✏ ✂ ? !) nutzt.
f) ☐ ... mit Spiegelstrichen arbeitest.
g) ☐ ... Fachbegriffe markierst und erklärst.
h) ☐ ... untergeordnete Punkte einrückst.
i) ☐ ... nur die wichtigsten Überschriften markierst.
j) ☐ ... pro Absatz eine neue Farbe wählst.

Ich habe mich für folgende Gestaltungsmittel entschieden:

_____) → Begründung: _____

_____) → Begründung: _____

_____) → Begründung: _____

_____) → Begründung: _____

Interesse wecken und informieren

3 *Welche **Überschrift** eignet sich für dein Informationsblatt am ehesten? Begründe deine Auswahl. Berücksichtige dabei deine Adressaten und die Aufgabe der Textsorte.*

a) ☐ **Mecha**niker+Elek**tron**iker+Informat**iker**? Ein toller Job!
b) ☐ Mechatroniker/in – ein Ausbildungsberuf seit 1998
c) ☐ Mechatroniker/in – An der Schnittstelle zwischen Mechanik, Elektronik und Informatik
d) ☐ Mechatroniker/in – Ein Beruf mit Zukunft

Überschrift _____ eignet sich am ehesten, da _____

_____

Den richtigen „Ton" treffen

4 *Der folgende **Anfang** eines Informationsblattes ist zu umgangssprachlich geraten. Überarbeite Formulierungen, die für die Textsorte **nicht** geeignet sind, mit Hilfe des Tipps.*

TIPP

Ein **Informationsblatt** ...
☐ spricht **auch** die **Sprache** seiner Adressaten,
☐ trifft einfache, eindeutige, kurze Aussagen,
☐ ist so kurz wie möglich und so lang wie nötig.

VORSICHT FEHLER!

Du suchst den Beruf der Zukunft? Hier ist er:

Mechatroniker/in ist ein cooler Job – ein Mix aus Mechaniker, Informatiker und Elektroniker.

Man schraubt an Anlagen und Maschinen rum und nimmt die Dinger auch in Betrieb,

guckt, dass alles glatt läuft, und checkt die Anlagen regelmäßig, auch bei den Kunden.

Und die Knete ist echt nicht schlecht!

Aufgabentyp 2 – Einen informativen Text verfassen

D Den Schreibplan erstellen

Den Leser am „roten Faden" führen

1 *Entscheide mit Hilfe deiner Materialsammlung aus Teil B zunächst, welche Informationen sich für einen **Einstieg**, **Hauptteil** und **Schluss** eignen. Markiere diese Informationen in der Stoffsammlung (S. 9, Aufg. 3) entsprechend, indem du in der Spalte „**Ort**" ganz rechts ein (E), (H) bzw. (S) notierst. Begründe deine Auswahl kurz.*

_____

_____

2 *Überlege nun, welche der übrig gebliebenen Fragen des Hauptteils thematisch zusammengehören. Ordne sie den folgenden Zwischenüberschriften zu, indem du sie hier notierst.*

	Ausbildung		Voraussetzungen		_____
1.	Was lernt man in der Ausbildung?	☐	… _____	☐	… _____
☐	Wie lange …	☐	_____	☐	_____
☐	…	☐	_____	☐	_____

3 *Sortiere diese Zwischenüberschriften und nummeriere sie in der Reihenfolge, in der du sie im **Hauptteil** verwenden willst. Begründe in wenigen Stichworten die von dir gewählte Reihenfolge. Arbeite in deinem Heft.*

Das Informationsblatt und die Begründung verfassen

4 *a) Formuliere nun eine eigene Überschrift und einen kurzen informativen Einstieg, der neugierig macht.*
b) Arbeite mit Hilfe deiner Vorarbeiten den Hauptteil aus. Konzentriere dich auf wesentliche Informationen.
c) Verwende für den Schluss die Informationen, die du in deiner Tabelle dafür vorgesehen hast.

5 *Erkläre kurz Aufbau und sprachliche Gestaltung deines Informationsblattes und begründe die Informationsauswahl.*

E Den eigenen Text überarbeiten

1 *Prüfe mit Hilfe der folgenden Checkliste, an welchen Stellen du deinen Text überarbeiten solltest.*

☑ Checkliste „Informationsblatt"

		➕	➖
Inhalt	☐ Hast du die wesentlichen Informationen aus allen **vier Materialien** genutzt?	☐	☐
	☐ Ist deine **Überschrift** informativ und weckt dabei Interesse?	☐	☐
Aufbau	☐ Stehen alle Informationen zu einem Gliederungspunkt zusammen?	☐	☐
	☐ Nutzt du **Orientierungshilfen**, um deinen Text übersichtlich zu gestalten?	☐	☐
Sprachliche	☐ Informierst du sachlich, klar, kurz und verständlich?	☐	☐
Gestaltung	☐ Triffst du trotzdem den „richtigen Ton" für eine 9. Klasse?	☐	☐
Begründung	☐ Begründest du Aufbau, sprachliche Gestaltung und Informationsauswahl?	☐	☐
Sprachliche	☐ Vermeidest du dabei Umgangssprache und nutzt Fachbegriffe?	☐	☐
Richtigkeit	☐ Hast du **Rechtschreibung** und **Zeichensetzung** in deinem Informationsblatt und deiner Begründung sorgfältig überprüft?	☐	☐

SCHREIBEN

Was guckst du?! – Einen informativen Text über ein Jugendprojekt verfassen

Die Friedrich-Ebert-Stiftung hat ein interkulturelles Miteinander-Training für Schulklassen veranstaltet.
1. Verfasse auf der Basis der Materialien M1–M3 zu dieser Veranstaltung einen Bericht für die Schülerzeitung, der sich an interessierte Mitschülerinnen und Mitschüler richtet.
2. Finde für deinen Beitrag eine passende Überschrift und begründe Informationsauswahl, Sprache und Aufbau deines Artikels.

M1

INTERKULTURELLES MITEINANDER-TRAINING

Das Training richtet sich an Schulklassen aller weiterführenden Schularten von Jahrgangsstufe 7 bis 10. Die Teilnehmerzahl ist auf maximal 20 Schüler und Schülerinnen beschränkt.

Leitung: TheaterpädagogInnen
Ort: FES Bonn
Godesbergerallee 149
53175 Bonn
Datum: 19.09.2007

PROGRAMM (Auszüge)
- Begrüßung und Einführung
- Aufwärm- und Kennenlernübungen
- Szenenarbeit in Kleingruppen (Theaterspiele)
- Gruppengespräch zum Thema „Vorurteile / Fremdsein / unterschiedliche Kulturen"
- Szenische Improvisationen zum Thema
  Pause
- Präsentation im Plenum
- Diskussion über Vorurteile und Toleranz
- Abschlussgespräch

 M2 Interview mit einer Teilnehmerin

Wie heißt du?
Hilal Uzunyurt

Wie lange lebst du schon in Deutschland?
Seit ich geboren bin.

5 *Was willst du später mal werden?*
Grundschullehrerin. Ich will mein Abitur machen und dann studieren.

Ist es in der Türkei normal, dass eine Frau einen Beruf erlernt?
Also die Frauen, die ich kenne, die sind alle Hausfrauen. Die Männer machen die Berufsarbeit.

10 *Wie hat es dir heute beim interkulturellen Schüler/-innen-Dialog „Was guckst du?!" gefallen?*
Es hat mir sehr gut hier gefallen. Und ich fand es gut, dass wir die anderen so schnell und gut kennen gelernt haben. Wir gehen gleich zusammen in die Stadt.

Aufgabentyp 2 – Einen informativen Text verfassen

M3 Rückblick: Brief eines Veranstaltungsteilnehmers

Lieber Max,

wie geht es dir? Mir geht es gut.

Gestern haben wir mit unserer Klasse bei einem irren Seminar der Friedrich-Ebert-Stiftung mitgemacht. Es hieß „Was guckst du?!" Wir hatten viel Spaß, weil wir in unterschiedliche Rollen
5 *schlüpfen mussten und fast den ganzen Tag Theater gespielt haben.*
Nicht nur meine Klasse von der Gesamtschule hat teilgenommen, sondern auch eine Gruppe von Schülerinnen und Schülern aus einer Realschule. Wir waren total bunt gemischt: Deutsche, Türken, Marokkaner ... insgesamt acht verschiedene Nationalitäten, obwohl die meisten in Deutschland geboren sind. Zwei Theaterpädagoginnen haben die Veranstaltung geleitet. Wir sollten ver-
10 *schiedene Situationen vom Schulhof, Pöbeleien aus der Klasse oder auch Begegnungen in der Disco nachspielen. Wie du dir vorstellen kannst, fiel es einigen überhaupt nicht schwer, blöde Sprüche zu klopfen und andere dumm anzumachen. Zuerst dachte ich, dass wir untereinander ziemlichen Stress bekommen würden, aber schon nach dem ersten szenischen Spiel war das Eis gebrochen. Was haben wir gelacht!*
15 *Es war cool zu beobachten, dass Jugendliche unterschiedlicher Nationalitäten besser miteinander klarkommen, wenn sie sich kennen gelernt haben. Die Konflikte im Rollenspiel auszuprobieren, war echt hilfreich. Die Theaterpädagoginnen hatten viele Tipps, wie wir uns in die anderen hineindenken konnten. In Gesprächen nach den einzelnen Spielszenen konnten wir schließlich ganz schnell die üblichen Vorurteile feststellen, die oft zwischen unterschiedlichen Nationalitäten ste-*
20 *hen. Wir haben bei dem Training gelernt, dass man die Unterschiede der Kulturen besprechen oder kennen lernen muss, damit Integration funktioniert.*
Am Ende haben wir uns nicht nur beim Theaterspielen gut verstanden, sondern sind sogar nach der Veranstaltung noch zusammen in die Stadt gegangen.
Vielleicht kannst du ja auch einmal an einem ähnlichen Seminar teilnehmen. Es lohnt sich.
25 *Meld dich mal wieder bei mir, bis bald!*

Sebastian

A Die Aufgabe verstehen

1 *Welche der folgenden Arbeitsschritte gehören zur Aufgabenstellung, welche nicht? Kreuze an.*

Bei dieser Klassenarbeit musst du ...	zugehörig	nicht zugehörig
a) ... das vorliegende Material sichten und gezielt auswerten.	☐	☐
b) ... die Texte in Sinnabschnitte einteilen und geeignete Überschriften finden.	☐	☐
c) ... einen informativen Artikel für eine Schülerzeitung schreiben.	☐	☐
d) ... deine eigene Meinung zu dem Projekt formulieren und erörtern.	☐	☐
e) ... unbedingt alle Details aus den Materialien berücksichtigen.	☐	☐
f) ... wichtige Informationen für Mitschüler/innen neu zusammenstellen.	☐	☐

Aufgabentyp 2 – Einen informativen Text verfassen

2 *Dein Text richtet sich an Mitschüler/innen. Lies dir folgende drei Beispielsätze durch, wähle einen Satz für deinen informativen Text aus und begründe kurz deine Entscheidung. Bedenke dabei, für wen du den Bericht schreiben sollst.*

A: Die theaterpädagogische Interaktion ermuntert zur Demontage interkultureller Klischees sowie zur Ausbildung eines wechselseitigen Verständnisses.

B: Das Miteinander-Training soll dazu beitragen, Vorurteile gegenüber Fremden abzubauen und Toleranz und Verständnis für andere zu entwickeln.

C: Beim Training lernst du quasi (Theater-)spielend und bleibst total relax.

Ich habe mich für Satz ☐ entschieden, da _____

_____

B Erstes Textverständnis – Stoff sammeln

1 *Mit deinem Bericht für die Schülerzeitung verfolgst du eine bestimmte Absicht (Intention). Schreibe deine Absicht auf. Der Tipp hilft dir dabei.*

Ich beabsichtige mit meinem Artikel ... _____

_____

_____

> **TIPP**
> **Intentionen** von Texten können sein:
> ☐ zu etwas auffordern,
> ☐ etwas erläutern,
> ☐ etwas beschreiben,
> ☐ über etwas informieren,
> ☐ Regeln aufstellen.

2 *Um dieser Absicht zu entsprechen, sollte ein Bericht die wichtigsten W-Fragen beantworten.*
  a) *Schau dir folgendes Cluster an und ergänze zunächst die fehlenden W-Fragen.*
  b) *Markiere anschließend mit sechs verschiedenen Farben Textstellen in M1–M3, die darauf Antwort geben.*
  c) *Notiere die Informationen, die zu den Fragen gehören, an entsprechender Stelle im Cluster.*

Was?   **Wer hat teilgenommen?/ Wer hat es durchgeführt?**   **...?**

                                                                – am 19.09.2007

Ein interkulturelles Miteinander-Training

...?   **Wie wurde trainiert?**   **Wozu?/Warum?**

            – szenisches Improvisieren (M1)   – Chance für Integration (M3)

C Übungen

1 *Oft enthalten Texte mehr Informationen, als du für die Lösung der Aufgabenstellung benötigst. Notiere, welche Informationen aus M1, M2 und M3 in deinem Cluster nicht auftauchen. Begründe kurz, warum sie für diese Aufgabe keine Rolle spielen. Verwende dazu die Formulierungshilfen unten.*

M1 _habe ich nur teilweise verwendet, weil Einzelheiten des Tagesablaufs nicht in den Bericht gehören, z. B. ..._

M2 _habe ich ganz weggelassen,_ _____

M3 _..._ _____

Formulierungshilfen

persönliche Eindrücke – Aufzählung von Zielen des Miteinander-Trainings – Erklärungen zur Durchführung des Trainings – Stellungnahme

Auf Sprache und Stil achten

TIPP
Die **Sprache** in informativen Texten ist ...
- ☐ präzise und verständlich,
- ☐ nicht umgangssprachlich,
- ☐ an die Adressaten angepasst.

2 *Welche sprachlichen und stilistischen Merkmale kennzeichnen einen informativen Text in einer **Schülerzeitung**? Kreuze an.*

Ein Beitrag für eine Schülerzeitung ...   richtig   falsch

a) ... weist auch auf alle Details und Einzelheiten hin. _____   ☐   ☐
b) ... sollte so ausführlich wie nötig und so kurz wie möglich sein. _____   ☐   ☐
c) ... muss für Jugendliche in Umgangssprache verfasst werden. _____   ☐   ☐
d) ... stellt zentrale Punkte eines Themas zusammenhängend dar. _____   ☐   ☐
e) ... darf keine persönlichen Gefühle und Wertungen enthalten. _____   ☐   ☐
f) ... wiederholt die wesentlichen Aussagen so häufig wie möglich. _____   ☐   ☐

3 *Nur eine der drei Überschriften eignet sich für deinen Bericht. Welche würdest du auswählen? Begründe.*

TIPP
Eine **Überschrift** sollte ...
- ☐ möglichst kurz sein,
- ☐ das Thema auf den Punkt bringen,
- ☐ verständlich sein,
- ☐ neugierig machen.

A: Multikulturelles Theaterprojekt hilft, Vorurteile zu überwinden

B: Cool bleiben – im Spiel Multikulti trainieren

C: Kultur und Integration – theaterpädagogisches Miteinander-Training

D: Was für eine Vorstellung: Viele Kulturen, eine Bühne, kein Vorurteil

Überschrift ☐ _passt am besten zu meinem informativen Text, weil ..._ _____

4 *Auch der Einstieg in deinen Bericht sollte deine Leser/innen ansprechen. Entscheide, welche der beiden Einleitungen gelungener ist, und begründe kurz.*

A Letzten Samstag gab's ja mal wieder Zoff zwischen deutschen und ausländischen Gangs am Bahnhof. Also: Wir brauchen Sachen, die Jugendliche zueinanderbringen!

B „Was guckst du?!" hieß ein interkulturelles Training für Jugendliche der Friedrich-Ebert-Stiftung in Bonn. Mit Theater- und Rollenspielen sollten Vorurteile überwunden werden.

Aufgabentyp 2 – Einen informativen Text verfassen

Ich finde Einleitung ☐ besser, da ...

_____

_____

_____

> **TIPP**
> Eine **Einleitung** ...
> ☐ liefert erste, allgemeine Informationen,
> ☐ spricht die Adressaten an,
> ☐ weckt das Leserinteresse.

5 Fasse für den Hauptteil deines Textes die wichtigsten Informationen über das Miteinander-Training zusammen. Greife dazu auf deine Ergebnisse aus Teil B zurück. Du kannst dazu die folgenden Satzbausteine und den Wortspeicher verwenden. Arbeite in deinem Heft.

> Am 19.09.2007 hat die Friedrich-Ebert-Stiftung in Bonn ein interkulturelles Training angeboten, um ...
>
> Aus verschiedenen Schulen wurden Schülerinnen und Schüler deutscher und nicht-deutscher Herkunft gemischt, damit ...
>
> Die Jugendlichen hatten dabei vor allem Gelegenheit ...
>
> Begleitet von zwei Theaterpädagoginnen fiel es ihnen leicht ...
>
> Ziel der Veranstaltung war es, ...

Wortspeicher
zusammenkommen
miteinander Theater spielen
Szenen nachspielen
diskutieren
Vorurteile überwinden
gegenseitigen Respekt aufbauen
friedliches Miteinander fördern
für Toleranz werben

D Den Schreibplan erstellen

1 Verbinde die Bezeichnungen vom Aufbau eines Berichts mit den passenden inhaltlichen Erläuterungen.

1. Einleitung	a) Zusammenfassung, Ausblick, Konsequenz, Würdigung
2. Hauptteil	b) Nennung des Themas, Einstieg, Leseanreiz, Ansprache
3. Schluss	c) Darstellung des Themas, Informationsteil, Wesentliches

2 Erstelle nun eine Gliederung für deinen Bericht. Ordne hierzu die Informationen aus dem Cluster (vgl. Aufgabe 2 im Teil B) den Gliederungspunkten zu (z. B. vom Überblick zu den Einzelheiten, von den Zielen zu konkreten Maßnahmen, von der Durchführung zum Ergebnis oder jeweils umgekehrt).

Einleitung:	Hauptteil:	Schluss:

3 Beende deinen informativen Text mit einer Zusammenfassung oder einer Schlussfolgerung (Fazit). Lies die folgenden Schlusssätze und formuliere sie der Übung halber zu Ende. Arbeite in deinem Heft.

> **A** Schließlich bleibt festzuhalten, dass diese Art von Workshop eine Chance für ein gemeinsames Miteinander innerhalb von Jugendgruppen darstellt. Um anderen Kulturen näherzukommen, sind Veranstaltungen wie diese ...

> **B** Alles in allem hat das Miteinander-Training allen Teilnehmerinnen und Teilnehmern nicht nur Spaß gemacht, sondern auch zu neuen Erkenntnissen verholfen – über sich und andere. Es bleibt daher zu hoffen, ...

Aufgabentyp 2 – Einen informativen Text verfassen

4 *Verfasse nun mit Hilfe der geleisteten Vorarbeiten einen informativen Bericht über das interkulturelle Miteinander-Training der Friedrich-Ebert-Stiftung für die Schülerzeitung deiner Schule.*

5 *Für eine zusammenfassende Begründung deiner Vorgehensweise in der Klassenarbeit hilft dir der nachfolgende Auszug aus einer Schülerlösung.*
Ergänze ihn und setze den Text in deinem Heft fort.

Wortspeicher

Schluss – Umgangssprache – Einleitung – M1 – Meinungsäußerungen – M3 – Fakten – M2 – Hauptteil – Ziele – Berichts

Folgende Überlegungen habe ich beim Schreiben des _____ angestellt: Besonders die

Materialien ____ und ____ habe ich benutzt, denn darin wurden viele wichtige _____

über das interkulturelle Miteinander-Training gegeben. ____ habe ich weggelassen, da dieses Material zu viele

persönliche _____ enthält. Einige Aussagen aus M3 waren sehr hilfreich, weil darin we-

sentliche _____ des Miteinander-Trainings gut verdeutlicht wurden. Obwohl der Bericht

für die Schülerzeitung gedacht ist, habe ich es vermieden, _____ zu verwenden. Die

Informationen habe ich sachlich und präzise dargestellt.

Gegliedert habe ich den Text in … _____

E Den eigenen Text überarbeiten

1 *Überprüfe mit folgender Checkliste, welche Aspekte deines Berichts du überarbeiten solltest.*

☑ Checkliste „Informationsblatt"

Hast du in deinem Bericht …   ⊕   ⊖
- … eine informative, kurze und interessante **Überschrift** gefunden?
- … deinen Beitrag sinnvoll in **Einleitung, Hauptteil** und **Schluss** gegliedert?
- … Antworten auf alle wesentlichen **W-Fragen** gegeben?
- … alle überflüssigen Informationen weggelassen?
- … kurz, klar, verständlich und für Schülerinnen und Schüler ansprechend formuliert?
- … dennoch keine umgangssprachlichen **Formulierungen** (z. B. *voll, total, echt*) verwendet?

Hast du in der Begründung …
- … deine **Informationsauswahl** sowie **Sprache, Stil** und **Aufbau** deines Berichts erläutert?

2 *Prüfe deinen Bericht und deine Begründung auf Rechtschreib-, Zeichensetzungs- und Grammatikfehler.*
Verwende dazu die Hinweise auf den Umschlagseiten dieses Trainingshefts.

SCHREIBEN

Sollten Handys an Schulen verboten werden? – Einen Online-Leserbrief schreiben

Seitdem das Handy auch an Schulen immer häufiger benutzt wird, um Prügeleien oder Mobbing zu filmen und diese Bilder zu veröffentlichen, ist in Weblogs und Internetforen die Diskussion über ein Handy-Verbot an Schulen entbrannt.
Verfasse auf Grundlage der Materialien M1 und M2 einen Online-Leserbrief, in dem du für oder gegen ein Handy-Verbot Stellung nimmst.

M1 Foto-Handys beweisen Schlagkraft –
Mobbing nimmt neue Formen an

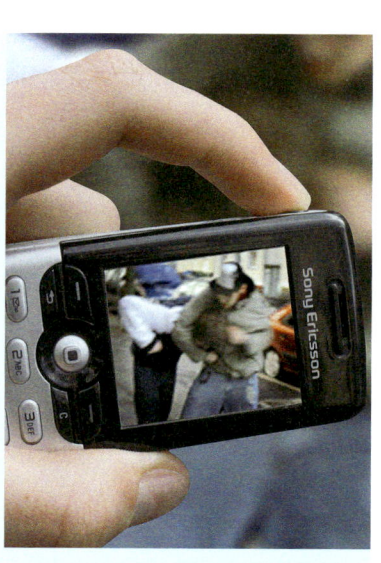

Neueste Studien ergeben, dass an deutschen Schulen mindestens jedes zehnte Kind Opfer von persönlichen Angriffen wird. Zugleich wird jedes zehnte Kind selbst zum Täter und drangsaliert Mitschüler/innen durch kör-
5 perliche oder verbale Gewalt. Besonders aggressiv geht es offenbar in Gruppen zu, in denen es eine ausgeprägte Hierarchie gibt, aber keine Kontrolle von außen existiert.
Für die Opfer dieser Übergriffe, auch Mobbing oder Bul-
10 lying genannt, sind die Folgen oft einschneidend: Selbstwertgefühl und Selbstvertrauen schwinden, oft wirken sich die seelischen Verletzungen auch körperlich aus:
Die gequälten Jugendlichen werden krank. Geht es anfangs nur um Konzentrationsschwäche oder eine Gedächtnisstörung, kommt es in der Folge oft zu einer ernsthaften
15 psychischen Krise, zu Versagensangst oder sogar zur Depression.
Eine bisher nicht gekannte Form greift neuerdings um sich: das so genannte Cyberbullying. SMS, E-Mails, Instant Messaging und andere neue Kommunikationsformen werden genutzt, um andere zu belästigen, zu bedrohen oder zu verleumden. Das Bild vom Opfer einer Prügelei im Internet, dazu ein gehässiger Kommentar im Chat – man prügelt sich,
20 um zu filmen und andere bloßzustellen. Vielfach wird deshalb ein Handy-Verbot an Schulen gefordert. Was halten Sie davon? Diskutieren Sie mit uns in unserem Weblog.

M2 Weblog der Zeitungsredaktion zum Thema

Beitrag 1 Manche Jugendliche belustigen sich gemeinsam an Aufnahmen von Mobbingopfern. Sie denken nicht darüber nach, dass es ihnen einmal genauso gehen könnte. Dann würden sie auf dem Schulhof nicht als Lachende stehen, sondern selber ausgelacht werden. Heimlich werden von Schülerhandy zu Schülerhandy
5 auch Filme von Demütigungen und Misshandlungen verschickt. Sie scheinen für einige Jugendliche alltäglich zu sein. Ich fordere deshalb wie viele Eltern und Verantwortliche ein Verbot von Handys in Schulen.
Renate T.

Beitrag 2 Also das ist doch totaler Schwachsinn! Handys sind Fotoalbum, Kalender und vieles mehr. Jeder speichert im Handy Fotos und Filme von seinen
10 Freunden. Jeder speichert im Handykalender Geburtstage, Termine und Notizen. Die Lehrer können darauf achten, dass die Handys lautlos gestellt sind. Kein totales Handyverbot, sondern Handys auf lautlos!
jasmin

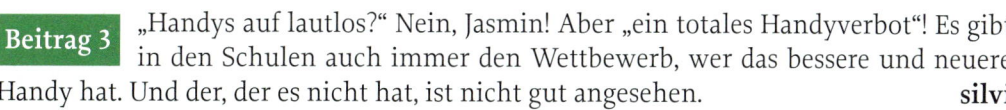

Beitrag 3 „Handys auf lautlos?" Nein, Jasmin! Aber „ein totales Handyverbot"! Es gibt in den Schulen auch immer den Wettbewerb, wer das bessere und neuere Handy hat. Und der, der es nicht hat, ist nicht gut angesehen.
silvi

Beitrag 4 Wir sind gegen ein Handyverbot. Wir benötigen ein Handy, um
– Fahrgelegenheiten nach Hause zu organisieren,
– bei privaten „Schicksalsschlägen" sofort erreichbar zu sein,
– über Verspätung zum Unterricht (Bus verpasst, sitzt fest …) zu informieren,
– es als Uhr vor Augen zu haben,
– in Pausen durch Handymusik zu entspannen,
– spontane Fotos (z. B. Abschlusszeitung) zu schießen,
– jederzeit das Sorgentelefon anrufen zu können.
jan & marc

Beitrag 5 Hallo, Weblogger!
Ich finde es erschreckend, wie desinteressiert Eltern sein müssen, wenn sie nicht darauf achten, womit ihre Kinder umgehen. Es ist doch nun wirklich einfach, ein Handy zu überprüfen. Das Problem sind nicht die Kinder, denn sie wissen es nicht besser, sondern das Umfeld. Und der Schule werfe ich vor, keinerlei Interesse daran zu haben, was sich eigentlich heute abspielt unter Jugendlichen. Sie will nur den Lehrplan erfüllen. Es wäre so einfach, die Kreativität der Kinder zu wecken und das Handy in den Unterricht einzubeziehen. Man könnte z. B. die Aufgabe erteilen, etwas Interessantes zu fotografieren und darüber zu berichten. Ein Verbot von Handys in der Schule ist der verkehrte Weg, da die Erwachsenen von morgen ohne die neuen Medien überhaupt nicht mehr auskommen werden. Aber den Umgang damit, den müssen wir den Kindern und Jugendlichen schon beibringen.
Cord

Beitrag 6 Ich habe nur den ersten Satz von Cord gelesen, ätzend!!! Kindergarten! Die Kiddys hantieren doch nur mit ihren trendy Handys rum und fühlen sich supertoll. Sie haben ja ach so coole Videos. Ist doch klar, nicht? Aber die meisten Alten checken nichts und meinen, ihr Engelchen mache so etwas nicht.
beo

Beitrag 7 Trotz aller gegensätzlichen Meinungen sollten Handys vor Betreten der Schule ausgeschaltet werden, weil Jugendliche ständig SMS erhalten. Auch wenn das Handy stumm geschaltet ist, vibriert es dennoch. Weil der Angerufene die Nachricht dringend sehen will, ist er während der Stunde abgelenkt.
Ferner fotografieren Jugendliche sich oft gegenseitig mit ihren Handys und setzen Bilder ins Netz, obwohl sie keine Genehmigung der Betroffenen haben – und zwar in allen denkbaren Zusammenhängen. Auch in solchen, in denen der Betroffene vielleicht lieber nicht gesehen werden möchte oder gar nicht war. Einmal abgesehen davon, dass man sich strafbar macht, falls man Bilder anderer ohne deren Einverständnis im Internet veröffentlicht, können diese Bilder von jedem gesehen werden. Da viele Personalchefs heute im Internet nach Informationen über ihre Bewerber suchen, können solche gefälschten Darstellungen ihre Chancen erheblich beeinträchtigen.
Außerdem werden Handys als Musikgeräte genutzt. Wissenschaftliche Studien zeigen, dass die Inhalte einer Unterrichtsstunde im Kurzzeitgedächtnis gespeichert werden. Aber wenn sich jemand nach der Stunde sofort mit Musik berieselt, wird alles im Kurzzeitgedächtnis gelöscht. Es ist so, als habe der Schüler an der Stunde nicht teilgenommen. Daher müssten die Jugendlichen zu Hause weniger Zeit zum Lernen investieren, sofern sie auf die Musikberieselung verzichteten.
eine Lehrerin

A Die Aufgabe verstehen

1 *Lies die Aufgabenstellung und markiere darin Operatoren und Schlüsselbegriffe.*

Aufgabentyp 3 – Eine textbasierte Argumentation verfassen

2 *Hast du die Aufgabe verstanden? Welche Arbeitsschritte gehören zur Aufgabe, welche nicht? Kreuze an.*

Du sollst …	zugehörig	nicht zugehörig
a) … in einem Online-Leserbrief die Vorzüge neuer Handys vorstellen.	☐	☐
b) … in einem Antworttext aufzählen, wo in dem Weblog Unsinn steht.	☐	☐
c) … dich überzeugend für oder gegen ein Verbot von Handys in Schulen aussprechen.	☐	☐
d) … auch auf Pro- und Kontra-Argumente aus den Beiträgen Bezug nehmen.	☐	☐
e) … eigene Argumente und Beispiele zur Argumentation hinzufügen.	☐	☐
f) … Argumente und Beispiele nur aus Beiträgen verwenden, die deine Meinung stützen.	☐	☐
g) … im Leserbrief auch das eine oder andere Gegenargument entkräften.	☐	☐
h) … die Leserschaft durch Humor und witzige Sprache überzeugen.	☐	☐

3 *Kreuze an: Durch welche Merkmale wirkt ein Online-Leserbrief überzeugend, durch welche eher nicht?*

Ein Online-Leserbrief überzeugt, …	trifft zu	trifft nicht zu
a) … wenn er sich auch auf vorangehende Beiträge bezieht.	☐	☐
b) … indem er klar die eigene Meinung zum Ausdruck bringt.	☐	☐
c) … sofern die Argumente nachvollziehbar und sachkundig sind.	☐	☐
d) … wann immer darin andere Beiträge lächerlich gemacht werden.	☐	☐
e) … indem er die Leserschaft durch seine Länge beeindruckt.	☐	☐
f) … sofern er anschauliche Beispiele und stichhaltige Beweise anführt.	☐	☐

B Erstes Textverständnis

1 *Sollten Handys in Schulen grundsätzlich verboten werden? Notiere spontan deine Meinung und begründe kurz.*

Handys sollten in Schulen nicht / ganz verboten werden, da …

_____

2 *Lies nun die Beiträge im Weblog sorgfältig durch. Markiere dabei **Vorteile** und **Gefahren**, die mit dem Gebrauch von Handys verbunden sind, in zwei unterschiedlichen Farben.*

3 a) *Sammle solche Argumente, die **Vorteile** von Handys nennen, in der folgenden Tabelle.*

Vorteile (= Argumente **gegen** ein Handyverbot)	Belege (Beispiele, Zitate, statistische Zahlen)	Beitrag Nr.

Aufgabentyp 3 – Eine textbasierte Argumentation verfassen

   *b) Argumente wirken überzeugender, wenn du sie durch **Belege** unterstützt. Ergänze die Tabelle mit sinnvollen Belegen, die **für** den Gebrauch von Handys in der Schule sprechen.*

4 *Ergänze die Tabelle durch weitere Argumente und Belege, die dir selbst gegen ein Handyverbot einfallen.*

5 *a) Trage nun jene Argumente, die Gefahren von Handys nennen, in die folgende Tabelle ein.*

Gefahren (= Argumente **für** ein Handyverbot)	Belege (Beispiele, Zitate, statistische Zahlen)	Beitrag Nr.
_____	_____	_____
_____	_____	_____
_____	_____	_____
_____	_____	_____
_____	_____	_____

   *b) Ergänze auch sie durch sinnvolle **Belege** für diese Gefahren.*

6 *Kennst du weitere Argumente, die für ein Verbot von Handys in der Schule sprechen? Ergänze sie in der Tabelle.*

7 *Lies nun den Beitrag 5 sorgfältig. Welche Aussage gibt die Meinung des Verfassers korrekt wieder, welche nicht?*

		richtig	falsch
a)	Eltern sind damit überfordert, den Handygebrauch ihrer Kinder zu kontrollieren.	☐	☐
b)	Es ist vor allem das Umfeld, das das Verhalten der Kinder prägt.	☐	☐
c)	Die Schule ist nur daran interessiert, den Lehrplan zu erfüllen.	☐	☐
d)	Multimedia-Handys eignen sich nicht, Kreativität zu wecken.	☐	☐
e)	Ein Handy-Verbot ist ein sinnvoller Weg, um das Problem zu lösen.	☐	☐
f)	Die Erwachsenen von morgen müssen mit Handys umgehen können.	☐	☐

8 *Trage in die Mind-Map Informationen aus M1 ein. Ergänze dabei eigene Kenntnisse.*

Formen   Folgen

Mobbing

Ursachen   Häufigkeit

Aufgabentyp 3 – Eine textbasierte Argumentation verfassen

C Übungen

Gedankengänge als Argumentationskette formulieren

Ein **Argument** ist eine Aussage, die zur **Begründung** (Pro) oder zur **Widerlegung** (Kontra) einer **Behauptung** angeführt wird. Sie kann durch geeignete **Belege** (Fakten, Zitate oder Beispiele) unterstützt werden.

> Das Handy ist ein unentbehrlicher Alleskönner, weil viele ihr Handy inzwischen u. a. als Notiz- und Adressbuch benutzen. So habe ich darin z. B. die Termine für Klassenarbeiten, Tests und Geburtstage gespeichert.

1 a) Kreuze die richtige Aussage an: **Dieses Beispiel nennt zu der Behauptung …**

a) ☐ kein Argument.   b) ☐ ein Pro-Argument.   c) ☐ ein Kontra-Argument.   d) ☐ zwei Argumente.

b) Unterstreiche in dem Beispiel **Behauptung**, **Argument** und **Beleg** mit unterschiedlichen Farben.
c) Welche Aufgabe haben die Konjunktion **weil** und die Wendung **z. B.** im Satzzusammenhang? Kreuze an.

		richtig	falsch
a)	*Weil* und *z. B.* schaffen einen gedanklichen Zusammenhang.	☐	☐
b)	*Weil* und *z. B.* sind für die Aussage ohne Bedeutung.	☐	☐
c)	*Weil* ist für den Gedankengang entbehrlich, *z. B.* ist notwendig.	☐	☐
d)	*Weil* und *z. B.* verknüpfen Sätze miteinander.	☐	☐

2 Schreibe aus Beitrag 4 drei Argumente gegen ein Handy-Verbot heraus und schließe die Belege (Fakten, Beispiele) jeweils einmal mit **weil**, **da** und **denn** an. Achte dabei auf korrekten Satzbau.

1. Wir sind gegen ein Handyverbot, weil …

2. _____

3. _____

3 a) Unterstreiche im Beitrag 7 die Konjunktionen und Wendungen zur Satzverknüpfung (**trotz**, …).
b) Trage die Beispiele in folgende Tabelle ein:

Satz enthält:	Wird ausgedrückt durch die Konjunktion/Wendung:
Anreihung, Aufzählung	ferner, …
Begründung	weil, …
Einschränkung	auch wenn, …
Gegensatz	trotz, …
Bedingung	falls, …

22

Aufgabentyp 3 – Eine textbasierte Argumentation verfassen

4 *Überarbeite den Beitrag 2 in deinem Heft so, dass der Zusammenhang der Sätze deutlich wird. Benutze dazu Wendungen aus der oben stehenden Tabelle.*

Argumente gewichten und Belege zuordnen

5 *Welche der Argumente, die du im Teil B gesammelt hast, überzeugen dich am meisten? Formuliere je ein Schlagwort und sortiere diese Pro- und Kontra-Argumente nach ihrer Wichtigkeit in der Tabelle.*

Handyverbot in Schulen	
Pro-Argumente	Kontra-Argumente
!!! ...	!!! ...
!! _____	!! _____
! _____	! _____

6 *Ordne den Pro- und Kontra-Argumenten je ein geeignetes Beispiel zu. Ergänze fehlende Beispiele.*

A „Mein Kind etwa hat gesundheitliche Probleme und einen täglichen Schulweg von 60 km. Es kann uns jederzeit anrufen und mit Hilfe des Handys können wir es orten."

Frau Blümel, Kunstlehrerin

B Ablenkungen und Störungen gab es schon immer. Früher wurden z. B. unter dem Tisch Comics gelesen und „Schiffe versenken" gespielt.

Herr Meier, Vater

C Ohne ein schickes Handy bist du nichts. Eine Freundin von mir wird regelrecht gemobbt, weil sie sich gar kein Handy leisten kann.

Nina, Schülerin

D Mein Terminkalender ist so voll, ohne elektronischen Assistenten – mein Handy – würde ich den Überblick verlieren. Wie kann ich da Schülern so ein Werkzeug verbieten?

Herr Zorn, Schulleiter

E ...

F ...

Argumente verbinden und entkräften

7 *Unterstreiche in den Beiträgen 2 bis 7 Formulierungen, mit denen die Verfasser sich auf vorhergehende Beiträge beziehen. Welche Unterschiede stellst du fest?*

_____

_____

Aufgabentyp 3 – Eine textbasierte Argumentation verfassen

8 *Eine wirkungsvolle Möglichkeit, den eigenen Beitrag einzuleiten, ist es, ein Argument aufzunehmen und dann zu entkräften. Lies das folgende Beispiel und formuliere es um.*

Es ist richtig, dass das Handy in einigen Situationen für Schüler hilfreich ist, **dennoch** wird es überwiegend als Spielzeug gebraucht und oft missbraucht.

Zwar kann das Handy … _____

_____

9 *Verknüpfe in ähnlicher Weise je zwei Pro- und Kontra-Argumente aus Aufgabe 5 und entkräfte sie mit Hilfe der Verknüpfungen rechts. Arbeite in deinem Heft.*

Verknüpfungen zur Entkräftung:

zwar	natürlich	aber	jedoch
so sehr	selbstver-	trotzdem	allerdings
auch wenn	ständlich	dennoch	

Den richtigen Ton treffen

10 *a) Prüfe mit Hilfe des Tipps den Beitrag 6: Welche Hinweise hat die Verfasserin nicht beachtet?*

_____
_____
_____
_____

„Netikette": Im Netz argumentieren
☐ „Vorredner" persönlich ansprechen
☐ sachlich und überlegt argumentieren
☐ niemanden persönlich beleidigen
☐ keine Wutausbrüche oder Ausfälle
☐ statt Jugendslang Standardsprache
☐ Wortwahl, Satzbau sorgfältig wählen

b) Überarbeite den Beitrag in deinem Heft.

D Den Schreibplan erstellen

1 *Lege dich nun fest, ob du **für** oder **gegen** ein Handy-Verbot an Schulen bist. Kreuze die entsprechende These an.*

a) ☐ In den Schulen sollten Handys verboten werden.

b) ☐ In den Schulen sollten Handys nicht verboten werden.

Den Einstieg vorbereiten

2 *Wähle einen der Beiträge 1 bis 7 und entscheide dich für eine Möglichkeit, auf ihn zu antworten:*

a) ☐ Die Argumente überzeugen mich und ich möchte sie ergänzen.

b) ☐ Einige der Argumente kann ich akzeptieren, aber insgesamt bin ich anderer Meinung.

c) ☐ Der gesamte Beitrag überzeugt mich nicht.

3 *Welche der folgenden Formulierungen passt zu der von dir gewählten Antwort?*

a) ☐ Hallo, … auch wenn du mit Recht … , kann ich dir beim besten Willen nicht zustimmen. Es ist doch so, dass …

b) ☐ Hi …, ich sehe es genauso wie du und möchte mich deiner Argumentation anschließen. Denn …

c) ☐ Hallo zusammen! An der Stelle melde ich mich zu Wort: Zwar hat … zweifellos damit Recht, dass …, aber …

Aufgabentyp 3 – Eine textbasierte Argumentation verfassen

Die Argumentation vorbereiten

4 *Am überzeugendsten ist eine Argumentation, wenn du mit dem schwächsten Argument beginnst, in „aufsteigender Reihenfolge" fortfährst und dein stärkstes Argument zuletzt nennst. Bringe folgende Argumente in eine aufsteigende Reihenfolge, indem du sie in der linken Tabellenspalte entsprechend nummerierst.*

Nr.	*Gegen ein Handy-Verbot an Schulen spricht, dass ...*
_____	a) ... man Ergebnisse einer Gruppenarbeit fotografieren und so dokumentieren kann.
_____	b) ... man in einem Notfall oder bei vorzeitigem Schulschluss seine Eltern benachrichtigen kann.
_____	c) ... ich nicht auf meine Handy-Spiele und -Funktionen in Freistunden verzichten möchte.

5 *Nummeriere nun die von dir in Teil B gesammelten Argumente **für** bzw. **gegen** ein Handy-Verbot in den Tabellen auf S. 20 und 21 jeweils in aufsteigender Reihenfolge.*

Die Argumentation abschließen

6 *Hilfreich und überzeugend ist ein Abschluss, in dem du deine Argumentation auf den Punkt bringst bzw. eine Schlussfolgerung ziehst. Kreuze an, welche der folgenden Formulierungen für einen Schluss nicht geeignet ist.*

a) ☐ Deshalb meine ich: Ein Handy-Verbot ist nur der zweitbeste Weg. Besser wäre ...

b) ☐ Wenn man alle genannten Argumente betrachtet, ist ein Verbot der richtige Weg.

c) ☐ Als wichtigstes Argument fällt mir zu guter Letzt noch ein: ...

d) ☐ Alles in allem kann ich vor einem Handy-Verbot nur warnen: Es löst das Problem nicht.

7 *Verfasse nun mit Hilfe deiner Vorarbeiten einen Online-Leserbrief, in dem du deine Meinung überzeugend vertrittst.*

E Den eigenen Text überarbeiten

1 *Prüfe mit Hilfe der folgenden Checkliste, an welchen Stellen du deinen Text noch einmal überarbeiten solltest.*

✓ Checkliste „Online-Leserbrief"

Hast du ... ➕ ➖

- ☐ ... deinen Text erkennbar in Einstieg, Argumentation, Abschluss **gegliedert**?
- ☐ ... dich im **Einstieg** auf einen oder mehrere andere Beiträge bezogen?
- ☐ ... dabei ein wichtiges **Kontra-Argument** aufgenommen und **widerlegt**?
- ☐ ... einige **Argumente aus den Materialien** verwendet, die für deine Meinung sprechen?
- ☐ ... deine Argumente **steigernd** (stark → stärker → am stärksten) angeordnet?
- ☐ ... deine Argumente mit nachvollziehbaren **Belegen** (Beispiele, Zitate ...) gestützt?
- ☐ ... deine Argumente durch **Beispiele** zu einer Argumentationskette angeordnet?
- ☐ ... **sprachliche Verknüpfungen** verwendet, um den Gedankengang zu verdeutlichen?
- ☐ ... zum **Abschluss** deine Meinung auf den Punkt gebracht oder Folgen aufgezeigt?
- ☐ ... den „**richtigen Ton**" eingehalten und die „**Netikette**" beachtet?
- ☐ ... deinen Text auf korrekte **Rechtschreibung** und **Zeichensetzung** hin überprüft?

SCHREIBEN

Schon als Teenager für die Schönheit unters Messer? – Einen Kommentar verfassen

Verfasse auf Grundlage des folgenden Textes einen Kommentar für die Schülerzeitung. Nimm darin Stellung zu der Frage, ob man sich bereits als Teenager einer Schönheitsoperation unterziehen sollte. Beziehe in deine Argumentation auch dein eigenes Vorwissen über die Thematik mit ein.

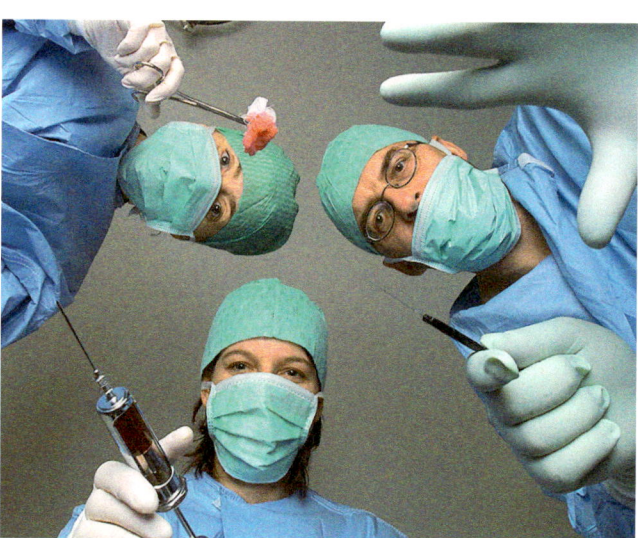

Eva Dorothea Schmid

Wenn 14-Jährige zum Schönheitschirurgen wollen

*Schönheitsoperationen unter Jugendlichen sind neuerdings auch in Deutschland „in".
Doch die Experten warnen vor voreiligen Eingriffen.*

1 Lindau/Würzburg – „Zu mir kommen Jugendliche, die wollen aussehen wie Britney Spears oder Pamela Anderson[1]", sagt Professor Werner Mang, Gründungspräsident der Deutschen Gesellschaft für ästhetische Chirurgie in Lindau am Bodensee. „Bei Jungen ist es dann Brad Pitt, oder Mädchen wollen eine Nase wie Sabrina Setlur[2]." Wie in
5 den USA und Großbritannien wächst auch in Deutschland die Zahl der Jugendlichen, die ihr Aussehen durch Schönheitschirurgen verändern lassen wollen. „Heute wünschen sich Jugendliche Schönheitsoperationen, früher hat man sich einen Brockhaus[3] gewünscht", so Schönheitschirurg Mang. Sein Kollege Professor Peter Eckert, Präsident der Vereinigung der Deutschen Plastischen Chirurgen (VDPC) aus Würzburg, stimmt zu:
10 „Das wird heute viel freimütiger als noch vor 15 Jahren diskutiert."
Besonders gefragt bei Jugendlichen sind Nasenkorrekturen und das Fettabsaugen bei „Reithosen". So nennt man das vererbte Phänomen eines dicken Hinterns und dicker Oberschenkel bei zugleich spindeldürrer Taille. Hoch im Kurs stehen auch Brustoperationen und bei Jungen die Akne-Behandlung mit Laser.
15 2 Doch unter Experten ist umstritten, ob solche Operationen bei Jugendlichen überhaupt Sinn machen, schließlich verwachse sich mit den Jahren noch vieles. „Man weiß nie, wohin die Reise des Körpers geht, warnt Professor Eckert. Er operierte zum Beispiel eine 14-jährige Patientin mit unterschiedlich großen Brüsten und setzte in die kleinere Brust ein Implantat ein. Einige Jahre später kam die Patientin erneut zu ihm, weil sie
20 nun unter extrem großen Brüsten litt. Beide Brüste mussten verkleinert und das Implantat dabei wieder entfernt werden. „Folgeeingriffe sind bei Jugendlichen häufiger nötig", so Eckert.
3 Neben allgemeinen Gefahren wie Infektionen, Blutungen, Narben und Narkose-Risiken, die bei Schönheitsoperationen in jedem Alter auftreten, tragen Jugendliche besondere
25 dere Risiken. So wachsen die Narben noch und werden damit im Lauf der Zeit größer. Wenn die Brust noch nicht ausgewachsen ist, kommt es außerdem häufiger dazu, dass sich um das Implantat eine Narbe im Gewebe bildet, die Brust sich dadurch verhärtet und verformt. Daher gilt laut Mang: „Keine Brustoperationen unter 18, Fettabsaugen erst ab 16."
30 Auch Nasenkorrekturen gelten erst ab 16 Jahren als problemlos, so der Chirurg. Abstehende Ohren würden allerdings schon ab dem sechsten Lebensjahr korrigiert, so Mang, „damit die Kinder in der Schule erst gar nicht gehänselt werden."

„Wenn Jugendliche wie ihre Stars aussehen wollen, könnte ich das nie befürworten", sagt Professor Ulrich Knölker von der Lübecker Uniklinik für Kinder- und Jugendpsychiatrie.
35 Die 14-jährige Anna aus Hamburg meint dazu: „Sich wie Britney Spears operieren zu lassen, halte ich für vollkommenen Quatsch. Irgendwann ist die out und dann – na super!" Statt mit dem Messer sollte man dieses Problem besser mit psychotherapeutischer Beratung angehen, meinen Knölker und Mang.

Schönheitsoperationen bei Jugendlichen sollten den Experten zufolge aber nicht gene-
40 rell verteufelt werden. „Wenn wirklich eine schlimme, entstellte Nase oder missgebildete Ohren vorliegen, dann denke ich schon, dass man zu einer Operation raten kann, und das machen wir auch", sagt Knölker. Solche Entstellungen könnten Jugendlichen unter Umständen lebenslange Komplexe bescheren. Mang sieht Schönheitsoperationen immer dann gerechtfertigt, wenn jemand unter seinem Aussehen wirklich leidet, „aber
45 nicht, wenn jemand mit einem Starbild kommt".

Ein seriöser Schönheitschirurg wird demnach immer einen Psychologen zu Rate ziehen und den Patienten erst nach einer längeren Bedenkzeit operieren. Bei Jugendlichen, die noch nicht volljährig sind, müssen die Eltern einverstanden sein. „Da gibt es keine Ausnahmen", sagt Eckert. Bei der 14-jährigen Judith aus Hamburg, die gerne ihre Nase ope-
50 rieren lassen würde, ist die Mutter dagegen. Deshalb muss Judith warten, bis sie 18 Jahre alt ist.

4 Auch Geld ist oft ein Problem, denn Schönheitsoperationen sind nicht billig. Ob man sich nun die Nase richten lassen will, Fett absaugen oder die Brüste vergrößern oder verkleinern lässt: Je nach Fall kosten diese Operationen um die 5000 Euro. Die Kranken-
55 kassen zahlen nur dann, wenn der Körper stark von der Norm abweicht. Möglich ist eine Übernahme der Kosten etwa dann, wenn sehr große Brüste Rückenprobleme verursachen.

Wenn das Geld fehlt, die Eltern nicht einverstanden sind und man noch nicht volljährig ist, können Jugendliche sich mit einem Gedanken trösten: Der eigene Körper hält noch
60 manche Überraschung bereit – vielleicht ist die gewünschte Operation mit 18 gar nicht mehr nötig.

Quelle: dpa, 14.03.2001

1 **Pamela Andersen:** amerikanische Schauspielerin
2 **Sabrina Setlur:** deutsche Musikerin
3 **Brockhaus Enzyklopädie:** bekanntes Nachschlagewerk des Bibliographischen Instituts und der F. A. Brockhaus AG

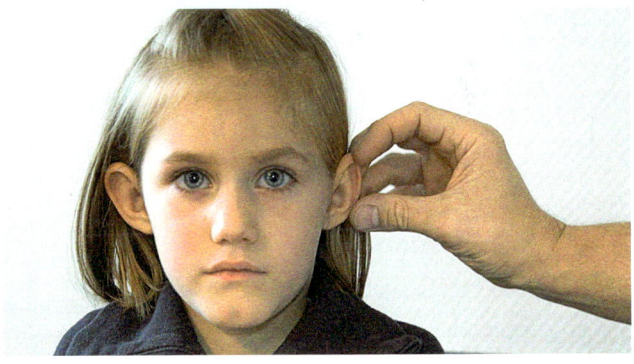

A Die Aufgabe verstehen

1 *Hast du die Aufgabe verstanden? Kreuze an, welche der Aussagen zutreffen und welche nicht.*

Du sollst ...	trifft zu	trifft nicht zu
a) ... den Text nur überfliegen und dann deine Meinung dazu schreiben.	☐	☐
b) ... den Beitrag gründlich lesen und auf dieser Grundlage argumentieren.	☐	☐
c) ... auf den Text vereinzelt Bezug nehmen, wenn dir danach ist.	☐	☐
d) ... zu diesem Artikel einen Leserbrief für eine Tageszeitung schreiben.	☐	☐
e) ... zum Text einen Kommentar für deine Schülerzeitung verfassen.	☐	☐
f) ... dein eigenes Vorwissen in deine Argumentation mit einbeziehen.	☐	☐
g) ... nur auf solche Argumente eingehen, die deine Meinung stützen.	☐	☐
h) ... auch Gegenargumente in deiner Stellungnahme berücksichtigen.	☐	☐

Aufgabentyp 3 – Eine textbasierte Argumentation verfassen

2 *Was ist das Besondere an einem Kommentar? Kreuze die falsche Antwort an.*

Ein Kommentar ...

a) ☐ ... bezieht sich auf ein strittiges Thema.

b) ☐ ... wägt unterschiedliche Auffassungen ab.

c) ☐ ... berichtet neutral über einen Sachverhalt.

d) ☐ ... stellt die Meinung des Autors dar.

B Erstes Textverständnis – Stoff sammeln

1 *Lies nun den Text Absatz für Absatz gründlich durch. Ordne jeder Zwischenüberschrift den zugehörigen Absatz zu, indem du sie entsprechend nummerierst. Ergänze anschließend ein treffendes Stichwort am Rand.*

a) ☐ Lebenslange Komplexe vermeiden (Z. ___–___)

b) ☐ Eltern haben das letzte Wort (Z. ___–___)

c) ☐ Für immer aussehen wie ein Star (Z. ___–___)

d) ☐ Wachstum des Körpers abwarten (Z. ___–___)

2 *Markiere dann im Text die Argumente, die **für** bzw. **gegen** eine Schönheitsoperation sprechen, mit zwei unterschiedlichen Farben.*

3 *Kreuze an: Welche Aussagen macht der Text zu Schönheitsoperationen bei Jugendlichen, welche nicht?*

Dem Beitrag zufolge ...

	richtig	falsch
a) ... lassen sich einige Jugendliche operieren, um ihren Stars ähnlich zu sehen.	☐	☐
b) ... ist die Behandlung von „Reithosen" bei Jungen besonders gefragt.	☐	☐
c) ... sind Folgeoperationen bei Jugendlichen häufiger notwendig.	☐	☐
d) ... darf die Korrektur von „Segelohren" nie unter dem 18. Lebensjahr erfolgen.	☐	☐
e) ... sollten Schönheitsoperationen jedoch nicht grundsätzlich verteufelt werden.	☐	☐
f) ... bezahlen Krankenkassen nur bei besonders schweren Normabweichungen.	☐	☐

C Übungen

Argumente sammeln, ordnen und gewichten

> **TIPP**
> Ein Argument ist eine Aussage, die zur Begründung angeführt wird. Sie kann durch geeignete Belege unterstützt werden.

1 *a) Trage nun in den folgenden Tabellen die Argumente zusammen, die du im Text markiert hast, und ergänze geeignete Belege.*

Pro-Argumente (= *für* eine Schönheitsoperation)	Belege (Beweise, Beispiele, Zitate ...)	Nr.
Kinder mit abstehenden Ohren werden gehänselt.		

Aufgabentyp 3 – Eine textbasierte Argumentation verfassen

Kontra-Argumente (= *gegen* eine Schönheitsoperation)	Belege (Beweise, Beispiele, Zitate …)	Nr.
	Eine 14-Jährige ließ sich ihre Brüste vergrößern;	
	Wachstum führte zu einer Folgeoperation.	

b) Finde je ein weiteres Pro- bzw. Kontra-Argument mit Beleg und ergänze es in der jeweiligen Tabelle.

c) Nicht alle Argumente wiegen gleich schwer, wenn du sie gegeneinander abwägst. Gewichte getrennt für sich Pro- und Kontra-Argumente, indem du die aufsteigend nummerierst (Nr. 1 = schwächstes Argument).

D Den Schreibplan erstellen

Die richtige Einleitung finden

1 *Eine gelungene Einleitung zu einem Kommentar nennt das **Thema** und den **Bezugstext**, macht die eigene **Meinung** deutlich und weckt das **Interesse** der Leserschaft. Welcher der drei Einleitungssätze eignet sich für die Adressaten am besten? Begründe kurz deine Wahl.*

A Sollten Teenager sich einer Schönheitsoperation unterziehen? Diese Frage wird immer wieder diskutiert. Meiner Meinung nach will ein solcher Schritt gut überlegt sein, insbesondere aus Sicht der Erziehungsberechtigten, die die Verantwortung tragen …

B „Wer schön sein will, muss leiden." Neuerdings gilt diese Weisheit schon für Jugendliche in der Pubertät, da jeder von uns eine Problemzone hat, die er kaschiert und eigentlich am liebsten für immer los wäre. Aber deshalb gleich eine Schönheitsoperation planen? Ich denke, das ist der falsche Weg! …

C Wer möchte nicht aussehen wie Britney Spears oder Brad Pitt? Aus diesem Grund verändern immer mehr Jugendliche wie du und ich ihr Aussehen mit allen verfügbaren Mitteln, wie in dem Artikel „Nasen und Brüste für Teenies" zu lesen ist. Meiner Ansicht nach sollten wir dabei vorsichtig sein …

Einleitung ☐ ist am besten gelungen, weil …

2 *Entscheide dich: Hältst du Schönheitsoperationen bei Jugendlichen für richtig oder nicht?*

a) ☐ Ich bin *für* Schönheitsoperationen bei Jugendlichen.

b) ☐ Ich bin *gegen* Schönheitsoperationen bei Jugendlichen.

Aufgabentyp 3 – Eine textbasierte Argumentation verfassen

3 *Ein Kommentar wird oft nach dem Sanduhr-Prinzip gegliedert – getreu dem Motto: „Der erste Eindruck zählt, der letzte bleibt haften." Vervollständige den Aufbau in der mittleren Tabellenspalte mit Hilfe des Tippkastens. Greife dazu auf deine gewichteten Argumente aus Teil B zurück.*

Das Sanduhr-Prinzip:
1. Nenne zuerst deine eigene Position.
2. Stelle die Gegenargumente dar.
3. Argumentiere für deine Position.
4. Formuliere eine Schlussfolgerung.

Modell: Das Sanduhr-Prinzip	Beispiel: Kontra	Pro
Einleitung mit Nennung der **eigenen Position**:	Ich bin **gegen** Schönheitsoperationen bei Jugendlichen.	
These der **Gegenposition**:	…	
1. **Stärkstes Argument** der Gegenposition: (+ *Beleg*)	…	
2. **Mittelstarkes Argument** der Gegenposition: (+ *Beleg*)	…	
3. **Schwächeres Argument** der Gegenposition: (+ *Beleg*)	…	
These der **eigenen Position**:	Trotzdem rate ich von Schönheitsoperationen bei Kindern und Jugendlichen dringend ab.	
1. **Schwächstes Argument** der eigenen Position: (+ *Beleg*)	…	
2. **Mittelstarkes Argument** der eigenen Position: (+ *Beleg*)	…	
3. **Stärkstes Argument** der eigenen Position: (+ *Beleg*)	…	
Schlussfolgerung / Fazit:	…	

4 *In welcher Reihenfolge müsstest du auf die Argumente eingehen, wenn du dich für Schönheitsoperationen aussprechen wolltest? Nummeriere die Argumente in der rechten Spalte entsprechend.*

Aufgabentyp 3 – Eine textbasierte Argumentation verfassen

5 *Was solltest du im Schlussteil nicht tun? Streiche die falsche Antwor*

Du kannst am Ende ...

a) ... deine Argumentation zusammenfassend auf den Punkt bring

b) ... ausgehend von den Fakten einen Ausblick in die Zukunft geb

c) ... das wichtigste, noch nicht genannte Argument präsentieren.

d) ... eine Folge, einen Wunsch oder eine Warnung formulieren.

6 *Formuliere stichpunktartig einen geeigneten Schluss, der zu deiner A*

___

___

7 *Verfasse nun mit Hilfe deiner Vorarbeiten einen Kommentar für die Schülerzeitung, in dem du deine Meinung zur Ausgangsfrage nachvollziehbar und überzeugend begründest.*

E Den eigenen Text überarbeiten

1 *Deine Argumentation überzeugt, wenn deine Gedanken für die Leser nachvollziehbar sind. Wichtig sind dabei Satzverknüpfungen, die logische Zusammenhänge anzeigen. Entscheide, ob es sich bei den folgenden Gedanken um Begründungen, Beispiele oder Gegenargumente handelt, und verbinde sie entsprechend.*

A Manche Kinder lachen über so genannte „Segelohren", ...	etwa beispielsweise	... der Körper von Jugendlichen wächst noch. (a)
B Die Krankenkasse übernimmt die Kosten für die Operation, ...	denn	... haben im Zweifelsfall die Eltern das letzte Wort. (b)
C Man sieht vielleicht direkt nach einer Operation aus wie Brad Pitt oder Pamela Anderson, ...	weswegen weshalb	... man abstehende Ohren bereits im Kindesalter operieren sollte. (c)
D Teenager haben sicher heute bei solchen Entscheidungen mehr mitzureden als früher, ...	aber	... falls sehr große Brüste Rückenschmerzen bereiten oder seelische Belastungen drohen. (d)
E Folgeeingriffe bei Jugendlichen sind häufiger, ...	trotzdem dennoch	... niemand kann garantieren, dass diese Attraktivität von Dauer ist. (e)

2 *Prüfe anhand der folgenden Checkliste, an welchen Stellen du deinen Kommentar überarbeiten solltest.*

☑ Checkliste „Kommentar"

Hast du ...   ➕   ➖

- ☐ ... in der **Einleitung** das **Thema** und deine **Meinung** klar benannt?   ☐   ☐
- ☐ ... einen interessanten **Einstieg** gefunden, der deine Adressaten anspricht?   ☐   ☐
- ☐ ... **Pro- und Kontra-Argumente** aus dem Text verwendet und durch eigene ergänzt?   ☐   ☐
- ☐ ... Argumente durch anschauliche **Belege** (Beispiele, Beweise, Zitate...) gestützt?   ☐   ☐
- ☐ ... die Argumente gewichtet und nach dem **Sanduhr-Prinzip** angeordnet?   ☐   ☐
- ☐ ... gedankliche Zusammenhänge durch geeignete **Satzverknüpfungen** verdeutlicht?   ☐   ☐
- ☐ ... einen dazu passenden **Schluss** (Folge, Wunsch, Warnung, Ausblick) gefunden?   ☐   ☐
- ☐ ... darauf geachtet, dass du keine neuen Argumente im Schlussteil nennst?   ☐   ☐
- ☐ ... in deinem Kommentar **Rechtschreibung** und **Zeichensetzung** genau überprüft?   ☐   ☐

PRODUKTIONSORIENTIERTES SCHREIBEN

Barbara Lehnerer: Blind – Eine Kurzgeschichte fortsetzen

1. Setze den Anfang der Kurzgeschichte „Blind" von Barbara Lehnerer fort. Achte dabei darauf, dass …
   – das Verhalten der beiden Hauptfiguren in deiner Fortsetzung gut zum Erzählanfang passt.
   – du an die eigentümliche Wahrnehmung und Sicht der Ich-Erzählerin in deiner Fortsetzung anknüpfst.
2. Begründe, warum deine Fortsetzung sich in diesen beiden Punkten schlüssig aus dem Anfang der Geschichte ergibt.

Barbara Lehnerer

Blind   2006

Ich sehe schlecht, obwohl ich keine Brille brauche. Details, die andere beobachten, nehme ich kaum wahr. So weiß ich oft nach zwei, drei Treffen nicht, ob einer graue oder grüne Augen hat. Dagegen bilde ich mir ein, die feinen Töne, jeden Laut zu hören und Schwingungen zu spüren, die andere verbreiten. Ich höre eben gut und schnell und gerne.

5 Die Nacht mit Henri hätte mich beinahe um meine Sicherheit gebracht.

Dabei standen alle Vorzeichen auf Warnung: Jan war frühmorgens schon zu einem Handball-Match gefahren und meine Freundin Marietta hatte Fieber. Ich selbst war lustlos und weiß wirklich nicht, was mich dazu bewegte, an diesem Abend ins Blue Moon zu gehen. Zum ersten Mal allein.

10 Natürlich hätte ich die Versuchung wittern müssen, sobald ich das Blue Moon betrat, weil ich sofort Henri sah. Er stand ein bisschen abseits an der Bar, nur so für sich, mit seinem Bier. Schweigsam. Beobachtend. Wie jeden Freitagabend.

Schon während ich eine Cola bestellte, spürte ich seinen Blick und zwang mich wegzusehen. Am liebsten hätte ich die Augen zugekniffen, um mich auf irgendein Gespräch, auf die Musik,
15 auf etwas, das ganz unverfänglich war, zu konzentrieren. Stattdessen merkte ich, wie mein Blick magnetisch von seinem rechten Turnschuh angezogen wurde, der sich – nicht unharmonisch – in einem seltsamen Anti-Takt zu der Musik bewegte: Tap, tap. Tap, tap. Von einem Moment zum anderen schienen die Parameter[1] verschoben: Die Ohren waren jetzt ausgeschaltet, dafür die Augen wie gebannt. An die Musik, zu der sein Turnschuh wippte, erinnere ich
20 mich nicht, dafür an Form und Farbe noch genau. So kam es, dass ich auch den Satz „Ich heiße Henri." nicht sofort verstand, und erst, als er ihn wiederholte, reagierte: „Ja? Ich bin Dina."

Wahrscheinlich bin ich Henris Schuh gefolgt, nicht ihm – verzaubert von dem Anti-Rhythmus. Es ist nicht meine Art, mit fremden Jungen so einfach mitzugehen, und einen Moment lang dachte ich auch an Jan.

25 Ein paar Minuten später standen wir im Freien.

„Es ist so eine warme Nacht … hast du nicht Lust … fahren wir ein bisschen mit dem Auto rum?"

Wieso nicht?

Ich glaube, viel sprachen wir nicht, als wir die Occamstraße runterliefen. Nur unsere Hände
30 streiften sich: ein-, zweimal, eher wie zufällig. „Das da ist meiner", sagte Henri und deutete auf einen alten Benz, der an der Ecke Occam-, Leopoldstraße parkte. Ein schwarzer Benz, genauso schwarz wie sein Turnschuh und sein Haar.

Er öffnete die Tür für mich und schloss sie wie ein Gentleman, nachdem ich eingestiegen war. Dann lief er um den Wagen rum, stieg selber ein und sah mich von der Seite an, bevor er star-
35 tete. „Das ist das erste Mal, dass du alleine da bist", sagte er. „Stimmt", sagte ich und lächelte ihn an, „es hat sich so ergeben."

Wir kurbelten die Fenster auf und er fuhr pfeifend los. Ich lehnte mich ein Stück hinaus und ließ die Haare wehen. „Die erste warme Nacht in diesem Sommer", rief ich übermütig.

Aufgabentyp 6 – Produktionsorientiert zu Texten schreiben

Er nickte und hielt lachend vor einer roten Ampel. Ich weiß noch, wie er sich zu mir hinüberbeugte, weil er im Handschuhfach nach etwas suchte, als mir der Straßenabschnitt vor uns seltsam dunkel schien. „Ich glaub, du hast kein Licht an", sagte ich gelassen.
Die Ampel schaltete auf Grün. „Verflucht – die Bullen!", hörte ich.
Ich sah ihn an und drehte rasch den Kopf nach hinten, um in Sekundenschnelle festzustellen, dass uns ein Streifenwagen folgte, dann sah ich, wie der schwarze Turnschuh das Gaspedal durchdrückte. Ein Ruck – ich hielt mich fest und spürte nur, fixiert auf diesen Turnschuh, wie er in einem Affenzahn die Straße runterdüste, um ein, zwei Ecken bog und weiterraste.
Die Reifen quietschten, als er endlich hielt. „Du spinnst ja", sagte ich verstört.
„Wieso?" Nervös sah er sich um. „Wir haben sie abgehängt! Komm! Beeil dich!"
Er riss die Fahrertüre auf, sprang raus und rannte um den Wagen. „Jetzt mach schon", sagte er, weil ich benommen sitzen blieb und gemächlich anfing, mein Fenster hochzukurbeln. Er öffnete die Tür. „Vergiss das jetzt, wir hauen ab." Er griff nach meiner Hand und zog mich raus, trat ungeduldig gegen die Tür, die scheppernd ins Schloss fiel. Wir rannten, Hand in Hand. Die Straße mündete in einen kleinen Park, eher eine Grünfläche, umsäumt von dunklen Büschen. Dort erst, am finsteren Ende dieser Wiese blieben wir stehen und atmeten tief durch. Es war so dunkel, dass ich Henri nur als Silhouette sehen konnte.
„Mit dir kann man ja Pferde stehlen", sagte er lachend. „Die hast du doch bestimmt schon längst gestohlen." Ich zitterte vor Angst, vor Abenteuer, vor Erregung. „Sonst wärst du eben nicht getürmt." „Ich weiß nicht, ich hab plötzlich rotgesehen", sagte er verlegen. „Das Ganze ist total absurd." Er sah sich um. „Ich glaub, hier sind wir sicher, aber ... vielleicht wär's trotzdem besser, wir würden noch ein bisschen Liebespärchen spielen."
Ich schluckte. Nichts geschah. Wie spielt man Liebespärchen?, dachte ich. Dicht vor mir spürte ich Henri atmen. Er legte einen Arm um mich, dann: „Pst! Sei still!", als ob ich auch nur einen Laut von mir gegeben hätte. „Ich glaub, ich hab da was gehört!" Ich hörte nichts und sah sie erst, als sie im Laufschritt aus den Büschen brachen: fünf, sechs Beamte mindestens, mit Suchscheinwerfern und mit Knarren.
Als sie dann vor uns standen, waren es zwei: gelassen, ohne Waffen.
„Wart ihr das eben?", fragte uns der jüngere. Der Lichtstrahl einer Taschenlampe fuhr mir ins Gesicht. Der andere deutete mit einer Kinnbewegung in Richtung Straße, wo Henris Benz mit offenen Fenstern stand.

1 **Parameter:** Kenngröße, Konstante, Bezugsgröße, Variable

A Die Aufgabe verstehen

1 *Lies die Aufgabenstellung sorgfältig durch. Kreuze an, welche Aussage richtig ist und welche nicht.*

Du sollst ...	richtig	falsch
a) ... den Beginn der Kurzgeschichte genau analysieren.	☐	☐
b) ... eine Charakterisierung der beiden Hauptfiguren schreiben.	☐	☐
c) ... eine nachvollziehbare Begründung für deine Fortsetzung der Geschichte geben.	☐	☐
d) ... das Geschehen aus der Sicht der Polizisten beurteilen.	☐	☐
e) ... nachweisen, dass es sich um den Anfang einer Kurzgeschichte handelt.	☐	☐
f) ... den Anfang der Geschichte aus einer anderen Perspektive erzählen.	☐	☐
g) ... die Beweggründe der Hauptfiguren aufgreifen und bei der Fortsetzung beachten.	☐	☐
h) ... die im Text angelegte Erzählperspektive erkennen und weiterführen.	☐	☐
i) ... zwei verschiedene Texte schreiben: Fortsetzung und Begründung.	☐	☐

Aufgabentyp 6 – Produktionsorientiert zu Texten schreiben

B Erstes Textverständnis – Ideen entwickeln

Die Situation klären

1 *Was erfährst du in dem Erzählanfang über die beiden männlichen Figuren Jan und Henri? Markiere im Text wichtige Informationen mit zwei verschiedenen Farben und notiere dann einige Stichworte.*

Jan: _____

Henri: _____

2 *Drücke mit grafischen Symbolen (Einkreisung zweier Namen, Pfeilen usw.) aus, wie Dina, die Ich-Erzählerin, am Anfang wohl zu Jan und Henri steht.*

Dina

Jan   Henri

Symbolspeicher

✓
◯
✗
→←
→
♥

Lesererwartungen erkennen und nutzen

3 *An einigen Stellen im Text ahnen erfahrene Leser/innen, wie es weitergehen könnte. Notiere in der folgenden Tabelle, was du an der jeweiligen Textstelle von der weiteren Handlung erwartet hast.*

Zitat aus dem Text (Zeilenangabe)	Was ich an dieser Stelle als Leser erwartet habe:
A „… ins Blue Moon …. Zum ersten Mal allein." (Z. 8–9)	Als Frau allein? Dina könnte etwas passieren …
B „Natürlich hätte ich die Versuchung wittern müssen …" (Z. 10)	
C „… wie mein Blick magnetisch … angezogen wurde" (Z. 15–16)	
D „Es ist nicht meine Art, mit fremden Jungen so einfach mitzugehen, und einen Moment lang dachte ich auch an Jan." (Z. 23–24)	
E „… ein bisschen Liebespärchen spielen." (Z. 60–61)	
F „… fünf, sechs Beamte mindestens, mit Suchscheinwerfern und mit Knarren." (Z. 66–67)	

Aufgabentyp 6 – Produktionsorientiert zu Texten schreiben

C Übungen

Sich in die Erzählerfigur hineinversetzen

1 *Die Erzählerin dieser Geschichte weiß mehr als die Lesenden; sie enthält ihnen Informationen vor. Markiere im Text Stellen, an denen sich dieser Eindruck einstellt.*

2 *Kläre, mit welchem Sinnesorgan die Erzählerfigur Dina jeweils das Geschehen wahrnimmt. Fülle dazu zunächst die mittlere Spalte in der folgenden Tabelle aus.*

3 *Trage in der rechten Spalte ein, welche Folgen sich durch den Wechsel der Sinnesorgane für Dina ergeben.*

4 *Überlege zuletzt, welche Sinnesorgane in deiner Fortsetzung der Geschichte im Vordergrund stehen könnten und welche Folgen das für Dinas Verhalten haben könnte. Mache in den letzten beiden Zeilen der Tabelle entsprechende Notizen.*

Zitat	Sinnesorgan	Folgen
„Ich sehe schlecht …" (Z. 1)		
„Ich höre eben gut und schnell und gerne." (Z. 4)		
„… spürte ich seinen Blick und zwang mich wegzusehen." (Z. 13)		Im Bereich des Sehens, den sie nicht beherrscht, gewinnt er Macht über sie.
„Die Ohren waren jetzt ausgeschaltet, dafür die Augen wie gebannt." (Z. 18–19)		

Schlüsse aus wichtigen Textsignalen ziehen

5 *Der Figur Henri werden bestimmte symbolische Farben und Verhaltensweisen zugeordnet. Notiere zu den beiden folgenden Zitaten kurz, welche Vorausdeutungen im Hinblick auf seinen Charakter sich – passend zur Handlung – daraus ableiten lassen.*

6 *Gib dann nach den Pfeilen in Stichworten an, welche Ideen für eine Fortsetzung der Geschichte sich bei der Betrachtung dieser Textstellen aus deinen Vorausdeutungen ergeben.*

Zitat: *„in einem seltsamen Anti-Takt zu der Musik"* (Z. 17)
Vorausdeutung: _____
→ _____

Zitat: *„Ein schwarzer Benz, genauso schwarz wie sein Turnschuh und sein Haar."* (Z. 31–32)
Vorausdeutung: _____
→ _____

Aufgabentyp 6 – Produktionsorientiert zu Texten schreiben

7 *In der Geschichte findest du weitere Andeutungen, die Hinweise auf den Fortgang der Handlung geben. Notiere in der folgenden Tabelle, welche Schlüsse du aus diesen Zitaten für deine Fortsetzung ziehst.*

Textzitate	Mögliche Fortsetzung der Geschichte
A „Die Nacht mit Henri hätte mich beinahe um meine Sicherheit gebracht." (Z. 5)	
B „… wie er sich zu mir hinüberbeugte, weil er im Handschuhfach nach etwas suchte … " (Z. 39–40)	

D Den Schreibplan erstellen

Handlungsschritte entwickeln und begründen

1 *Wie lässt sich der Text fortsetzen? Kreuze eine oder mehrere der folgenden Möglichkeiten an.*

a) ☐ Henris Charakter tritt noch klarer hervor.   c) ☐ Eine weitere Figur tritt in die Handlung ein.

b) ☐ Henris Vorgeschichte wird aufgedeckt.   d) ☐ Die Erzählerin ist nicht länger „blind".

2 *Notiere auf einem getrennten DIN-A4-Blatt jeweils passend zu diesen Möglichkeiten deine Ideen für ihre konkrete Umsetzung (z. B. **wer** in die Handlung eingreifen könnte usw.) oder entwickle eine eigene Idee.*

3 *Entscheide dich nun für einen denkbaren Fortgang der Geschichte und halte ihn stichpunktartig fest.*

4 *Setze den Text – angenähert an den Stil der Autorin – fort. Der Tipp rechts hilft dir dabei.*

> **Figuren werden anschaulich durch …**
> ☐ … Rede, Gegenrede und ihre Reaktionen,
> ☐ … Körperhaltung, Gestik und Mimik,
> ☐ … ihre Gedanken, Ängste und Wünsche.

5 *Begründe deine Entscheidungen für die Fortsetzung. Verwende dafür die Formulierungen im Wortspeicher unten.*

> **Wortspeicher**
> Die Wahrnehmung der Ich-Erzählerin … – Anfangs ist ihr diese veränderte Sichtweise … – Diese Veränderung hat Folgen: …
> Ich habe mich in meiner Fortsetzung dafür entschieden … – Meiner Meinung nach ist dies schlüssig, da …

E Den eigenen Text überarbeiten

1 *Überarbeite deine beiden Texte (Fortsetzung und Begründung) mit Hilfe der folgenden Checkliste.*

> ☑ **Checkliste „Kurzgeschichte fortsetzen"**
>
> **Hast du in der Fortsetzung der Kurzgeschichte …**   ⊕ ⊖
>
> ☐ … das **Verhalten der Hauptfiguren** und die **Sichtweise der Erzählerin** aufgegriffen? ☐ ☐
> ☐ … den sprachlichen **Stil** des Anfangs aufgenommen und durchgehalten? ☐ ☐
> ☐ … das **Geschehen** – ähnlich wie in der Vorlage – anschaulich und lebendig ausgestaltet? ☐ ☐
> ☐ … das **Erzähltempus** Präteritum (bei Vorzeitigkeit: Plusquamperfekt) durchgehalten? ☐ ☐
>
> **Hast du in der Begründung deiner Fortsetzung …**
>
> ☐ … deine Überlegungen durch einen kurzen **Einleitungssatz** eröffnet? ☐ ☐
> ☐ … die Wahrnehmung bzw. Sicht der Ich-Erzählerin in deinem Text nachvollziehbar erklärt? ☐ ☐
> ☐ … deine Entscheidung zur Gestaltung der Hauptfiguren schlüssig erläutert? ☐ ☐
> ☐ … einen angemessenen Ausdruck und geeignete **Fachbegriffe** verwendet? ☐ ☐

PRODUKTIONSORIENTIERTES SCHREIBEN

Narinder Dhami: Kick it like Beckham – Einen Tagebucheintrag verfassen

Lies den folgenden Auszug aus Narinder Dhamis Jugendroman „Kick it like Beckham" und versetze dich in die Rolle von Jess.
1. Verfasse aus ihrer Sicht einen Tagebucheintrag, in dem deutlich wird, wie sie den Konflikt erlebt und wie sie sich entscheiden wird.
2. Begründe anschließend, welche Haltung du Jess einnehmen lässt und welche sprachlichen Mittel du eingesetzt hast.

Narinder Dhami

Kick it like Beckham

Jesminder Bhamra, genannt Jess, will nur eins: Fußball spielen, genau wie ihr großes Vorbild David Beckham. So oft sie kann, spielt sie im Park ihres Londoner Vororts mit ein paar indischen Jungen Fußball. Dort lernt sie auch Jules Paxton kennen, die sie zu einem Probetraining in ihrer Frauenmannschaft überredet. Als Jess nach dem erfolgreichen Training übermütig mit den indischen Jungen im Park spielt, wird sie von ihrer Mutter erwischt. Jess' traditionsbewusste Eltern verbieten ihr daraufhin das Fußballtraining. Als Jess ihrem Cousin Tony und Jules von dem Verbot berichtet, schmieden die drei einen Plan ...

„Es ist so gemein, Tony!" Ich zerknüllte mein feuchtes Taschentuch und wischte mir damit über die Augen. „Alles, was ich mir wünsche, ist in ihren Augen nicht indisch genug. Ich meine, ich habe nie die Schule geschwänzt wie Pinky oder Bubbly, schminke mich nicht und takle mich auch nicht auf wie sie. Aber das alles sehen sie nicht."

5 „Das Gute sehen Eltern nie", sagte Tony tröstend. Wir gingen zusammen durch den Park. Nach allem, was passiert war, hatte ich unbedingt an die frische Luft gehen müssen, sonst wäre ich geplatzt.

„Ein Aloo gobi kann jeder kochen", brummte ich missmutig. „Aber wer kann einen Ball schon so anschneiden wie Beckham?"

10 Tony musterte mich nachdenklich. Er dribbelte einen Ball vor sich her, während wir weitergingen. „Warum spielst du nicht einfach weiter, ohne es ihnen zu sagen?", schlug er plötzlich vor. „Ich meine, Pinky hat sich auch jahrelang heimlich mit Teetu getroffen und jetzt, wo sie heiraten, interessiert das keinen mehr. Wenn deine Eltern es nicht wissen, regen sie sich auch nicht darüber auf."

15 „Warum soll ich denn lügen?", seufzte ich. „Ist ja nicht so, dass ich mit jemandem ins Bett gehe."

„Jess!", hörte ich da eine Stimme hinter uns.

Jules kam auf uns zugerannt und rasch wischte ich mir über die Augen. „Hi, Jules!", rief ich so fröhlich, wie ich nur konnte. „Das ist Tony. Tony, das ist Jules aus der Mann-
20 schaft."

„Hi, alles in Ordnung?" Tony lächelte sie an. „Jess gehört neuerdings zu euch, wie ich hörte."

„Oh ja, wir alle setzen große Hoffnungen in sie", antwortete Jules lächelnd. „Besonders ich."

25 Betreten starrte ich auf den Boden. „Meine Mutter hat mir verboten zu spielen", sagte ich dann leise.

„Was?! So ein Unsinn!" Jules klang entsetzt. „Hör mal, meine Mutter war auch immer dagegen, dass ich Fußball spiele. Aber das konnte mich nicht davon abhalten. Das darf man nicht einfach so schlucken!"

Aufgabentyp 6 – Produktionsorientiert zu Texten schreiben

30 Ich blinzelte. „Meinst du?"
Jules nickte. „Meine Mutter ist davon überzeugt, dass ich ein halber Junge bin. Dauernd versucht sie, mich in Girlie-Klamotten zu stecken und mich mit Kevin zu verkuppeln, einem Jungen aus der Nachbarschaft. Und weißt du, was sie neulich erst gesagt hat?" Jules spitzte die Lippen und säuselte: „‚Schätzchen, ich kann dir erklären, warum Sporty
35 Spice die Einzige ist, die keinen festen Freund hat!' Mal ehrlich, ist es zu fassen?"
„Meine Schwester heiratet demnächst und meine Eltern stehen total unter Stress", versuchte ich, ihr zu erklären. „Wahrscheinlich habe ich nicht mal die Zeit, mich zum Training oder zum Spielen aus dem Haus zu schleichen."
„Ach komm, Jess, du kannst mich nicht einfach im Stich lassen", sagte Jules drängend.
40 „Joe hat mir erzählt, dass bald ein amerikanischer Talentscout kommen soll."
Mir fiel wieder ein, was Jules neulich von der amerikanischen Profi-Liga gesagt hatte, und ich verspürte einen kleinen Stich von Neid! Ich konnte diese Hoffnung begraben.
„Jetzt mach dir wegen deiner Mutter mal keine Sorgen", fuhr Jules zuversichtlich fort. „Erzähl ihr doch einfach, du hättest einen Sommerjob. Sag ihr, du würdest mit mir bei
45 HMV arbeiten."
Eine tolle Idee! Ich warf einen Blick auf Tony und sah, dass er nickte. Hm, vielleicht würde es ja klappen ...
„Gut, nachdem wir das nun geklärt haben ..." Jules grinste über das ganze Gesicht und schnappte sich Tonys Ball. „... kannst du mir ja zeigen, was dein Freund hier draufhat."
50 „Oh, er ist nicht mein Freund", stellte ich sofort richtig, während Tony im gleichen Moment „Ich bin nicht ihr Freund" sagte.
Wir blickten uns kurz betreten an, doch dann rannte Tony los, um Jules zu verfolgen.
„Auf, Jess!", brüllte Jules über die Schulter zurück. „Spielst du mit oder nicht?"
Ich rannte ihnen nach. Ich fühlte mich schon etwas besser. Okay, ich könnte eventuell
55 weiterspielen, aber dafür würde ich lügen müssen. Und ich war mir nicht sicher, ob ich das wollte ...

A Die Aufgabe verstehen

1 *Welche Arbeitsschritte gehören zur Aufgabenstellung, welche nicht? Kreuze an.*

Du sollst ...   richtig falsch

Nr.

a) ... den Textauszug aus Tonys Sicht nacherzählen. □ □
b) ... aus Jesminders Perspektive heraus einen Tagebucheintrag formulieren. □ □
c) ... dich in Jess' Lage versetzen und darstellen, wie sie zu ihrer Entscheidung kommt. □ □
d) ... Tonys und Jules' Sicht herausarbeiten und ausführlich beschreiben. □ □
e) ... die Gedanken anderer, die Jess beeinflussen, erkennen und berücksichtigen. □ □
f) ... Textstellen markieren, die Jesminders Haltung zum Ausdruck bringen. □ □
g) ... alle Gedanken und Gefühle darstellen, die Jess durch den Kopf gehen könnten. □ □
h) ... inhaltliche Schwerpunkte setzen, die der Textvorlage und Aufgabe entsprechen. □ □
i) ... Anknüpfungspunkte im Text finden, an die sich der Tagebucheintrag anschließt. □ □
j) ... erläutern, wie ein guter Tagebucheintrag auszusehen hat. □ □
k) ... erklären, wie du den Tagebucheintrag inhaltlich und sprachlich gestaltet hast. □ □

2 *Bringe die Arbeitsschritte in eine sinnvolle Reihenfolge, indem du sie links entsprechend nummerierst. Es gibt mehrere Lösungsmöglichkeiten.*

Aufgabentyp 6 – Produktionsorientiert zu Texten schreiben

3 Welche äußeren Merkmale kennzeichnen einen Tagebucheintrag? Kreuze an, was du beachten musst.

In einem Tagebucheintrag verwende ich ...

a) ☐ ... die Er-Perspektive. c) ☐ ... meine eigene Perspektive. e) ☐ ... Anrede und Datum.

b) ☐ ... die Ich-Perspektive. d) ☐ ... die Form des Geschäftsbriefs. f) ☐ ... eine Unterschrift.

4 Kreuze an, welche der folgenden sprachlichen Mittel am ehesten zu einem Tagebucheintrag passen.

a) ☐ ... reine Schriftsprache. e) ☐ ... immer ganze Sätze. i) ☐ ... Argumentationsketten.

b) ☐ ... nur Umgangssprache. f) ☐ ... nur lange Satzgefüge. j) ☐ ... Fragen und Ausrufe.

c) ☐ ... Jess' Ausdrucksweise. g) ☐ ... auch unvollständige Sätze. k) ☐ ... Flüche.

d) ☐ ... sachliche Sprache. h) ☐ ... Einschübe (*hm, na ja, oh* ...). l) ☐ ... begonnene Gedanken.

B Erstes Textverständnis – Ideen sammeln

1 Hast du Jesminders Situation verstanden? Dann verbinde die folgenden Teilsätze zu korrekten Aussagen.

1. Jess spielt so viel wie möglich Fußball,	... da dieser Sport in Indien für ein Mädchen undenkbar wäre. (A)
2. Ihre Eltern haben ihr das Spielen verboten,	... damit sie heimlich „am Ball bleiben" kann. (B)
3. Jess' Mutter, Mrs Bhamra, ist der Ansicht, dass sie besser Aloo gobi kochen lernen soll,	... da sie Fußball als Männersport empfindet und lieber ein „richtiges" Mädchen hätte. (C)
4. Jess' Schwester Pinky wurde nicht bestraft,	... da dies eher ihrem traditionellen Frauenbild entspricht. (D)
5. Auch Jules' Mutter, Mrs Paxton, würde ihre Tochter lieber in Mädchenkleidern sehen,	... obwohl sie sich vor der Ehe heimlich mit ihrem zukünftigen Ehemann getroffen hat. (E)
6. Jess will unbedingt weiter mit Jules' Mannschaft zusammen trainieren,	... um so gut zu werden wie David Beckham. (F)
7. Jess, Jules und Tony planen, dass Jess einen Job bei HMV vorgeben soll,	... weil sie ihre Familie vielleicht anlügen muss. (G)
8. Jess fühlt sich unwohl in ihrer Haut,	... weil ein amerikanischer Scout auf Talentsuche geht. (H)

2 Um zu einer Entscheidung zu kommen, muss sich Jess mit den Haltungen der anderen auseinandersetzen.
 a) Wie denkt Jess über die folgenden Einstellungen? Markiere dir die entsprechenden Stellen im Text.
 b) Ergänze unter den einzelnen Aussagen Jess' mögliche Kommentare – am besten in ihrer eigenen Ausdrucksweise.

Mrs Bhamra: „Ein Mädchen soll Aloo gobi kochen können."

Pinky: „Ich sehe wenigstens aus wie ein typisches Mädchen ..."

Mrs Paxton: „Ich kann dir erklären, wieso Sporty Spice die Einzige ist, die keinen festen Freund hat."

Jules: „Du kannst mich nicht einfach im Stich lassen. Bald kommt ein amerikanischer Talentscout ..."

Aufgabentyp 6 – Produktionsorientiert zu Texten schreiben

3 *Entscheide, ob Jess ihre Familie anlügen oder ob sie auf das Fußballspielen verzichten wird und begründe kurz deine Meinung. Bedenke, welche Gefühle dazu im Text bereits anklingen. Der Wortspeicher hilft dir dabei.*

Jess wird ihre Familie belügen/nicht belügen, denn ...

_____

_____

Wortspeicher „Gefühle"

traurig   wütend   bestärkt   resigniert   unverstanden   trotzig   enttäuscht

C Übungen

1 *Welches Beispiel eignet sich deiner Ansicht nach besser für einen Tagebucheintrag? Begründe deine Entscheidung.*

A Hallo Tagebuch!
In mir tobt ein großer Konflikt, seit meine Eltern mir das Fußballspielen verboten haben. Sie möchten, dass ich mich wie ein typisches indisches Mädchen verhalte, wie meine Schwester Pinky bald heirate, kochen lerne und bald einen indischen Mann heirate. Ich hingegen möchte Fußball spielen. Deshalb haben Jules, Tony und ich uns einen Plan überlegt, bei dem ich mich zwar nicht so ganz wohl in meiner Haut fühle, aber ...

B Liebes Tagebuch,
endlich – ich habe einen Plan, wie ich doch weiter zum Fußballtraining gehen kann! Meine Eltern hatten es mir ja verboten. Okay, richtig gut fühle ich mich nicht dabei, aber was soll's ... Jules' Idee: Ich könnte erzählen, dass ich einen Ferienjob habe. Die Idee tat mir echt gut, so verzweifelt wie ich heute Morgen war. Aber ich bin mir noch nicht sicher, ob ich meine Eltern wirklich anlügen will ...

Beispiel [ ] eignet sich besser, ...

_____

_____

2 *Die Aufgabenstellung verlangt, „zwischen den Zeilen" zu lesen, um Jess' Gefühle richtig zu erkennen und wiederzugeben. Wie lassen sich folgende Textstellen deuten? Kreuze die jeweils zutreffende Variante an.*

(1) „‚Es ist so gemein, Tony!' Ich zerknüllte mein feuchtes Taschentuch und wischte mir damit über die Augen." (Z. 1–2)

a) [ ] Ich fühlte Traurigkeit in mir aufkommen.

b) [ ] Ich war so traurig, ich musste ständig weinen.

c) [ ] Ich war so wütend auf meine Eltern wie noch nie – das war echt zum Heulen!

(2) „Ich blinzelte. ‚Meinst du?'" (Z. 30)

a) [ ] Sollte ich wirklich einen Sommerjob vorgeben? Keine schlechte Idee eigentlich ...

b) [ ] Dieser Vorschlag lenkte mich erst einmal von meiner Verzweiflung ab, das tat gut.

c) [ ] Die Sonne blendete mich, daher kniff ich die Augen zusammen.

(3) „... ich verspürte einen kleinen Stich von Neid!" (Z. 42)

a) [ ] Die Welt ist manchmal furchtbar ungerecht.

b) [ ] Einen Moment lang war ich richtig neidisch auf Jules. Dabei wollte ich das gar nicht sein.

c) [ ] Ein starkes Gefühl von Neid keimte in mir auf und ich konnte es kaum unterdrücken.

(4) „Und ich war mir nicht sicher, ob ich das wollte ..." (Z. 55–56)

a) [ ] Ich befand mich in einem Zwiespalt und konnte gar nichts mehr denken.

b) [ ] Ich fühlte mich nicht wirklich gut dabei.

c) [ ] Ich war hin und her gerissen – was sollte ich tun?

Aufgabentyp 6 – Produktionsorientiert zu Texten schreiben

D Einen Schreibplan erstellen

1 *Sammle auf einem DIN-A4-Blatt in einer Mind-Map alle Aspekte, auf die du im Tagebucheintrag eingehen willst.*

2 *Überlege nun, mit welchem Aspekt du den Tagebucheintrag beginnen willst und wie er enden soll. Nummeriere dazu deine Ideen aus der Mind-Map in einer Reihenfolge, die der Lage von Jess entspricht.*

3 a) *Verfasse nun Jess' Tagebucheintrag. Achte darauf, dass du die Geschehnisse mit Jess' Gedanken und Gefühlen angemessen kommentierst. Stelle dabei auch dar, wie sich Jess mit ihrer Entscheidung fühlt.*
b) *Begründe danach die Haltung, die du Jess einnehmen lässt, und die sprachliche Gestaltung deines Textes.*

E Den eigenen Text überarbeiten

1 *Vergleiche die beiden Begründungen; welche hältst du inhaltlich für angemessener? Begründe kurz.*

A Jess spielt heimlich Fußball, hat ein klares Ziel und sich bisher nicht davon abbringen lassen. Sie liebt ihre Eltern, aber sie möchte nicht um jeden Preis eine gute Tochter sein, anders als ihre Schwester. Ich denke, dass sie sich für die Notlüge entscheidet, auch wenn ihr nicht wohl dabei ist. In Jess' Tagebucheintrag habe ich auch Umgangs- bzw. Jugendsprache benutzt. Die Sätze sind eher kurz, Fragen manchmal nur angerissen, Ausrufe, Ideen und Einschübe passen zu ihrer aufgewühlten Stimmung. Gedankenstriche habe ich verwendet, um Gedankesprünge zu markieren.

B In meinem Text entscheidet sich Jess für die Wahrheit, weil sie ihre Familie nicht verletzen will. Ihr schlechtes Gewissen wäre einfach zu groß, wenn sie für ihren Traum lügen müsste. Und Mädchen sind ja oft so artig, dass ich mir nicht vorstellen kann, dass sie als indisches Mädchen so etwas durchhält. Außerdem zweifelt sie ja selbst daran. Weil es sich um einen schriftlichen Text handelt, habe ich vor allem Schriftsprache verwendet und fast immer vollständige Sätze formuliert. Gedanken und Gefühle sind etwas umgangssprachlicher ausgefallen, weil Jugendliche eben so sprechen.

2 *Prüfe deinen Text auf inhaltliche und formale Richtigkeit. Benutze dabei die folgende Checkliste.*

✔ Checkliste „Tagebucheintrag"

Du hast ...   ⊕   ⊖

- ☐ ... in deinem Tagebucheintrag die wichtigsten Ereignisse berücksichtigt.
- ☐ ... Jess' Konflikt deutlich gemacht und welche Haltungen es dazu gibt.
- ☐ ... gezeigt, in welcher Rolle sie sich selbst sieht und wie sie sich zuletzt entscheidet.
- ☐ ... Gedanken und Gefühle von Jess passend zur Textvorlage dargestellt.
- ☐ ... die Ich-Perspektive durchgehalten und Jess Ausdrucksweise aufgegriffen.
- ☐ ... **in deiner Begründung** erläutert, welche Haltung Jess einnimmt.
- ☐ ... erklärt, welche sprachlichen Mittel du einsetzt.
- ☐ ... **in beiden Texten** Rechtschreibung und Zeichensetzung geprüft.

NACHDENKEN ÜBER SPRACHE

„Ich hatte richtig Spaß dabei ... " –
Einen Tagesbericht aus dem Praktikum überarbeiten

> Sarah macht ihr Betriebspraktikum in einem Reisebüro und will folgenden Tagesbericht abgeben.
> 1. Überarbeite Sarahs Tagesbericht in inhaltlicher und sprachlicher Hinsicht. Achte beim Verbessern der einzelnen Sätze vor allem auf das richtige Tempus, eine angemessene Wortwahl und abwechslungsreiche Satzanfänge.
> 2. Begründe alle Veränderungen, die du in den Sätzen 2 bis 6 vorgenommen hast.

Mein Tagesbericht vom 5. Praktikumstag, 6. Mai 2007

(1) Mein fünfter Praktikumstag begann schon eine halbe Stunde vor der Öffnungszeit, also gegen 9.00 Uhr. (2) Herr Borowski, mein Boss, bat mich am Vortag, die Auslage mit den neuen Fernreisekatalogen zu checken und sie zu ordnen. (3) Ich sortiere daher die Kataloge alphabetisch nach Ländern, denn das war am einfachsten. (4) Um 9.30 Uhr öffnet dann das Reisebüro. (5) Ich soll wie in den letzten Tagen vor allem gut zuhören und beobachten. (6) Ich langweilte mich ohne Ende, denn in den nächsten anderthalb Stunden war kaum was los. (7) Von 11.00 Uhr bis zur Mittagspause durfte ich endlich mit Herrn Borowski zusammen Kundenberatung machen. (8) Ich sollte Kataloge heraussuchen, Personalien aufnehmen und sie in den PC eingeben. (9) Ich ging von 12.30 bis 13.30 Uhr in die Mittagspause. (10) Ich war beim Bäcker nebenan etwas essen, außerdem kaufte ich mir eine CD. (11) Von 13.30 bis 14.30 Uhr machte ich superschnell die Post fertig. (12) Ich musste insgesamt 83 Tickets, Angebote und so'n Zeugs eintüten und zur Post schleppen. (13) Nach der Kaffeepause bittet mich mein Chef dann, ihm bei den Vorbereitungen für den nächsten Aktionstag mit dem Motto „Afrika" zu helfen. (14) Ich überlege daher mit ihm gemeinsam, wie das Reisebüro typisch afrikanisch zu dekorieren ist. (15) Ich hatte echt viele Ideen, weil ich vorher beim Sortieren der Kataloge Bilder von afrikanischen Festen entdeckte. (16) Ich hatte richtig Spaß dabei und mein Boss lobte mich, das war cool! (17) Und weil ich so fleißig war, durfte ich schon um 17.30 Uhr nach Hause gehen.

Sarah, 9 c

A Die Aufgabe verstehen

1 *Was weißt du über den **Tagesbericht** im Rahmen eines Praktikums? Kreuze die richtige Aussage an.*

Im Tagesbericht sollst du ...

a) ☐ ... jede einzelne Tätigkeit der Reihenfolge nach möglichst ausführlich beschreiben.

b) ☐ ... alle wesentlichen Arbeiten dieses Tages verständlich und kurz wiedergeben.

c) ☐ ... nachvollziehbar begründen, warum dir die Arbeit Spaß gemacht hat (oder nicht).

d) ☐ ... knapp deine Meinung zum Tagesablauf äußern, ohne ihn vorher zu beschreiben.

Aufgabentyp 5 – Einen Text überarbeiten

2 *Kreuze an, was du für diese Aufgabenstellung tun sollst.*

Du sollst ...	richtig	falsch
a) ... einen völlig neuen Tagesbericht verfassen.	☐	☐
b) ... alle Fehler im Bericht finden und verbessern.	☐	☐
c) ... über alle Tätigkeiten in einem Reisebüro informieren.	☐	☐
d) ... Umgangssprache und Jugendsprache korrigieren.	☐	☐
e) ... den Satzbau bei der Korrektur nicht berücksichtigen.	☐	☐
f) ... die Zeitformen der Verben prüfen und verbessern.	☐	☐
g) ... begründen, welche Sätze dich besonders ansprechen.	☐	☐
h) ... nur deine Veränderungen in den Sätzen 2–6 begründen.	☐	☐

B Erstes Textverständnis – Stoff sammeln

1 *Wie sah Sarahs Tagesablauf an ihrem fünften Praktikumstag aus? Ergänze die folgende Tabelle.*

Uhrzeit	Tätigkeit
9.00–9.30	– Kataloge sortieren

2 *Auf welche Fehler sollst du achten? Verbinde den Fehlertyp mit dem fehlerhaften Beispiel.*
Achtung: Manchmal ist mehr als ein Fehler in den Textauszügen enthalten!

Fehlertyp	fehlerhaftes Beispiel
T: Präsens statt Präteritum	Ich ging ... Ich war ... Ich musste ... (Sätze 9, 10, und 12)
A: Umgangs- bzw. Jugendsprache	... weil ich vorher beim Sortieren Bilder ... entdeckte (Satz 15)
Sb: gleiche Satzanfänge	... und so'n Zeugs eintüten und zur Post schleppen. (Satz 12)
T: Präteritum statt Plusquamperfekt	Nach der Kaffeepause bittet mich mein Chef ... (Satz 13)

3 *Welcher Satz gehört nicht in einen Tagesbericht? Begründe mit Hilfe der Umschlagseite 2 und streiche ihn im Text.*

Satz Nr. ☐ ist überflüssig, weil _____

_____ .

Aufgabentyp 5 – Einen Text überarbeiten

4 *Welche Sätze sind – für sich genommen – korrekt, aber in der Folge dennoch sprachlich ungeschickt?*

Die Sätze Nr. ☐ , ☐ und ☐ sind für sich genommen sprachlich und grammatikalisch korrekt, aber ... _____

_____ .

C Übungen

Sprachliche Merkmale der Textsorte einhalten

1 *Welche besonderen sprachlichen Merkmale gelten für einen Tagesbericht? Kreuze jeweils an.*

Ein Tagesbericht ist gekennzeichnet durch ...

	richtig	falsch		richtig	falsch
a) ... kurze, klare Erläuterungen.	☐	☐	f) ... Zahlen, Daten und Fakten.	☐	☐
b) ... persönliche Kommentare.	☐	☐	g) ... freien Fluss der Gedanken.	☐	☐
c) ... einen Spannungsbogen.	☐	☐	h) ... die fantasievolle Überschrift.	☐	☐
d) ... sachliche Beschreibungen.	☐	☐	i) ... Beantwortung der W-Fragen.	☐	☐
e) ... viel wörtliche Rede.	☐	☐	j) ... eine klare, zeitliche Struktur.	☐	☐

Sachlich bleiben und Umgangssprache vermeiden

> **Tagesbericht als informativer Text**
> Informative Texte (z. B. Nachrichten, Lexikoneinträge, Berichte) vermitteln wichtige Fakten und Daten zu einem Thema, hier dem Tagesablauf. **Wesentliche Tätigkeiten** werden **in der richtigen Reihenfolge** kurz, **sachlich** und **genau** wiedergegeben. **Wertende Formulierungen** oder Kommentare sind zu streichen.

2 *Lies den Tipp in Ruhe durch. Unterstreiche Ausdrücke aus der Umgangs- bzw. Jugendsprache im Text, notiere sie in der Tabelle unten und ersetze sie durch Standardsprache oder geeignete Umschreibungen, falls nötig.*

Satz Nr.	Umgangs- bzw. Jugendsprache	Standardsprache / Umschreibung
2	checken	_____
2	Boss	_____
6	ohne Ende	_____
6	...	war es sehr ruhig/es kam wenig Kundschaft
7	... Kundenberatung machen	_____
11	_____	_____
11	_____	_____
12	_____	_____

Aufgabentyp 5 – Einen Text überarbeiten

Satz Nr.	Umgangs- bzw. Jugendsprache	Standardsprache / Umschreibung
...	_____	_____
...	_____	_____
...	_____	_____
...	_____	_____

3 a) Einige dieser Aussagen sind wertend. Welche Konsequenz hat das für die Überarbeitung? Begründe kurz.

Aussagen wie z. B. „... das war cool!" ...
_____.

b) Welche weiteren wertenden Kommentare und Meinungsäußerungen enthält der Text?
Markiere sie so, dass deutlich wird, was bei der Überarbeitung damit zu tun ist.

Unterschiedliche Satzanfänge verwenden

Variiere Satzanfänge,
indem du ...
- □ ... den Satzbau umstellst: *Ich war beim Bäcker etwas essen.* → *Beim Bäcker* ... oder: **Etwas essen** *war ich* ...
- □ ... Konjunktionen verwendest wie: *zunächst, danach, daraufhin, anschließend, als, während, dazu, dabei* ...

4 a) Wie sind die Sätze im Bericht oft aufgebaut? Viele Sätze beginnen mit _____ + _____.
b) Variiere den Satzbau mit Hilfe von Konjunktionen. Beachte dabei die Abfolge der Tätigkeiten im Tagesverlauf.

(1) Ich sollte Kataloge heraussuchen, Personalien aufnehmen und sie in den PC eingeben.
(2) Ich ging von 12.30 bis 13.30 Uhr in die Mittagspause.
(3) Ich erledigte die Post ... Ich musste insgesamt 83 Tickets und Angebote zur Post bringen.

(1) _____
(2) _____
(3) _____

5 Stelle in den folgenden Beispielen den Satzbau so um, dass die Sätze nicht mit „Ich" + gebeugtem Verb anfangen.
a) Ich hatte echt viele Ideen, weil ich vorher beim Sortieren der Kataloge Bilder ... entdeckte.

_____
_____

b) Ich überlegte daher mit ihm gemeinsam, wie das Reisebüro ... zu dekorieren ist ...

_____
_____

6 Unterstreiche im Bericht alle Satzanfänge, die diesem Baumuster folgen, und kennzeichne den Fehlertyp am Rand;
überlege dir ein Symbol, das anzeigt, was hier bei der Überarbeitung zu tun ist, z. B.: ⤴

45

Aufgabentyp 5 – Einen Text überarbeiten

Auf das richtige Tempus achten

Tempusgebrauch bei einem Rückblick
Wenn man von Vergangenem berichtet, verwendet man generell das **Präteritum**.
Um eine vorzeitige Handlung auszudrücken, benutzt man das **Plusquamperfekt**.

7 *Setze die Verben in den folgenden Sätzen mit Hilfe des Tipps oben ins Präteritum bzw. Plusquamperfekt.*

a) Ich **arbeite** lieber im Reisebüro, seit man mir mehr Aufgaben **übertragen hat**.

___

b) Die Kunden, die ins Reisebüro **kommen**, **sind** sehr freundlich zu mir.

___

c) Nachdem ich die Briefe **eingetütet habe, bringe** ich sie zur Post.

___

8 *Begründe den Tempusgebrauch im folgenden Satz. Verwende dabei deine eigenen Worte.*

Nachdem ich aus der Mittagspause **gekommen war, sortierte** ich die eingegangene Post.

Präteritum wird hier benutzt, weil _____ .

Plusquamperfekt zeigt an, dass _____ .

9 *Unterstreiche in Sarahs Bericht alle Tempusfehler. Notiere jeweils die korrekte Verbform am Rand.*

Überarbeitungen begründen

10 *Verschaffe dir einen Überblick über die Fehler in den Sätzen 2 bis 6, indem du folgende Tabelle ergänzt.*

Nr.	Fehler	Regel / Fehlertyp (Stichwort)	Verbesserungsvorschlag
2	...		...
2	bat mich am Vortag	Tempus: ...	...
___	___	___	___
___	___	___	___
___	___	___	___
___	___	___	___
___	___	___	___
___	___	___	___

Aufgabentyp 5 – Einen Text überarbeiten

11 *Formuliere anschließend eine kurze Begründung für deine Änderungen. Nutze folgende Textbausteine.*

Textbausteine
In Satz … steht das gebeugte Verb im …, es muss durch … ersetzt werden, die Verbform lautet korrekt …
Die umgangssprachlichen Ausdrücke … und … in Satz … habe ich ersetzt durch die Begriffe … und …
Um den Satzbau zu variieren, habe ich den Satzanfang der Sätze … umgestellt, indem ich …
Da persönliche Kommentare oder Meinungsäußerungen nicht in einen sachlichen Bericht gehören, …

D Den Schreibplan erstellen

1 *Prüfe zunächst Satz für Satz, ob und welcher der drei Fehlertypen darin vorkommt. Markiere sie jeweils, falls dies noch nicht geschehen ist.*

2 *Schreibe mit Hilfe deiner Vorarbeiten eine überarbeitete Fassung des Berichts. Gehe Satz für Satz vor. Korrekte Sätze müssen **nicht** noch einmal abgeschrieben werden, es reicht der Hinweis: Satz ☐ ist korrekt.*

3 *Begründe nun alle deine Veränderungen in den Sätzen 2 bis 6 mit Hilfe der Tabelle (Teil C, Aufgabe 10).*

E Den eigenen Text überarbeiten

1 a) *Ein Schüler hat die letzten Sätze des Berichts überarbeitet. Markiere alle Mängel, die dir auffallen.*

> (15) Zuvor hatte ich mir massig Anregungen aus Prospekten geholt, in denen ich beim sortieren Bilder von Afrikanischen Feten entdeckt hatte. (16) Das machte viel Spaß und der Meister lobte mich, das war klasse! (17) Und weil ich so fleissig war, durfte ich schon um 17.30 Uhr nach Hause gehen.

VORSICHT FEHLER!

b) *Welche Fehlertypen sind hier tatsächlich überarbeitet worden, welche noch nicht oder nicht ausreichend?*

Überarbeitet wurde(n) … _____

Nicht überarbeitet wurde(n) … _____

c) *Verbessere die verbliebenen Mängel am Rand und formuliere eine kurze Begründung (Stichworte).*

_____

_____

2 *Es haben sich (vier) neue Fehler eingeschlichen. Unterstreiche sie und notiere am Rand die Korrektur.*

3 *Prüfe anhand der folgenden Checkliste, inwieweit du deinen eigenen Text noch überarbeiten solltest.*

☑ Checkliste „Textüberarbeitung"
Hast du …

… im gesamten Text …	⊕	⊖	… in der Begründung für Satz 2–6 …	⊕	⊖
☐ … die Fehler gekennzeichnet?	☐	☐	☐ … **Fachbegriffe** verwendet?	☐	☐
☐ … alle **Tempusfehler** berichtigt?	☐	☐	☐ … alle Korrekturen erwähnt?	☐	☐
☐ … **Satzanfänge** (*Ich + Verb*) variiert?	☐	☐	☐ … **Umgangssprache** vermieden?	☐	☐
☐ … **Umgangssprache** ersetzt?	☐	☐	☐ … deine Satzanfänge variiert?	☐	☐
☐ … **Jugendsprache** ersetzt?	☐	☐	☐ … **keine neuen Fehler** gemacht?	☐	☐

UMGANG MIT TEXTEN UND MEDIEN

Sonja Moser: „Mach mich nicht an!" – Einen Sachtext analysieren

1. Analysiere den folgenden Sachtext. Gehe dabei wie folgt vor:
   – Beschreibe den Textaufbau und benenne die Position der Autorin.
   – Untersuche die sprachlichen Mittel, mit denen die Autorin ihre Position unterstützt.
2. Nimm Stellung zu der Frage, ob Mädchen und Jungen sich bei der Annäherung anders verhalten. Beziehe dabei auch Beobachtungen aus dem Alltag oder eigene Erfahrungen mit ein.

Sonja Moser

„Mach mich nicht an!"   1992

In einer Diskussionsrunde über „Anmache" im Rahmen der Jugendarbeit versuchten Sabine Gassner, Angelika Steinbrecher, Renate Kerestesch, Sabine Priegl und Doris Stuhlmiller herauszuarbeiten, was Anmache für Jungen und Mädchen bedeutet und wie in der Jugendarbeit damit umgegangen werden kann.

1 „Kennen wir uns nicht irgendwoher?" „Hast du mal Feuer?" „Wissen Sie, wie spät es ist?" Wer kennt sie nicht, diese schon fast klassischen „Anmachsätze"? Schwierig wird es erst bei der Überlegung, was „Anmache" überhaupt ist. Doch wissen die meisten, was damit gemeint ist. Angemacht zu werden ist eine ganz alltägliche Sache. Dabei hat dieses Wort zwei unterschiedliche Bedeutungen. Zum einen „angepöbelt" und zum anderen „angeflirtet" zu werden.
Das Wort selbst gehört zu den Neuschöpfungen der 80er Jahre. Wenn man die Form „mich macht etwas an" deutet als „ich habe Lust auf etwas", kommt man der Sache schon näher. Doch die Diskussion zeigte, dass von dem positiven Eindruck, nämlich dass einen etwas anspricht, bei dem Wort „Anmache" wenig übrig bleibt. Wenn man den Slogan „Mach meinen Kumpel nicht an" betrachtet, so zeigt sich, dass „Anmache" sehr viel mit Geringschätzung und Abwertung zu tun hat. Sabina Gassner hat die Jugendlichen ihres Jugendzentrums befragt, was sie unter Anmache verstehen. Dabei zeigten sich deutliche Unterschiede in der Beurteilung der Jungen und der Mädchen. Während Jungen den Begriff als „Annäherung an das andere Geschlecht" ziemlich wertneutral sehen, bewerten Mädchen „Anmache" eher negativ. Für sie ist es eine „unerwünschte Annäherung". Diese Definition war auch die Basis für die Diskussion.

2 Große Unterschiede bestehen beim Verhalten von Jungen und Mädchen beispielsweise darin, wie sie auf andersgeschlechtliche Jugendliche zugehen. Während bei Jungen ein Imponiergehabe[1] überwiegt, wollen Mädchen eher durch Kichern, Hin- und Herlaufen und z. B. durch Schminken auf sich aufmerksam machen.
Übereinstimmend haben die Frauen in ihrer Arbeit beobachtet, dass Jungen in der Regel von ihren eigenen Bedürfnissen ausgehen. Diese Grundhaltung prägt ihr Handeln: Gefällt ihnen ein Mädchen, gehen sie ohne Umschweife darauf zu und versuchen, es zu vereinnahmen. Reagiert das Mädchen zögerlich bis ablehnend, wird nicht selten noch eins draufgesetzt, nach dem Motto „Stell dich nicht so an". Sehr unangenehm für Mädchen ist es, wenn sie von Jungen offensichtlich nur nach ihrem Äußeren beurteilt werden. Hat ein Mädchen lange Fingernägel, heißt es etwa: „Was hat die denn für Kral-

len!" Trägt es mit einer schlanken Figur Leggings, ist es z. B. ein „steiler Zahn" oder ein „heißer Feger".

„Ich habe es noch nie erlebt, dass Mädchen sich in der Weise über das Aussehen von Jungen äußern", sagt Doris Stuhlmiller. Bei Mädchen spielen nicht nur Äußerlichkeiten eine Rolle, sie beurteilen einen Jungen vielmehr danach, ob er freundlich ist oder ob man mit ihm reden kann. Sie denken vom anderen aus, gehen gerne auf einen Jungen ein, befassen sich mit seinen Problemen und bieten Hilfe an. Mädchen schlüpfen sehr schnell in die Helferinnenrolle und machen sich die Probleme eines Jungen zu eigen.

[3] Angelika Steinbrecher hat bei den Mädchen ihres Jugendzentrums beobachtet, dass sie generell viel vorsichtiger auf Jungen zugehen als umgekehrt. Von sich aus würden Mädchen kaum die Jungen direkt ansprechen oder sie gar anfassen. Sie schicken eher eine Freundin vor, um die Sympathien schon im Vorfeld abzuklären. Bei den Jungen dagegen konnte sie beobachten, dass sie als Einzelne in der Regel schon freundlich und höflich zu den Mädchen sind, in der Gruppe jedoch häufig ein Mädchen plump anpöbeln.

Nicht selten kommt es gerade im Jugendzentrum, das für alle offen ist, zu Übergriffen von Jungen, die von den Mädchen keinesfalls gewünscht werden. Diese reichen vom lautstarken Kommentieren der äußeren Erscheinung eines Mädchens über Anfassen bis zu tätlichen Übergriffen.

Diese Probleme der Anmache stellen sich in einem Jugendzentrum anders als in einer festen Gruppe. Sabine Priegl erzählt, dass es bei Jugendfreizeiten oder Zeltlagern schon mal Schwierigkeiten gebe, wenn z. B. die Zuneigung nicht erwidert wird. Aber wenn Jugendliche sich untereinander relativ gut kennen, sind sie offenbar vorsichtiger: „In einer festen Gruppe würde ich mehr von Ausprobieren und Anbandeln als von ‚Anmache' sprechen", meint Sabine Priegl.

[4] An dieser Stelle der Diskussion wird auch deutlich, wo die Grenze zwischen Flirt und Anmache liegt. Da, wo ein Mädchen oder ein Junge in seiner Persönlichkeit und Würde verletzt wird, kann man nicht mehr von „Flirt" sprechen. Wie es das Brockhaus-Lexikon definiert, handelt es sich bei einem „Flirt" um eine „spielerische Kontaktaufnahme ... mit mehr oder weniger erotischem Akzent". Das setzt voraus, dass beide Beteiligten ein Interesse daran haben. Anders jedoch bei der „Anmache". Das Interesse einer Person ist hier ausschlaggebend. Die andere, die „angemachte" Person kann darauf nur reagieren. Sie kann es zulassen oder sich dagegen wehren, was in den meisten Situationen nicht so einfach ist.

Allzu oft sind es Männer, die Frauen anmachen. Egal, ob in der S-Bahn der Mann, der neben einer Frau sitzt, ihr die Hand auf das Bein legt, der Chef einer Mitarbeiterin in einer Besprechung zum wiederholten Male sagt, wie schön ihre Augen sind, ein betrunkener Gast versucht, die Bedienung zu küssen, oder ein Seminarleiter einer Teilnehmerin bis auf das Zimmer folgt, jede Anmache ist unangenehm. Sich dagegen zu wehren, erfordert Mut, zumal wenn man/frau bedenkt, dass diejenigen, die „anmachen", die Stärkeren und gesellschaftlich Bessergestellten sind. „Anmache" ist nicht nur ein Resultat von größerem Mut oder besserem Selbstvertrauen, sondern vor allem auch von Macht.

[5] Natürlich ergibt sich aus der „Anmache" und den negativen Folgen für die Mädchen immer wieder Gesprächsstoff und Handlungsbedarf gerade für die Pädagoginnen. Das wichtigste ist, dass Mädchen Anmache nicht als das Normale empfinden, sondern erleben, dass es sanktioniert[2] wird. Denn Frauen, die Anmache thematisieren und sich dagegen wehren, sind oft als ‚Emanzen'[3] verschrien, lehrt die Erfahrung. Sie lehrt jedoch auch, dass Frauen und Mädchen am besten geschützt sind, wenn sie ausreichend Selbstbewusstsein entwickeln und darüber reflektieren[4], wie sie ohne fremde Hilfe auf Anmache reagieren können. Wundert frau das, solange man(n) das Sagen hat?

Quelle: BJR-Jugendnachrichten, September 1992

1 **Imponiergehabe:** Verhalten im Tierreich, bei dem männliche Tiere werben und Konkurrenten drohen
2 **sanktionieren:** bestrafen, unterbinden
3 **Emanze:** abwertend für eine Frau, die sich für die Gleichstellung von Frauen und Männern einsetzt
4 **reflektieren:** nachdenken

Aufgabentyp 4a – Einen Sachtext analysieren

A Die Aufgabe verstehen

1 a) *Was ist zu tun? Markiere in der Aufgabenstellung Operatoren und Schlüsselbegriffe.*
b) *Kreuze an: Welche Arbeitsschritte sind Teil der Aufgabenstellung, welche sind es nicht?*

Nr.	Du sollst ...	richtig	falsch
	a) ... den Text als Anreiz nehmen, um von eigenen Erlebnissen zu erzählen.	☐	☐
	b) ... den Textinhalt wiedergeben und den Aufbau des Textes beschreiben.	☐	☐
	c) ... den Text lesen, Schlüsselbegriffe markieren, Randnotizen anlegen.	☐	☐
	d) ... nur gemeinsame Verhaltensweisen von Mädchen und Jungen nennen.	☐	☐
	e) ... die Unterschiede im Flirtverhalten der Geschlechter herausarbeiten.	☐	☐
	f) ... erläutern, welche Haltung die Autorin zu dem Thema einnimmt.	☐	☐
	g) ... die Meinungen der Erzieherinnen des Jugendzentrums vergleichen.	☐	☐
	h) ... begründen, ob die genannten Unterschiede aus deiner Sicht zutreffen.	☐	☐
	i) ... beschreiben, welche sprachlichen Mittel die Autorin dabei verwendet.	☐	☐

2 *In welcher Reihenfolge willst du die richtigen Schritte bearbeiten? Nummeriere sie entsprechend.*

B Erstes Textverständnis

Wichtige Aspekte des Textes verstehen

1 a) *An welchen Stellen im Text geht es um das Flirtverhalten von Jungen, an welchen Stellen um das Verhalten von Mädchen? Markiere diese Stellen mit zwei unterschiedlichen Farben.*
b) *Notiere in Stichworten die unterschiedlichen, jeweils „typischen" Verhaltensweisen von ...*

... Mädchen: _____

_____

_____

... Jungen: _____

_____

_____

2 *Im Text werden Beobachtungen zum unterschiedlichen Flirtverhalten von Jungen und Mädchen beschrieben. Welche der folgenden Aussagen trifft dem Text zufolge zu, welche nicht? Kreuze an.*

	trifft zu	trifft nicht zu
a) Mädchen sind bei Annäherungsversuchen an Jungen meist zurückhaltender.	☐	☐
b) Es kommt auch vor, dass Jungen von Mädchen regelrecht angepöbelt werden.	☐	☐
c) In einer festen Gruppe sind Jungen vorsichtiger, anders als in offenen Gruppen.	☐	☐
d) Jungen beurteilen Mädchen stärker nach ihrem Aussehen und sagen es auch.	☐	☐
e) Reagiert ein Mädchen ablehnend, lassen es die Jungen in jedem Fall in Ruhe.	☐	☐
f) Mädchen gehen stärker auf Jungen ein und zeigen sich offener für ihre Sorgen.	☐	☐

Aufgabentyp 4a – Einen Sachtext analysieren

Den Textaufbau erkennen

3 *Welche der folgenden Überschriften passt gar nicht zum Text? Streiche sie durch.*

- A Probleme und Gesprächsbedarf im Alltag
- B „Junge, lass dich nicht anpöbeln!"
- C Anmache wider Willen: Die Macht des Stärkeren
- D Mädchen flirten anders – Jungen auch
- E Anmache – was ist damit eigentlich gemeint?
- F Unterschiede zwischen offenen und geschlossenen Gruppen

4 *Der Text ist in fünf Sinnabschnitte eingeteilt. Ordne jedem Sinnabschnitt die passende Überschrift zu und nummeriere die Überschriften in Aufgabe 3 entsprechend.*

5 *Notiere hier (möglichst) in einem Satz den wesentlichen Inhalt der einzelnen Sinnabschnitte und ergänze die Zeilenangaben.*

1. Abschnitt (Z. _____ – _____): _____

2. Abschnitt (Z. _____ – _____): _____

3. Abschnitt (Z. _____ – _____): _____

4. Abschnitt (Z. _____ – _____): _____

5. Abschnitt (Z. _____ – _____): _____

C Übungen

Die Position der Autorin erkennen

1 *Welche Position vertritt die Autorin? Markiere im Text Formulierungen, an denen deutlich wird, wie Sonja Moser das beobachtete Flirtverhalten von Jungen und Mädchen bewertet.*

Aufgabentyp 4a – Einen Sachtext analysieren

2 *Im Text heißt es: „Anmache ist nicht nur ein Resultat von größerem Mut oder besserem Selbstvertrauen, sondern vor allem auch von Macht." (Z. 69–70) Wie ist das gemeint? Kreuze an.*

Sonja Moser möchte mit dieser Formulierung verdeutlichen, dass ...

a) ☐ ... starke Mädchen ebenso respektlos bei der Anmache vorgehen wie Jungen.

b) ☐ ... Jungen aus dem Gefühl der Stärke heraus manchmal ein „Nein" überhören.

c) ☐ ... Jungen mutiger sind und deshalb viel mehr flirten, als Mädchen es tun würden.

d) ☐ ... Mädchen kein Selbstvertrauen haben und Jungen daher nicht grob anmachen.

Sprachliche Mittel und deren Wirkung benennen

3 a) *Wo im Text stehen die folgenden sprachlichen Mittel (A–F)? Ergänze die Zeilenangaben.*
b) *Wie heißen diese sprachlichen Mittel, die die Autorin verwendet, um ihre Position zum Ausdruck zu bringen? Ordne den Textbeispielen durch Linien die passenden sprachlichen Mittel zu.*
c) *Welche Wirkung erzielt die Autorin mit diesen sprachlichen Mitteln? Ordne sie jeweils zu.*

Textbeispiel	Sprachliches Mittel	Erklärung und Wirkung
(A) „Wer kennt sie nicht, diese schon fast klassischen ‚Anmachsätze'?" (Z. _____)	Zitate (1)	a) Die Wiederholung bei gleichem Satzbau verdeutlicht, wie oft sich Übergriffe nach diesem Muster abspielen, und unterstreicht damit die inhaltliche Aussage.
(B) „... lehrt die Erfahrung. Sie lehrt jedoch auch, dass ..." (Z. _____)	Aufzählung (2)	b) Die Wortneuschöpfung macht sprachliche Normen bewusst und verstärkt die weibliche Sicht auf das Thema.
(C) „,In einer festen Gruppe würde ich mehr von ... Anbandeln ... sprechen'" meinte ... (Z. _____)	Chiasmus (3)	c) Diese scheinbare Frage, in der die Antwort schon enthalten ist, knüpft an die Erfahrungswelt der Lesenden an und führt von dort ins Thema hinein.
(D) „...wenn ... frau bedenkt ..." (Z. _____)	Rhetorische Frage (4)	d) Die Gegensätzlichkeit der Aussage wird durch die Überkreuzstellung im Satzbau betont.
(E) „ein ‚steiler Zahn'" (Z. _____)	Komparativ (5)	e) Fachbegriffe sind z. B. typisch für Sachtexte und zeigen die fachliche Kompetenz des Autors.
(F) „ ... der Mann ... , der Chef ..., ein betrunkener Gast ... , ein Seminarleiter..." (Z. _____)	Metapher (6)	f) Die Wiedergabe des „Originaltons" sorgt für Lebendigkeit, dient aber auch als anschauliches Beispiel und Beleg für die Thesen.
(G) „Sympathie" (Z. _____)	Jugendsprache (7)	g) Zitierte Redebeiträge markieren wichtige Punkte oder Meinungen in der Diskussion und sollen für sich selbst stehen.
(H) „Imponiergehabe" (Z. _____)	Fremdwort (8)	h) Steigerungsformen dieser Art treffen ungefähre, vergleichende Aussagen, keine ausschließlichen; es gibt also auch Ausnahmen.
(I) „vorsichtiger" (Z. _____)	Neologismus (9)	i) Begriffe in einer übertragenen Bedeutung zu verwenden, wirkt bildhaft und auch provozierend.

Aufgabentyp 4a – Einen Sachtext analysieren

4 *Finde für jedes dieser sprachlichen Mittel im Text mindestens ein weiteres Beispiel. Markiere es und ergänze den Fachausdruck dafür neben dem Text in der Randspalte. (**Hinweis:** Ein Merkmal kommt nur einmal vor.)*

5 *Einige dieser sprachlichen Mittel kommen besonders häufig vor. Was schließt du daraus?*

_____

_____

_____

Textbelege richtig zitieren

6 *Bei der Analyse eines Textes musst du immer wieder Textbelege für deine Beobachtungen anführen. Verbessere die Textbeispiele unten mit Hilfe des Tipps. Prüfe auch die Zeilenangabe.*

Zitieren kannst du …
- ☐ wörtlich und direkt: Der Text beginnt mit der rhetorischen Frage: „Wer kennt sie nicht, diese fast klassischen ‚Anmachsätze'?" (Z. 1–2)
- ☐ indirekt und im Konjunktiv: Im Text wird behauptet, dass Jungen sich anders verhielten und Mädchen manchmal beleidigten (vgl. Z. 28–29 oder 42–43).

> Ein auffälliges sprachliches Mittel beim Vergleich des Flirtverhaltens von Mädchen und Jungen sind die vielen Komparative: Mädchen sind z. B. ‚zurückhaltender' (Z. 16) oder ‚vorsichtiger' (kommt mehrfach im Text vor).

> „Allzu oft sind es Männer, die Frauen anmachen, beklagt Sonja Moser (siehe Z. 190).

> Die Diskussionsteilnehmerinnen behaupten, dass Mädchen Jungen nicht nach ihrem Äußeren beurteilen und sich mehr für die Probleme der Jungen interessieren (vgl. Z. 58).

> Die Autorin führt einige Beispiele für unangenehme Annäherungsversuche durch Männer an, wie z. B. den Mann in der S-Bahn, der seiner Sitznachbarin einfach die Hand auf das Knie legt (vgl. Text).

Aufgabentyp 4a – Einen Sachtext analysieren

D Den Schreibplan erstellen

Eine Textanalyse beginnt mit …
- ☐ Autor und Titel,
- ☐ Datum und Textquelle,
- ☐ dem Thema des Textes.

1 Welche Angaben gehören in die Einleitung deiner Textanalyse? Ergänze die fehlenden Informationen im Lückentext mit Hilfe des Tipps.

Der in der Fachzeitschrift _____ vom September _____ erschienene Artikel mit dem Titel _____ von _____ handelt vom _____

_____ .

Die Autorin vertritt darin die Position, dass … _____

_____

_____

_____

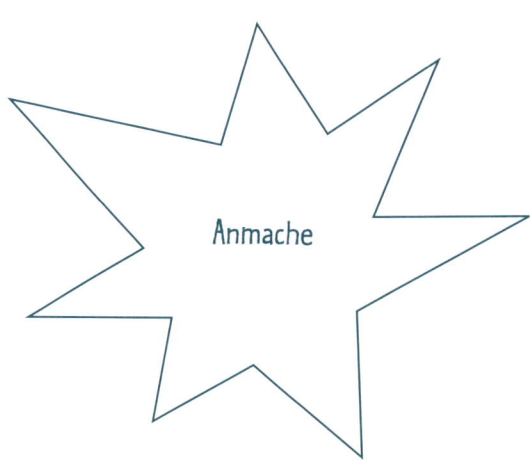

2 Erstelle nun eine Gliederung für den Haupt- und den Schlussteil deiner Arbeit. Orientiere dich dafür an den folgenden Zwischenüberschriften und ordne sie in einer sinnvollen Reihenfolge.

☐ Zur Position der Autorin aus eigener Erfahrung Stellung nehmen (A)

☐ Die verwendeten sprachlichen Mittel und deren Wirkung erläutern (B)

☐ Den gedanklichen Aufbau des Textes abschnittsweise beschreiben (C)

☐ Hauptaussage des Beitrags und die Position der Autorin wiedergeben (D)

3 Wie denkst du selbst über „Anmache"? Ergänze den Ideenstern für deine Stellungnahme durch Beobachtungen oder eigene Erfahrungen.

Anmache

4 *Formuliere nun Haupt- und Schlussteil deines Aufsatzes. Folgende Wendungen helfen dir dabei.*

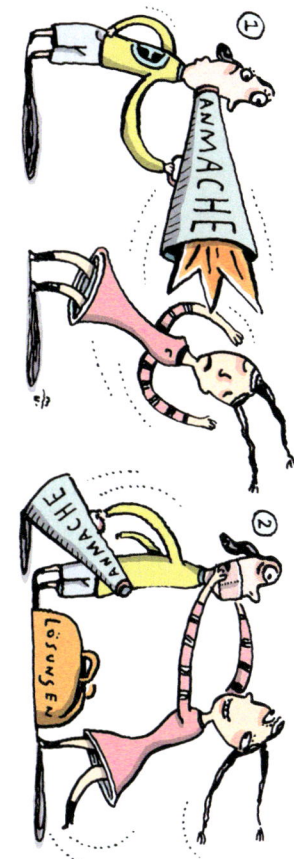

Die Autorin erklärt zunächst Herkunft und Bedeutung des Begriffs „Anmache"…

Moser stellt anschließend dar, worin Unterschiede beim Flirtverhalten … bestehen …

Dann führt die Autorin aus, welche Besonderheiten für offene Gruppen (Jugendzentren) gelten: …

An dieser Stelle geht die Verfasserin darauf ein, dass Flirten und Anmachen aus Sicht von …

Im Folgenden werden Beispiele für unangenehme Annäherungsversuche angeführt …

Das Muster dieser wiederkehrenden Übergriffe führt sie darauf zurück, dass …

Abschließend schlägt Moser mögliche Lösungen für den Umgang mit „Anmache" vor…

Sonja Moser vertritt in ihrem Artikel die Position, dass …

Die Verfasserin verwendet in ihrem Artikel einige sprachliche Mittel, wie z. B. …

Zunächst fällt auf, dass besonders häufig Komparative verwendet werden …

An der Häufung lässt sich ableiten, dass die Autorin …

Der Text wirkt außerdem sehr lebendig, anschaulich und glaubhaft durch …

Dennoch wird auch sprachlich deutlich, dass es sich um einen Fachbeitrag handelt:

Den gedanklichen Rahmen für den gesamten Text bilden zwei rhetorische Fragen, …

Ich kann der Ansicht von Sonja Moser (gar nicht/nur zum Teil) zustimmen: … Meiner Ansicht nach …

Dies kann ich durch eigene Erfahrungen/Beobachtungen aus meinem Umfeld bestätigen …

E Den Text überarbeiten

1 *a) Prüfe mit Hilfe der Checkliste, an welchen Stellen du deinen Aufsatz überarbeiten solltest.*

☑ **Checkliste „Sachtexte analysieren"**

Hast du …

- … in der **Einleitung** Autor/in, Textquelle, Titel und Thema des Artikels genannt?
- … den **Inhalt** des Textes kurz und knapp in eigenen Worten wiedergegeben?
- … den gedanklichen **Aufbau** des Textes Abschnitt für Abschnitt beschrieben?
- … die **sprachlichen Mittel** und deren **Wirkung** erläutert und mit **Zitaten** belegt?
- … die **Position der Autorin/des Autors** dargestellt und dazu Stellung genommen?
- … deine **Meinung** durch eigene Erfahrungen und Beobachtungen unterstrichen?
- … geprüft, ob du überall korrekt zitiert hast (mit Zeilenangabe!)

b) Welcher wichtige Aspekt, der für jede Klassenarbeit gilt, fehlt in der Checkliste? Ergänze ihn hier.

Ich habe …

…

UMGANG MIT TEXTEN UND MEDIEN

Matthias Horx: Wie wirken sich Computerspiele aus? – Einen Sachtext analysieren

1. Analysiere den folgenden Beitrag aus der Zeitschrift P.M. Magazin. Gehe dabei folgendermaßen vor:
   – Fasse die wesentlichen Aussagen des Textes zusammen und gib die Position des Autors mit eigenen Worten wieder.
   – Stelle den argumentativen Aufbau des Textes sowie auffällige sprachliche Mittel dar, mit denen der Autor seine Meinung zum Ausdruck bringt.
2. Nimm Stellung, inwieweit du mit Matthias Horx' Bewertung von Computerspielen übereinstimmst. Beziehe in deine Überlegungen auch eigene Beobachtungen und Erfahrungen mit ein.

Matthias Horx

Wie wirken sich Computerspiele auf unsere Kultur und Gesellschaft aus?

Fördern sie den sozialen Zusammenhalt – oder führen sie zur Vereinzelung der Menschen? Wie groß ist die Gefahr von Realitätsverlust und Sucht? Dieses Thema ist sehr umstritten und wird seit einiger Zeit wieder verstärkt diskutiert.

Immer wenn ein neues Medium entsteht, zieht die Kulturkritik in den Krieg: Im
5 19. Jahrhundert wurden Romane gebrandmarkt[1], weil „solch törichte Fantasien die Sitten verderben und der Jugend böse Wünsche einpflanzen". Zum Beispiel das Medium Film stand von seinem Anbeginn unter dem Verdacht, „Unschuld und Jungfräulichkeit zu attackieren, junge Menschen zu einem Leben in Sünde und Verwirrung anzuleiten" (so urteilte die New Yorker Gesellschaft zur Vermeidung von Gewalt gegen Kinder im
10 Jahre 1909). Woran liegt es, dass Computerspiele von allen Medien heute vielleicht den schlechtesten Leumund[2] haben?

Eine Untersuchung der Universität Oklahoma hat zwar gezeigt, dass zwei Drittel aller körperlichen Auseinandersetzungen in den Schulen von regelmäßigen Videospielern initiiert wurden (nur vier Prozent von Nichtspielern) – was aber auch dadurch erklär-
15 bar ist, dass nur 15 Prozent der Schüler gar nicht spielten, die Kinder mit problematischem Familienhintergrund hingegen besonders viel. Spiele „produzieren" also keine Gewalt, können aber unter bestimmten Umständen Verwahrlosungs- und Entfremdungstendenzen[3] verstärken.

Ein weiterer Vorwurf: Computerspiele „verschwenden" enorm viel Zeit. Gerade hier
20 läuft die Kritik ins Leere: Computerspiele sind gerade deshalb so beliebt, weil sie eben, anders als Fernsehen, nicht passiv sind. Sie stimulieren[4] das Hirn auf denselben Ebenen, auf denen uns auch stark motivierte, kreative Wissensarbeit in Flow[5] versetzt.

Steven Johnson, der Autor des Buches „Everything Bad is good for You" (Warum das Schlechte in Wirklichkeit gut für uns ist), schildert Videospiele als typische Beispiele
25 für den „Mephisto[6]-Effekt". Sie sind eigentlich nicht gemacht, um pädagogisch zu wirken – aber sie wirken erstaunlich intelligenzsteigernd. Viele Spiele sind inzwischen enorm komplex, vielschichtig, herausfordernd – „Brainware" vom Feinsten. Allein die Handbücher für „World of Warcraft" sind gewaltige Schinken mit unendlichen Tabellen, Details, Statistiken. Die Spieler trainieren das Denken in Zusammenhängen,
30 das strategische Simulationsvermögen, üben das Multitasking ein, das wir in der modernen, vom Wissenswandel geprägten Arbeitswelt brauchen: viele Dinge zu koordinieren und dabei die Übersicht zu behalten. Spielkids, das zeigen Studien, sind deutlich besser in Symbolverarbeitung, Orientierungssinn und Verknüpfung von Sinn-Inhalten.

35 Welche Eigenschaften entwickeln die Spieler?
Sozialkompetenz: Multiplayer-Spiele⁷ sind keineswegs „vereinsamend", sondern das genaue Gegenteil: ein unvergleichliches soziales Erlebnis. Spieler sind deshalb unglaubliche Sozialtiere, die schnell Freundschaften entwickeln und Allianzen bilden können. Humor, Aufgeschlossenheit und Schlagfertigkeit spielen eine große Rolle.
40 *Koordination:* Eine Studie der Universität von Rochester hat herausgefunden, dass die Fähigkeit zur Bildverarbeitung schon bei einer Spielzeit von zehn Stunden enorm gesteigert wird. Ebenso verbessern sich das räumliche Vorstellungsvermögen und die Hirn-Hand-Koordination der Spieler.
Flexibilität: Gamer wissen, dass es immer auch einen anderen Weg gibt, den nächsten Le-
45 vel zu erreichen oder ein Problem zu lösen, wenn die eine Strategie keinen Erfolg hat.
Wettbewerbslust: Spieler sind kompetitiv⁸, weil sie wissen und bejahen, dass jeder versucht, das Spiel zu gewinnen. Anerkennung von persönlichem Ehrgeiz ist für sie Teil des Lebens.
Selbstvertrauen: Die „Generation Game" akzeptiert nicht so leicht Autoritäten. Kein Wun-
50 der, wenn man jeden Abend die Welt retten, gewaltige Monster besiegen und ganze Universen meistern kann! Computerkids haben die grundlegende Erfahrung gemacht, etwas bewirken zu können.
Angesichts dieser fünf Eigenschaften wird schnell klar, dass Gamer die idealen Bewohner der Welt des 21. Jahrhunderts sind. Ihre „Skills" sind angepasst an ständigen Wandel,
55 komplexe Systeme, kompetitive Umwelten und große Eigenverantwortung. Genau das machen wir, die Gestrigen, ihnen zum Vorwurf.
Computerspiele haben einen langen Weg hinter sich, in den 30 Jahren ihrer Existenz hat sich technisch wie inhaltlich so viel getan wie in kaum einem anderen Medium der Geschichte. Von den Pingpong-Spielen der frühen 1980er Jahre bis zu den unglaublichen
60 Cyberwelten unserer Tage sind es gewaltige Schritte. Und was vor uns liegt, wird noch viel, viel spektakulärer ...

Quelle: P.M. Magazin 6/2007

1 **gebrandmarkt:** verdammt, beschuldigt
2 **Leumund:** Ruf, Ansehen, Nachrede
3 **Entfremdung:** Kontaktverlust zur Welt/zu Mitmenschen
4 **stimulieren:** anregen, beleben, reizen
5 **Flow:** Schaffensrausch
6 **Mephisto:** Gestalt, die Böses will, aber Gutes schafft
7 **Multiplayer-Spiele:** Spiele für mehrere Spieler
8 **kompetitiv:** ehrgeizig, wettbewerbslustig

A Die Aufgabe verstehen

1 a) Was sollst du tun? Lies die Aufgabenstellung genau und markiere darin Operatoren und Schlüsselbegriffe.
b) Vervollständige anschließend folgenden Lückentext. Versuche es zunächst ohne die Hilfe des Wortspeichers.

Ich soll zunächst die **Kerngedanken** des vorliegenden Artikels kurz _____ und die

Haltung des Verfassers in meinen eigenen Worten _____ .

Anschließend soll ich die **Argumentationsstruktur** des Textes _____ . Dabei soll

ich **auffällige sprachliche Gestaltungsmittel** _____ und _____

_____ , wie sie die Position des Autors kennzeichnen bzw. unterstützen.

Zum Schluss soll ich mich mit der **Bewertung** von Computerspielen _____ , die der

Autor im Text zum Ausdruck bringt. Dabei soll ich nicht nur im Text genannte (Gegen-)Argumente, sondern auch

eigene Erlebnisse oder Beobachtungen _____ .

Wortspeicher
erklären – beschreiben – benennen – wiedergeben – berücksichtigen – auseinandersetzen – zusammenfassen

Aufgabentyp 4a – Einen Sachtext interpretieren

2 *Der Artikel weist einige Fremdwörter auf, deren Bedeutung sich aus dem Zusammenhang erschließt. Finde folgende Begriffe im Text, ergänze die Zeilenangaben und ordne ihnen die passenden Definitionen zu.*

a) Z. ____ : Brainware
b) Z. ____ : Flexibilität
c) Z. ____ : Multitasking
d) Z. ____ : Skills
e) Z. ____ : Existenz
f) Z. ____ : Allianz
g) Z. ____ : Level

1. Niveau, Schwierigkeitsstufe, Leistungsstand
2. Bündnis, Pakt, Verbindung
3. Bestehen, Dasein, Gegenwart
4. Gehirngymnastik, Denksport, intellektuelle Herausforderung
5. Fähigkeiten, Kompetenzen, Umgangsformen
6. Beweglichkeit, Anpassungsfähigkeit, Reaktionsvermögen
7. Fähigkeit, mehrere Aufgaben zugleich zu bewältigen

B Erstes Textverständnis

1 *Welche Kernaussagen macht der Artikel zum Thema „Auswirkung von Computerspielen auf Kultur und Gesellschaft"? Markiere die betreffenden Aussagen und notiere am Rand jeweils einen zusammenfassenden Stichpunkt.*

Texte gezielt auswerten
- **Markiere** nur einzelne Wörter oder Formulierungen.
- **Notiere** zentrale Aspekte als Schlagwort am Rand.
- **Fasse** die Kernaussagen stichpunktartig zusammen.

2 *Entscheide: Welche der folgenden **Kernaussagen** lassen sich aus dem Text entnehmen, welche nicht?*

	richtig	falsch
a) Die Geschichte lehrt: Neue Medien werden oft erst hochgejubelt und dann heftig kritisiert.	☐	☐
b) Computerspiele haben heutzutage von allen bekannten Medien den schlechtesten Ruf.	☐	☐
c) Der Autor stellt in Frage, ob Computerspiele tatsächlich zu mehr Gewalt an Schulen führen.	☐	☐
d) Computerspiele blockieren das Gehirn und verringern dauerhaft das Leistungsvermögen.	☐	☐
e) Steven Johnson zeigt an Beispielen auf, dass Computerspiele intelligenzsteigernd wirken.	☐	☐
f) Multiplayer-Gamer verlieren sehr schnell den Kontakt zur Realität und vereinsamen leicht.	☐	☐
g) Computerkids trainieren nebenbei Fähigkeiten, die sie gut für die heutige Welt rüsten.	☐	☐

3 *Der Text ist gedanklich in **Sinnabschnitte** gegliedert. Fasse sie stichpunktartig zu einer Zwischenüberschrift zusammen.*

(1) Z. 1–3: Einleitung: Gegenstand der Diskussion, strittige Fragen

(2) Z. 4–11: Neue Medien stehen am Anfang oft …

(3) Z. 12–18: Widerlegung der häufigsten Kritikpunkte: …

(4) Z. ____ : _____

(5) Z. 23–24: _____

(6) Z. ____ : _____

(7) Z. 53–61: _____

Aufgabentyp 4a – Einen Sachtext interpretieren

C Übungen

Den argumentativen Aufbau erkennen und beschreiben

1 Der Artikel greift die Position von Steven Johnson aus dessen Buch „Everything Bad is good for You" auf. Mache dir Johnsons Kernaussagen klar, indem du folgende Grafik mit Hilfe des Wortspeichers ergänzt:

These von Steven Johnson:
Computerspiele sind Beispiele für den „Mephisto-Effekt" und aus _____ (a) Sicht daher _____ (b) zu bewerten.

Spiele sind heute so _____ (c), dass sie in mehrfacher Weise _____ (d) wirken.

Die **Spieler** entwickeln _____ (e) **Eigenschaften**: Sie sind ...

1. ⬭ 2. ⬭ 3. ⬭ 4. ⬭ 5. ⬭

Schlussfolgerung:
Computerspiele sind das _____ (f) und _____ (g) Training für die Anforderungen einer _____ (h) Wissensgesellschaft.

Wortspeicher
multimedial – intelligenzsteigernd – sozial kompetent – zeitgemäß – positiv – selbstbewusst – wertvoll – koordinationsfähig – beste – erzieherisch – flexibel – wettbewerbsorientiert – komplex

2 Im Artikel werden verschiedene Thesen genannt, die Computerspiele positiv bewerten. Finde zu den folgenden Thesen die im Text genannten Begründungen und ergänze sie mit deinen Worten (→ verwende den Konjunktiv).
Bsp.: Dem Text zufolge ist ein Computerspiel keine „passive Unterhaltung", sondern aktiv und sinnvoll genutzte Zeit, weil es das Gehirn anrege, Freude mache und die Fantasie herausfordere. (vgl. Z. 21 f.)

a) Der Autor behauptet, dass komplexe Spiele sich positiv auf die Intelligenz auswirkten, denn ...
_____ (vgl. Z. ____).

b) Computerspieler, so urteilt Horx, seien geübt darin, Verbündete zu suchen und Freunde zu finden, da ... _____
_____ (vgl. Z. ____).

Aufgabentyp 4a – Einen Sachtext interpretieren

c) Eine weitere These ist, dass es Gamern leichter falle, komplexe Probleme zu lösen, denn … _____
_____ (vgl. Z. ____).

d) Zudem – so argumentiert der Autor – entwickelten Spieler einen gesunden Ehrgeiz, weil … _____
_____ (vgl. Z. ____).

e) Außerdem wird die These vertreten, dass Computerspieler selbstbewusster seien als Nichtspieler, weil … ____
_____ (vgl. Z. ____).

f) Der Autor folgert, dass Computerspieler durch ihre Fähigkeiten bestens auf die Herausforderungen der Gegenwart vorbereitet seien, da … _____
_____ (vgl. Z. ____).

3 Matthias Horx bezieht in diesem Text mit seiner Darstellung eine Position, die Widerspruch herausfordert. Welche Gegenargumente hat er bereits berücksichtigt (und entkräftet)? Markiere sie farbig und notiere sie hier.

1. Gegenargument: *Computerspiele fördern Gewaltbereitschaft und Aggressivität*

2. Gegenargument: _____

3. Gegenargument: _____

4 Trage in deine Skizze auf S. 59 ein, wo die Gegenargumente entkräftet werden. Welche Wirkung wird so erzielt?

a) ☐ Die Gegenargumente erhalten sehr viel Gewicht, weil sie noch vor Horx' eigener Argumentation stehen.

b) ☐ Der Autor nimmt seinen Gegnern viel Wind aus den Segeln, indem er ihre Argumente sofort widerlegt.

Sprachliche Mittel und ihre Wirkung untersuchen

5 Welche sprachlichen Mittel nutzt der Autor, um die positive Wirkung von Computerspielen zu betonen? Ordne die folgenden Fachbegriffe den Beispielen zu. Entscheide dann, welche Wirkung sie haben.

Sprachliche Mittel	Beispiel aus dem Text (Zeilenangabe)	Wirkung: Sie sollen …
a) Personifikationen	(1) … „Tabellen, Details, Statistiken" (Z. 28–29)	(A) … Dinge vermenschlichen.
b) Metaphern	(2) „Woran liegt es, dass …?" (Z. 10–11)	(B) … das Leserinteresse lenken.
c) Aufzählungen	(3) „… den schlechtesten Leumund" (Z. 10–11)	(C) … etwas veranschaulichen.
d) Anglizismen	(4) „… gebrandmarkt" (Z. 5)	(D) … Jugendliche ansprechen.
e) Leitfragen	(5) „… strategische Simulationsvermögen" (Z. 30)	(E) … die Wirkung steigern.
f) Übertreibungen	(6) „… unvergleichliches soziales Erlebnis" (Z. 37)	(F) … Kompetenz signalisieren.
g) Fachbegriffe	(7) „… Spielkids" (Z. 32)	(G) … den Leser beeindrucken.
h) Steigerungsformen	(8) „… Film stand … unter dem Verdacht" (Z. 7)	(H) … Vielfalt aufzeigen.

6 Lege für jedes sprachliche Mittel eine Farbe fest und markiere mindestens ein weiteres Beispiel im Text.

Aufgabentyp 4a – Einen Sachtext interpretieren

Einen eigenen Standpunkt entwickeln

7 *Lege auf einem gesonderten DIN-A4-Blatt zwei getrennte Mind-Maps an. Trage darin zunächst jeweils die Argumente zusammen, die dem Text zufolge für bzw. gegen Computerspiele sprechen.*

8 *Beziehe nun deine Erfahrungen und Beobachtungen mit ein: Fallen dir weitere Argumente ein, die für oder gegen Computerspiele sprechen? Ergänze sie in einer anderen Farbe deiner Wahl.*

Spieler sitzen nur noch am PC → kein Interesse mehr an Freunden/Familie (Bsp. kleiner Bruder)

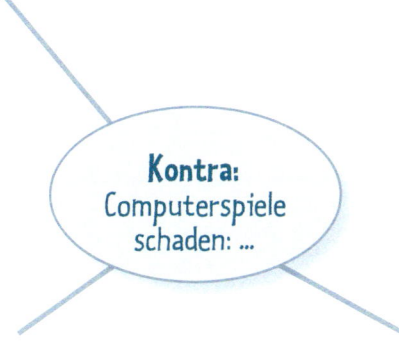

Fortschritte machen stolz → Selbstvertrauen steigt

9 *Die folgenden Aussagen sollen dir helfen, einen eigenen Standpunkt zu entwickeln. Welcher Aussage kannst du dich am ehesten anschließen? Begründe deine Wahl kurz oder formuliere einen eigenen Standpunkt.*

„Computerkids sitzen doch nur noch vor dem PC. Früher habe ich mit meinem Bruder oft zusammen draußen gespielt. Jetzt ist er sogar aus dem Fußballverein ausgetreten. Er hat schon eckige Augen und setzt Speck an vom ewigen Herumsitzen, das kann nicht gesund sein." **(Lena**, 13)

„Uns Lehrkräften fällt auf, dass sich Schülerinnen und Schüler, die zu Hause ständig am Computer sitzen, schlechter konzentrieren können. Bilder, Bücher oder Filme motivieren nicht mehr, alte Medien langweilen sie. Leider macht sich das auch an den Noten bemerkbar." (**Herr Schmidt**, 46)

„Das ganze Gerede über die Gefahren von Computerspielen finde ich sehr einseitig. Thriller oder Krimis sind Kulturgut, Spiele werden verboten, weil sie die Kultur gefährden. Sicher gibt es brutale Spiele, aber nur vom Spielen wird niemand Amokläufer. Ich baue so meinen Frust ab, andere prügeln sich. Ist das besser?" (**Jan**, 15)

„Mit der ersten Spielkonsole konnte ich endlich wieder mitreden, vorher war ich in der Clique abgemeldet! Früher sind wir ins Kino gegangen, heute treffe ich mich mit Freunden zum Rollenspiel. Mir macht es Spaß, in eine andere Haut zu schlüpfen – und für die Theater-AG bin ich zu schüchtern." (**Saskia**, 14)

_____

_____

_____

10 *Lege fest, auf welche Argumente aus deinen Mind-Maps du in deiner Stellungnahme eingehen willst. Gewichte sie dann nach ihrer Überzeugungskraft, indem du sie entsprechend nummerierst.*

Aufgabentyp 4a – Einen Sachtext interpretieren

D Den Schreibplan erstellen

1 *Eine vollständige Einleitung enthält neben den Angaben zum Text, Thema und Kernaussage des Textes, d. h. hier die Position des Autors. Prüfe, ob die Informationen vollständig sind, und ergänze den Lückentext.*

Der vorliegende Artikel mit dem Titel „Wie wirken sich Computerspiele auf unsere Kultur und Gesellschaft aus?"

aus dem P.M. Magazin vom Juni 2007 thematisiert _____

_____. Der Autor _____

widerlegt darin die weit verbreitete Ansicht, _____

_____. Dabei greift der Verfasser

hauptsächlich auf die Thesen Steven Johnsons zurück, der behauptet, _____

_____.

2 *Lege für die folgenden Gliederungspunkte aus Hauptteil und Schluss eine sinnvolle Reihenfolge fest.*

☐ Stellungnahme auf Grundlage des Artikels und eigener Beobachtungen (a)

☐ Auffällige sprachliche Mittel und deren Wirkung (b)

☐ Folgerung, Ausblick, Warnung, Appell (oder Ähnliches) (c)

☐ Argumentativer Aufbau des Artikels (d)

☐ Überleitung zur persönlichen Stellungnahme (e)

☐ Zusammenfassung: Kernaussagen des Textes (f)

3 *Fasse zunächst die Kernaussagen des Textes zusammen. Greife dafür auf deine Ergebnisse aus den Aufgaben 1 und 2 im Teil C zurück.*

4 *Stelle nun anknüpfend an deine Vorarbeiten in Aufgabe 3 und 4 im Teil C die Sinnabschnitte und den Argumentationsaufbau des Artikels dar. Die folgenden Satzanfänge können dir weiterhelfen:*

> Eingeleitet wird der Text durch einen kurzen Vorspann, in dem …
> Der Verfasser eröffnet seine Argumentation mit der These, dass neue Medien …
> Als Belege für diese Behauptung führt der Autor Beispiele an, wie etwa …
> Noch vor der Darstellung der eigenen Position wird Kritik vorweggenommen: …
> Im vierten Abschnitt entkräftet er weitere oft genannte Gegenargumente …
> Im Anschluss daran präsentiert Matthias Horx seine zentrale These, …
> Er beruft sich dabei auf Steven Johnson, der in seinem Buch …
> Stephen Johnsons Behauptung stützt sich auf mehrere Argumente, nämlich …
> Dabei geht der Verfasser erneut auf ein häufig vorgebrachtes Gegenargument ein, …
> Matthias Horx beendet seine Argumentation mit der Schlussfolgerung …
> Es folgt abschließend ein Ausblick in die Zukunft, in dem der Autor …

5 *Stelle nun auffällige sprachliche Mittel dar und zeige, wie sie die Haltung des Verfassers unterstützen. Verwende dafür deine Ergebnisse aus Aufgabe 5 und 6 im Teil C.*

Aufgabentyp 4a – Einen Sachtext interpretieren

6 Welche Ansicht passt zu den folgenden Beispielen für die Gestaltung des Schlusses? Ordne zu.

(1) Ich teile die im Artikel dargestellte Bewertung von Computerspielen ohne jede Einschränkung.

(2) Die Bewertung des Autors im Text teile ich grundsätzlich, sehe aber auch einige Einschränkungen.

(3) Matthias Horx' Bewertung stimme ich nicht zu, denn meiner Ansicht nach überwiegen negative Folgen.

Ansicht Nr.:	Ansicht Nr.:	Ansicht Nr.:
A … Steven Johnson – und mit ihm der Verfasser des Textes – äußert sich sehr positiv über Computerspiele. Sicher gibt es schlagkräftige Gegenargumente, die viel bekannter sind als die Thesen, die Matthias Horx hier zitiert. Computerspiele werden meiner Meinung nach zu Recht kritisiert, weil sie z. B. eine Gefahr für schulische Leistungen darstellen. Positive Seiten gehen in diesen Darstellungen oft unter; hier werden sie daher wohl auch umso stärker betont. Wenn die bekannte Kritik ergänzt wird, kann ich daher zustimmen.	**B** … Ob Computerspiele sich negativ auf unsere Kultur und Gesellschaft auswirken, kann ich nicht einschätzen. Der Artikel insgesamt legt zwar den Schluss nahe, dass einzig und allein Computerspiele wertvolle Fähigkeiten ermöglichen, aber viele der angeführten Argumente sind leicht zu entkräften. Die Schattenseite (Amoklauf, Spielsucht, Zappelkids) wird verschwiegen. Aber diese Phänomene werden umso mehr zunehmen, je „spektakulärer" die Spiele sind. Und diese Nachteile überwiegen für mich ganz eindeutig.	**C** … Zusammenfassend kann man sagen, dass Computerspiele an sich nicht schädlich sind, sondern – wie im Artikel erläutert – viele gute Seiten haben. Kritisch zu sehen ist allerdings übermäßiger Konsum: Leider fällt es einigen Spielbegeisterten schwer, ein gesundes Maß zu finden. Dies ist jedoch keine Schwäche der Spiele, sondern der Spieler, ihrer Eltern, Freunde oder anderer Mitmenschen. Ich bin überzeugt, dass in den meisten Fällen ein klares Wort, klare Regeln und Konsequenz reichen – und dazu will ich alle Beteiligten ermuntern.

7 Bearbeite nun alle Teilaspekte der Aufgabenstellung in einem zusammenhängenden Aufsatz.

E Den eigenen Text überarbeiten

1 Im folgenden Schülerbeispiel werden sprachliche Mittel untersucht. Wie kann man es inhaltlich verbessern? Notiere am Rand Verbesserungsvorschläge, achte dabei auf die Wirkung der sprachlichen Mittel und Textbelege.

> … Im Text von Matthias Horx finden sich viele Fachbegriffe und Anglizismen.
>
> Zahlreich vorhanden sind auch alle Formen der Steigerung und Übertreibungen.
>
> Mit den starken Metaphern, die der Autor zu Beginn des Textes gegen die
>
> „Kulturkritik" ins Feld führt, gelingt es ihm, fachliche Kompetenz zu zeigen,
>
> „Computerkids" in ihrer Sprache anzusprechen und die Vorzüge von PC-Spielen
>
> mit anschaulichen Bildern zu betonen.

2 Überprüfe deinen Aufsatz zuletzt mit Hilfe der folgenden Checkliste und überarbeite ihn gegebenenfalls.

✓ Checkliste „Sachtextanalyse"

Hast du …

- … deine Analyse mit einem vollständigen und sinnvollen **Einleitungssatz** begonnen?
- … im **Hauptteil** wesentliche Aussagen des Textes kurz und präzise zusammengefasst?
- … die **Position des Autors** in deiner Zusammenfassung ausdrücklich und klar benannt?
- … den **Argumentationsaufbau** des Textes untersucht und beschrieben?
- … **sprachliche Mittel** richtig benannt (Fachbegriff?) und deren **Wirkung** analysiert?
- … im **Schluss deine Meinung** zur Position des Autors dargestellt und begründet?
- … deine Analyse durch **Absätze** in Einleitung, Hauptteil und Schluss gegliedert?
- … deinen Aufsatz auf **Rechtschreib- und Zeichensetzungsfehler** hin überprüft?

UMGANG MIT TEXTEN UND MEDIEN

Botho Strauß: Drüben – Eine Kurzgeschichte analysieren und interpretieren

> Analysiere und interpretiere die Kurzgeschichte „Drüben" von Botho Strauß. Löse dabei folgende Teilaufgaben:
> 1. Fasse den Inhalt kurz zusammen.
> 2. Beschreibe und deute die Lebenssituation der Hauptfigur, indem du darstellst,
>   – wo sich die Figur aufhält und wie sie sich in ihrem Lebensraum bewegt und
>   – womit sie sich – auch gedanklich – beschäftigt und was dies über ihr Lebensgefühl aussagt.
> 3. Nimm kurz Stellung zu der Frage, ob die hier dargestellte Lebenssituation deiner Ansicht nach typisch für ältere Menschen ist.

Botho Strauß

Drüben   1987

Hinter dem Fenster sitzt sie, es ist Sonntagnachmittag und sie erwartet Tochter und Schwiegersohn zum Kaffee. Der Tisch ist seit Langem für drei Personen gedeckt, die Obsttorte steht unter einer silbernen Glocke. Die alte Frau hat sich nach dem Mittagsschlaf umgezogen. Sie trägt jetzt ein russischgrünes Kostüm mit weißer Schluppenbluse. Sie hat ein Ohrgehänge mit Rubinen angelegt und die Fingernägel matt lackiert. Sie sitzt neben der aufgezogenen Gardine im guten Zimmer, ihrem „Salon", und wartet. Seit bald vierzig Jahren lebt sie in dieser Wohnung im obersten Stockwerk eines alten, ehemaligen Badehotels. Die Zimmer sind alle niedrig und klein und liegen an einem dunklen Flur. Sie blickt durch ihr Fenster auf den Kurgarten und den lehmfarbenen Fluss, der träg durch den Ort zieht und ihn in zwei einander zugewandte Häuserzeilen teilt, in ein stilles, erwartungsloses Gegenüber von Schatten- und Sonnenseite. Auf der Straße vor dem Haus bewegt sich nur zäh der dichte Ausflugsverkehr. Sie hält ihren Kopf aufgestützt und ein Finger liegt auf den lautlos sprechenden Lippen. Nun wird sie doch ein wenig unruhig. Sie steht auf, rückt auf dem Tisch die Gedecke zurecht, faltet die Servietten neu, füllt die Kaffeesahne auf. Sie setzt sich wieder, legt die Hände lose in den Schoß. Wahrscheinlich sind sie in einen Stau geraten …

Sie kommt in Gedanken und muss sich ablenken. Aus der Truhe holt sie die Häkeldecke, setzt die Brille auf. Doch das Warten ist stärker, es fordert, dass man sich still verhält, damit nichts Schlimmes passiert ist. Sie legt die angefangene Decke beiseite und blickt wieder hinaus auf den Fluss.

Am anderen Ufer, ihr gerade gegenüber, steht eine behäbige Gründerzeitvilla, etwas unförmig geworden durch etliche Erweiterungsbauten. In früherer Zeit der Ruhesitz eines berühmten Wagner[1]-Sängers, stand sie lange baufällig und leer, bis vor wenigen Jahren ein Altersheim darin eingerichtet wurde.

Hier hat sie sich ein Zimmer ausgesucht, schon vorsorglich einen Platz reserviert, für später einmal. Sie meint, von dort werde sie dann – später einmal! – auf das Haus hinübersehen, in dem sie mehr als ihr halbes Leben zugebracht hat, auf die Fenster der vierten Etage zurückblicken, in der sie mit ihrer Mutter, ihrem Mann, den aufwachsenden Kindern so lange gewohnt hat. Sie würde sich auch bemühen, die Menschen, die nach ihr dort einzögen, kennen zu lernen und einen Kontakt zu ihnen zu finden. Aber das hat alles noch eine Weile Zeit. Später einmal, wenn sie die Treppen nicht mehr wird steigen können. Drüben gibt es einen Aufzug.

Vor dem Balkonzimmer, das sie sich ausgesucht hat, sind meist die Rollläden heruntergelassen. Hin und wieder tritt eine schrullige Person im Bademantel heraus und schlägt mit einem Tuch in der Luft herum. Es sieht aus, als wolle sie ein Insekt oder üblen Rauch vertreiben. Jedoch, sobald sie ins Zimmer zurücktritt und die Tür hinter sich verschlossen hat, wirft sie erst recht die Arme hoch und gebärdet sich mit Entrüstung gegen das lästige Draußen. „Geh weg, du helle, falsche Welt!", so schimpfen die Arme. Früher zogen auf dem Fluss viele Lastkähne vorbei.

40 Sie sind jetzt über eine Stunde zu spät. Die alte Frau kann sich nicht mehr in Geduld fassen. Es könnte ihnen schließlich etwas zugestoßen sein. So weit ist der Weg doch nicht, selbst bei zähem Verkehr, sie müssten längst hier sein.

Aber sie haben sich gar nicht auf den Weg gemacht zu ihr. Die Tochter und ihr Mann haben die Einladung bei der Mutter einfach vergessen. Sie sind unter Mittag ein Stück
45 ins Land hinausgefahren, haben Freunde besucht und sitzen nun zusammen in einem Gartenrestaurant bei Kaffee und Kuchen. Die Freunde haben noch zu einem Umtrunk in die Wochenendhütte eingeladen, da fällt es nun doch der Tochter ein, siedend heiß sagt man wohl, dass sie bei der Mutter erwartet werden. So wie die Stimmung aber ist hier draußen, endlich aufgeräumt und unbeschwert, und endlich Sonne!, da sträubt
50 sich bei ihr alles, jetzt noch aufzubrechen, nach Haus zu fahren und sich zur Mutter in die stickige Wohnung zu setzen. Ihrem Mann ist es noch weniger recht und so wird er zum Telefon geschickt, um eine Ausrede zu finden und abzusagen.

Die alte Frau sucht unterdessen in allen Zimmern nach ihrem Portemonnaie. Aus irgendeinem Grund fiel ihr plötzlich ein, dass sie der Tochter noch zwanzig Mark[2] mit-
55 geben muss für den Glaser. Da klingelt das Telefon. Der Schwiegersohn spricht von auswärts und entschuldigt sich. Sie seien gerade dabei, sich eine Eigentumswohnung anzusehen. Die Frau sagt ein wenig ungewiss: „Na, dann beeilt euch mal nicht." Der Mann setzt nun vorsichtig nach und meint, sie möge nicht länger warten, es würde heute wohl nichts mehr mit dem Kaffee ... „Ach so", sagt die Alte still und sie verab-
60 schieden sich.

Sie steht eine Weile auf dem dunklen Flur. Sie stützt beide Arme in die Hüfte und blickt auf den Läufer. Das Portemonnaie ist noch im Einkaufsbeutel!

Tatsächlich findet sie es dort, nimmt zwanzig Mark heraus und legt sie unter den Kristallaschenbecher auf dem Garderobentisch. Dann geht sie langsam zurück in den „Sa-
65 lon" und steht vor dem gedeckten Tisch. Jetzt ist es zu spät zum Kaffeetrinken. Sie räumt die Teller und Tassen, die Bestecke und Servietten zusammen und stellt sie in den Schrank. Dann setzt sie sich an den Tisch auf ihren Platz, ein wenig schräg, die Beine zur Seite gestellt. Sie stützt den Ellenbogen auf und legt wieder den Finger zwischen die flüsternden Lippen.

1 **Wagner:** Richard Wagner, Komponist (1813–1883)   2 **zwanzig Mark:** etwa 10 Euro

A Die Aufgabe verstehen

1 *Achte in der Aufgabenstellung auf die Operatoren. Überlege, welche Teilaufgaben zu bearbeiten sind.*

Du sollst ...	richtig	falsch
a) ... an dem Text die Merkmale einer Kurzgeschichte nachweisen.	☐	☐
b) ... die Lebensgeschichten beider Frauen nacherzählen und deren Charakter beurteilen.	☐	☐
c) ... die Aufgaben so bearbeiten, dass ein geschlossener Aufsatz entsteht.	☐	☐
d) ... darstellen, in welcher Lebenssituation die Hauptfigur sich befindet.	☐	☐
e) ... stilistische Auffälligkeiten (z. B. Wortwahl, Konjunktiv) ganz vernachlässigen.	☐	☐
f) ... deuten, wo die Figuren leben und wie sie (noch) am Leben teilnehmen.	☐	☐
g) ... herausarbeiten und erörtern, welche sozialen Kontakte die alte Frau hat.	☐	☐
h) ... eine kurze Inhaltsangabe im Präsens verfassen.	☐	☐
i) ... deine Deutungsansätze auf keinen Fall mit geeigneten Zitaten belegen.	☐	☐
j) ... ausführlich über die Lebensumstände von älteren Menschen berichten.	☐	☐

Aufgabentyp 4a – Einen literarischen Text interpretieren

B Erstes Textverständnis – Ideen entwickeln

Titel, Anfang und Ende als Zugänge zum Text nutzen

1 *Welche Assoziationen hast du zur Überschrift und zum ersten Satz der Geschichte? Notiere sie.*

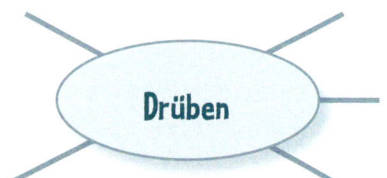

2 *Der Text endet mit einem Bild:* „**… und legte wieder den Finger zwischen die flüsternden Lippen.**"
Notiere hier kurz die Gedanken, die dir zu den letzten Worten der Geschichte einfallen.

_____

_____

Handlungsabläufe nachvollziehen

3 *Vollziehe die einzelnen Tätigkeiten der wartenden Mutter im folgenden Flussdiagramm nach.*

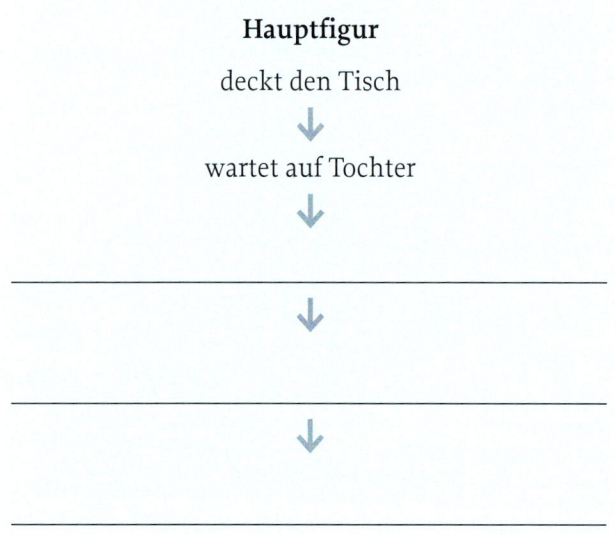

4 *Skizziere ebenso den Bewegungsablauf der „schrulligen Person" im Altersheim gegenüber.*

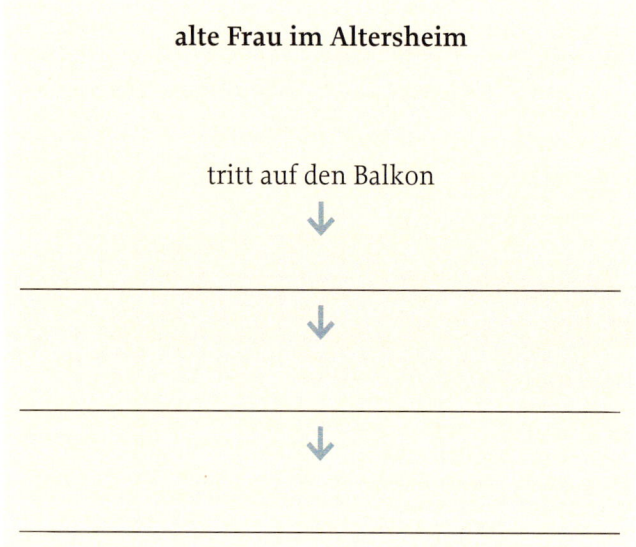

5 *Notiere, inwiefern dieses Verhalten – auch im Hinblick auf das* **Ergebnis** *– vergleichbar ist. Setze die Aussage fort.*

Die „schrullige Person" im Altersheim gegenüber wirkt wie ein Spiegelbild …

_____

_____

_____

Aufgabentyp 4a – Einen literarischen Text interpretieren

Die Hauptfigur verstehen

6 a) Womit beschäftigt sich die alte Mutter gedanklich, während sie wartet? Markiere die Themen, über die sie nachdenkt, mit unterschiedlichen Farben und notiere am Rand Stichpunkte.
b) Für wie wahrscheinlich hältst du es angesichts ihres sonstigen Verhaltens, dass die Frau ihre Zukunftsfantasien in die Tat umsetzt? Begründe deine Annahme kurz.

_____

_____

7 Wie deutest du in diesem Zusammenhang, dass die Gedankenspiele der alten Frau im Konjunktiv II stehen? Begründe deine Antwort mit Hilfe des Tipps.

TIPP
Was der Modus aussagen kann
- Indikativ drückt Tatbestände/Ereignisse aus:
  Sie **geht** jetzt weg. Er **kommt** heute zu Besuch.
- Konjunktiv I stellt Wünsche/Möglichkeiten dar:
  Ich **ginge** ins Ausland, wenn ich könnte.
- Konjunktiv II zeigt Unerfüllbares/Unmögliches:
  Wären wir Millionäre, **würde** niemand arbeiten.

_____

8 Nutze unterschiedliche Randmarkierungen, um Textstellen zu kennzeichnen, an denen die wartende Mutter als **bewegungslos** bzw. in **Bewegung** dargestellt wird, z. B.: I (für bewegungslos); → (für Bewegung)

Räumliche Bezüge klären und deuten

9 Welche Orte spielen eine Rolle? Zeichne in der folgenden Skizze alle Orte ein, die genannt werden, und drücke Entfernungen durch unterschiedliche Abstände von der alten Frau aus.

10 Notiere alle Figuren, die sich an diesen Orten befinden, und markiere den Handlungsspielraum, den sie für sich beanspruchen (Aktionsradius), indem du entsprechend große Kreise um sie ziehst.

11 Drücke durch Pfeile aus, welchen Blickwinkel die Frau tatsächlich hat und welche Perspektive sie in ihren Vorstellungen einnimmt. Notiere unten, wie du es deutest, dass sie diese Sicht heute schon „wählt".

 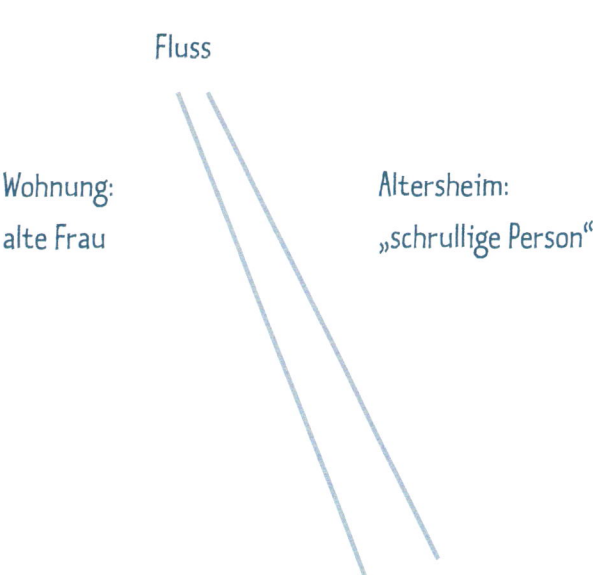

_____

_____

Aufgabentyp 4a – Einen literarischen Text interpretieren

C Übungen

Die Lebenssituation der Hauptfigur klären

1 *Entwickle nun zur Lebenssituation der alten Frau Deutungsansätze, indem du …*
  a) *… zunächst in der linken Spalte passende **Zitate** zu den Überschriften ergänzt.*
  b) *… für die Zeilen 3, 4, 5 und 6 links selbst **Überschriften** formulierst, die zu den Textzitaten passen.*
  c) *… zuletzt jeweils rechts **Interpretationsansätze** zu den links aufgeführten Umständen notierst.*

Lebensumstände, die der Erzähler mitteilt	Deutungsansätze dafür (Stichworte)
(1) Im Zentrum der Geschichte steht das Warten – Z. 1: „sitzt sie … und sie erwartet Tochter und …" – Z. 5–6: „Sie sitzt neben der aufgezogenen Gardine … und wartet." – Z. 15: _____ – Z. ___: _____ – Z. ___: _____	– fühlt sich zum Warten verurteilt – erstarrt, unbeweglich geworden; beobachtet nur – einsam …
(2) Ein weiteres wichtiges Thema ist Kontakt bzw. Isolation: – Z. 29–30: „… sich auch bemühen, … kennen zu lernen und einen Kontakt zu ihnen zu finden." – Z. 33–34: „meist die Rollläden heruntergelassen" – Z. 36–37: „Tür hinter sich verschlossen" – Z. 45: „haben Freunde besucht und sitzen nun zusammen"	
(3) Diejenigen, die der alten Frau am nächsten stehen, sind _____. – Z. 41–42: „So weit ist der Weg doch nicht, selbst bei zähem Verkehr, …" – Z. 44–45: „sind … ein Stück ins Land hinausgefahren" – Z. 55–56: „Der Schwiegersohn spricht von auswärts"	
(4) Auffällig ist auch das Motiv _____. – Z. 11: „ein stilles, erwartungsloses Gegenüber" – Z. 18–19: „es fordert, dass man sich still verhält, damit nichts Schlimmes passiert ist." – Z. 59: „sagt die Alte still"	
(5) _____. – Z. 13: „ein Finger liegt auf den lautlos sprechenden Lippen" – Z. 68–69: „den Finger zwischen die flüsternden Lippen"	– hat keinen Gesprächspartner – spricht deshalb …
(6) Der Erzähler verwendet Hell-Dunkel-Kontraste, die _____: – Z. 8–9: „Die Zimmer … liegen an einem dunklen Flur." – Z. 11: „Gegenüber von Schatten- und Sonnenseite." – Z. 38: „Geh weg, du helle, falsche Welt!" – Z. 49: „hier draußen, endlich aufgeräumt und unbeschwert, und endlich Sonne!" – Z. ___: _____	

Aufgabentyp 4a – Einen literarischen Text interpretieren

2 *Wie lassen sich diese und andere **Lebensumstände** deuten? Lies zunächst die jeweilige offene Frage und entscheide dann, welcher der folgenden Interpretationsvorschläge (Thesen) eindeutig falsch ist.*

> **I. Frage:** Wie bewegt sich die wartende Mutter im Vergleich zu anderen Figuren im Text und was sagt dieser Aktionsradius über das Leben der alten Frau aus?
>
> **I. These:**
> a) Die alte Frau verharrt selbst meistens bewegungslos und sieht den Bewegungen anderer zu; das macht deutlich, dass in ihrem Leben nichts Entscheidendes mehr passiert.
> b) Die Bewegungen der alten Frau zeigen, dass sie ungeduldig wird und bald ihre Wohnung verlassen wird, um zu ihrer Tochter zu fahren.
> c) Selbst in dem kleinen Radius ihrer Wohnung bewegt sich die alte Frau kaum; das zeigt, dass sich ihre Lebensmöglichkeiten immer mehr einengen.
> d) Die längeren Phasen der Bewegungslosigkeit deuten an, dass sie ihrem Lebensende entgegensieht.

3 *Formuliere nun davon ausgehend selbst einige Deutungsansätze zu den folgenden Fragen.*

II. Frage: Die alte Frau deckt den Tisch und deckt ihn wieder ab, ohne dass gegessen worden ist. Wie könnte man das deuten?

II. These: *Das Decken und Abräumen des Tisches kann man als Ausdruck ihrer mütterlichen Fürsorge betrachten. Dass hier niemand davon Gebrauch macht ...*

_____

_____

III. Frage: Wie lassen sich dem Text nach die heftigen Bewegungen der anderen alten Dame im Altersheim deuten, die die Hauptfigur beobachtet?

III. These: _____

_____

_____

_____

IV. Frage: Warum kreist die alte Frau in Gedanken oft um Vergangenheit und Zukunft, statt um die Gegenwart?

IV. These: _____

_____

_____

_____

V. Frage: Was könnte der Fluss symbolisieren, der „träg durch den Ort zieht" (Z. 10)?

V. These: _____

_____

_____

_____

Aufgabentyp 4a – Einen literarischen Text interpretieren

Interpretationsansätze formulieren

4 a) Deine Interpretationsansätze musst du später zu einem geschlossenen Aufsatz zusammenfassen. Wähle zur Übung und Vorbereitung zwei deiner obigen Thesen aus und entfalte sie zur Übung mit Hilfe der Textbausteine rechts. Arbeite in deinem Heft.
b) Fallen dir beim Schreiben weitere hilfreiche Formulierungen ein? Markiere sie dir für später.

> Insgesamt stellt der Text die alte Frau als … dar, …
> Ihre Lebenssituation ist vor allem geprägt von …
> Dies zeigt sich z. B. auch darin, dass …
> Sie ist an einem Punkt angelangt, an dem sie …
> Auffällig in diesem Zusammenhang ist das Wortfeld …
> So heißt es z. B. in Zeile …, dass …
> Diese Textstelle lässt erkennen, dass die alte Frau …
> An anderer Stelle teilt der Erzähler mit, dass …
> Als Leser hat man den Eindruck, dass …

D Den Schreibplan erstellen

Untersuchungsaspekte ordnen

1 Erarbeite nun eine Gliederung, indem du die in der Aufgabenstellung genannten Aspekte, die in der Interpretation vorkommen sollen, auf den Hauptästen der Mind-Map unten notierst.

2 Ordne ihnen jeweils deine erarbeiteten Teilergebnisse (Aufgabe 3 aus Teil B), Deutungsansätze (Aufgabe 1 aus Teil C) und selbst formulierten Thesen (Aufgabe 2 und 3 aus Teil C) zu.

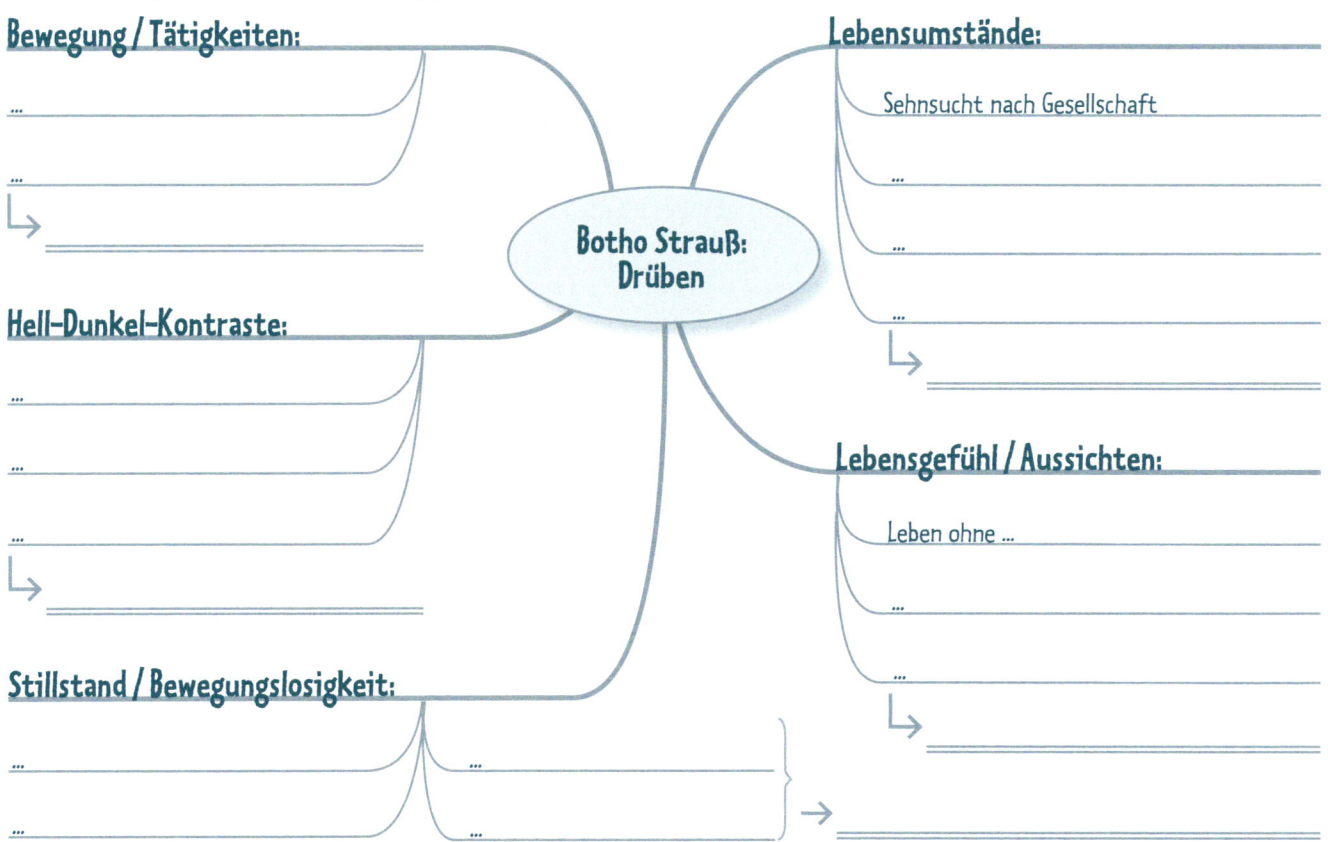

Den Gesamtaufsatz planen und verfassen

3 Notiere hier in Stichworten die Informationen, die in die **Einleitung** deines Interpretationsaufsatzes gehören.

Aufgabentyp 4a – Einen literarischen Text interpretieren

4 *Beginne nun auf einem gesonderten Blatt deinen Interpretationsaufsatz mit dem **Einleitungssatz**.*

5 *Schreibe anschließend eine kurze **Inhaltsangabe**; versprachliche dafür das Flussdiagramm von Seite 66.*

6 *Nutze die Mind-Map so auf Seite 70, um den **Hauptteil** deines Aufsatzes, die **Interpretation** der Kurzgeschichte, zu verfassen. Formuliere alle deine Deutungsansätze aus Teil C mit Hilfe deiner Thesen und Ergebnisse auf Seite 69 aus.*

7 *Beende deinen Aufsatz mit einer **Stellungnahme**, verwende dafür z. B. folgende Formulierungen:*

> Die Geschichte hat mich bei genauerer Betrachtung ziemlich beeindruckt, weil …
> Mich verwundert diese negative Sicht auf das Älterwerden, denn in meinem Umfeld …
> Die Darstellung der Situation älterer Menschen ist Botho Strauß gut gelungen, weil …
> Mir erscheint das Bild vom Alter zu einseitig: Meine Großmutter blühte erst richtig auf, …

E Den eigenen Text überarbeiten

1 *Zu einer guten Interpretation gehört, dass du korrekt zitierst. Verbessere die Formulierungen im folgenden Textauszug mit Hilfe des Tipps.*

VORSICHT FEHLER!

> Anfangs sitzt die Frau (Z.1) „hinter dem Fenster und wartet auf ihre Tochter. Dann kann die alte Frau ihre Lage nicht mehr ertragen, Z.17: „muss sich ablenken". Sie denkt über ihre Zukunft nach: „Sie würde sich auch bemühen, die Menschen […] kennen zu lernen". Z.29 ist ein Konjunktiv II, der diesen Plan als nicht sehr realistisch erscheinen lässt.

TIPP
Zitieren
- Kennzeichne wörtlich übernommene Wörter, Sätze usw. durch Anführungszeichen. Z.B.: *Der Text beginnt mit den Worten: „Hinter dem Fenster sitzt sie"* (Z.1).
- Markiere Auslassungen in längeren Zitaten durch Klammern und Auslassungspunkte: *„Sie sitzt […] und wartet"* (Z.5–6).
- Gib nach den abschließenden Anführungszeichen in Klammern die Zeile oder bei Gedichten den Vers an, in der/dem das Zitat steht.

2 *Überprüfe nun alle deine Textzitate anhand der Regeln im Tipp. Hast du sinnvoll und korrekt zitiert?*

3 *Prüfe mit Hilfe der Checkliste, an welchen Stellen du deinen Aufsatz noch überarbeiten solltest.*

✓ Checkliste „Interpretationsaufsatz"

Hast du … ⊕ ⊖

- … in der **Einleitung** Angaben zu Textsorte, Autor, Titel und Thema gemacht?
- … in der **Inhaltsangabe** alle Handlungsschritte präzise wiedergegeben?
- … im **Hauptteil** alle Deutungsaspekte der Aufgabenstellung bearbeitet?
- … deine Deutungsansätze klar formuliert und nachvollziehbar begründet?
- … alle wesentlichen Aussagen mit geeigneten **Textbelegen** gestützt?
- … zu allen wörtlichen Zitaten die **Zeilenangaben** hinzugefügt?
- … am **Schluss** dazu Stellung genommen, ob diese Situation typisch für ältere Menschen ist?
- … deinen Aufsatz insgesamt sinnvoll gegliedert und übersichtlich gestaltet?
- … dich angemessen ausgedrückt und Wortwiederholungen vermieden?
- … für deine Analyse geeignete **Fachbegriffe** benutzt, wo es sinnvoll ist?
- … in der Textanalyse durchgehend das **Präsens** (Vorzeitigkeit: Perfekt) verwendet?
- … deine **Rechtschreibung und Zeichensetzung** gründlich überprüft?

■ UMGANG MIT TEXTEN UND MEDIEN

Mascha Kaléko: Weil du nicht da bist – Ein Gedicht analysieren

Analysiere das Gedicht „Weil du nicht da bist" von Mascha Kaléko.
1. Stelle dar, wie sich das Motiv der Sehnsucht im Text strophenweise entfaltet.
2. Untersuche formale und sprachliche Mittel in ihrer Wirkung.
3. Kannst du die Erfahrungen des lyrischen Ichs nachvollziehen? Berücksichtige dabei eigene Erlebnisse oder die Erfahrungen aus deinem Umfeld.

Mascha Kaléko (1907–1975)

Weil du nicht da bist

Weil du nicht da bist, sitze ich und schreibe
All meine Einsamkeit auf dies Papier.
Ein Fliederzweig schlägt an die Fensterscheibe.
Die Maiennacht ruft laut. Doch nicht nach mir.

5 Weil du nicht da bist, ist der Bäume Blühen,
Der Rosen Duft vergebliches Bemühen,
Der Nachtigallen Liebesmelodie
Nur in Musik gesetzte Ironie[1].

Weil du nicht da bist, flücht ich mich ins Dunkel.
10 Aus fremden Augen starrt die Stadt mich an
Mit grellem Licht und lärmendem Gefunkel,
Dem ich nicht folgen, nicht entgehen kann.

Hier unterm Dach sitz ich beim Lampenschirm;
Den Herbst im Herzen, Winter im Gemüt.
15 November singt in mir sein graues Lied.
„Weil du nicht da bist", flüstert es im Zimmer.

„Weil du nicht da bist", rufen Wand und Schränke,
Verstaubte Noten über dem Klavier.
Und wenn ich endlich nicht mehr an dich denke,
20 Die Dinge um mich reden nur von dir.

Weil du nicht da bist, blättre ich in Briefen
Und weck' vergilbte Träume, die schon schliefen.
Mein Lachen, Liebster, ist dir nachgereist.
Weil du nicht da bist, ist mein Herz verwaist[2].

1 **Ironie:** Art des Sprechens, bei der meist das Gegenteil von dem gemeint ist, was gesagt wird; oft spöttisch
2 **verwaisen:** wörtlich: plötzlich beide Eltern verlieren; hier: vereinsamen, einsam zurückbleiben

Aufgabentyp 4a – Einen literarischen Text analysieren

A Die Aufgabe verstehen

1 *Hier findest du zehn Arbeitsschritte, acht davon sollst du im Rahmen der Aufgabenstellung durchführen, zwei davon sind falsch. Finde die falschen Arbeitsschritte und streiche sie durch.*

2 *Bringe die übrigen acht Arbeitsschritte in eine sinnvolle Reihenfolge, indem du sie nummerierst.*

- Gedicht mehrmals sorgfältig lesen (A) **1**
- Gedicht um drei Strophen ergänzen (B)
- formale/sprachliche Besonderheiten und inhaltliche Aspekte in ihrem Zusammenspiel deuten (C)
- strophenweise den Inhalt des Gedichts wiedergeben (D)
- das Thema des Gedichts in einem Satz zusammenfassen (E)
- den Aufsatz auf Fehler durchsehen (F)
- die äußere Form beschreiben (Strophen- und Verszahl, Reim, Metrum) (G)
- die Sprache beschreiben (Schlüsselwörter, Metaphern, Personifikationen, weitere rhetorische Figuren) (I)
- das Gedicht nacherzählen (H)
- begründet Stellung nehmen, inwieweit die Erfahrungen des lyrischen Ichs nachvollziehbar sind (J)

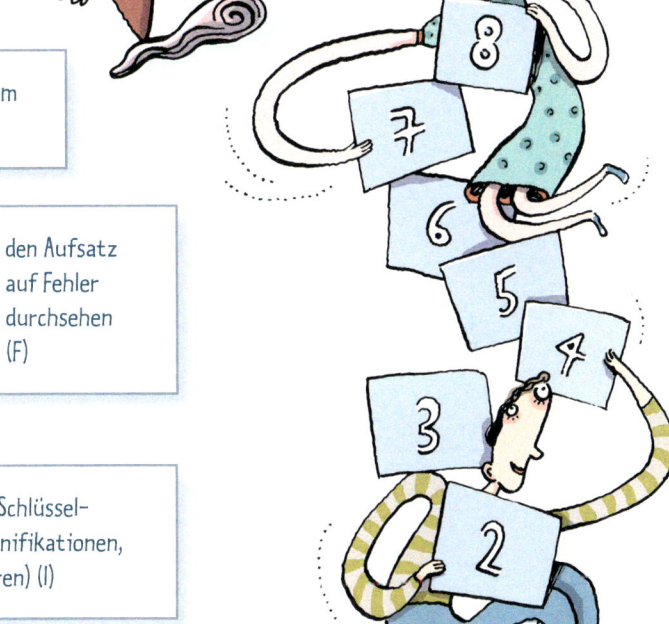

B Erstes Textverständnis

1 *Lies den Text laut. Was fällt dir auf? Notiere deine ersten Leseeindrücke in Stichworten.*

Inhalt: _____

_____

Sprache: _____

_____

2 *Welche der folgenden Aussagen erfasst das Thema des Gedichts am besten?*

a) ☐ Das Gedicht thematisiert die Gefühle einer unglücklich Verliebten.
b) ☐ In dem Gedicht geht es um die Sehnsucht nach einer geliebten Person.
c) ☐ Das Gedicht handelt von der Sehnsucht nach dem Ende der Beziehung.
d) ☐ In dem Gedicht wird die Eifersucht in einer Fernbeziehung dargestellt.

> **TIPP**
> Erste Hinweise auf das **Thema** eines Textes liefern oft die Überschrift, der erste sowie der letzte Satz.

Aufgabentyp 4a – Einen literarischen Text analysieren

3 *Aus welcher Stimmung heraus spricht das lyrische Ich? Kreuze die drei zutreffenden Antworten an.*

	richtig	falsch			richtig	falsch
a) verzweifelt	☐	☐	d) überglücklich		☐	☐
b) unternehmungslustig	☐	☐	e) einsam		☐	☐
c) traurig	☐	☐	f) wütend		☐	☐

C Übungen

Den Inhalt des Textes wiedergeben

1 *Ordne den folgenden inhaltlichen Aspekten die entsprechende Strophe durch Pfeile zu.*

1. Strophe	Jeder Gegenstand im Raum erinnert an den Geliebten und weckt die Sehnsucht. (A)
2. Strophe	Das lyrische Ich versucht, sich die Einsamkeit von der Seele zu schreiben. (B)
3. Strophe	Der Frühling mit all seinen verführerischen Reizen wird als Spott empfunden. (C)
4. Strophe	Das lyrische Ich zieht sich zurück und mag am Leben nicht mehr teilnehmen. (D)
5. Strophe	Erinnerungen und Träume lindern den Schmerz nicht, sie verstärken ihn eher. (E)
6. Strophe	Trauer und Schwermut machen die Tage grau und kalt wie zur dunklen Jahreszeit. (F)

2 *Nach wem verzehrt sich das lyrische Ich? Gib die entsprechende Textstelle an (mit Zeilenangabe).*

_____

_____ (Str. ___ , V. ___)

Die äußere Form untersuchen

3 a) *Ordne den Strophen mit Hilfe des Tipps jeweils das richtige Reimschema zu. Ergänze die Tabelle.*

1. Strophe	_Kreuzreim_
2. Strophe	
3. Strophe	
4. Strophe	
5. Strophe	
6. Strophe	

TIPP
Mögliche Reime
☐ Paarreim: aabb
☐ Kreuzreim: abab
☐ umarmender Reim: abba
☐ kein Reim: abcd

b) *Was fällt dir beim Vergleich der Reime in den Strophen auf? Notiere das Ergebnis in einem Satz:*

Es fällt auf, dass in Strophe Nr. ... _____

_____

Aufgabentyp 4a – Einen literarischen Text analysieren

4 a) Kläre nun das Versmaß (Metrum). Lies dazu die ersten beiden Verse der ersten Strophe laut und betone dabei die Silben, die durch einen Akzent (x́x) verstärkt sind.

Weil du nicht da bist, sitze ich und schreibe
x　x́　x　x́　x　x́　x x́　x　　x́　x

All meine Einsamkeit auf dies Papier.
x　x́　x x́ x　　x́　x　x́　x x́

b) Markiere im dritten und vierten Vers diejenigen Silben mit einem Akzent, die du betonen würdest, wenn du der natürlichen Wortbetonung folgst. Orientiere dich dabei an den vorangegangenen Versen.

Ein Fliederzweig schlägt an die Fensterscheibe.
x　x x x　　x　　x x x x　　x x

Die Maiennacht ruft laut. Doch nicht nach mir.
x　x x x　　x　x　　x　x　　x x

c) Das Metrum des Gedichts wird konsequent durchgehalten. Kläre mit Hilfe des Tipps, um welches es sich handelt.

TIPP
Häufige **Versmaße** sind:
☐ **Jambus:** xx́ xx́
☐ **Trochäus:** x́x x́x
☐ **Anapäst:** xxx́ xxx́
☐ **Daktylus:** x́xx x́xx

Das Metrum des Gedichts ist ein ... _____ .

5 Wie wirkt die stete Folge betonter und unbetonter Silben auf dich? Kreuze die richtige Antwort an.

Durch diese Regelmäßigkeit wirkt das Metrum ...

a) ☐ hektisch.　　b) ☐ sprunghaft.　　c) ☐ anregend.　　d) ☐ ruhig.

Das Motiv der Sehnsucht untersuchen

6 a) Welche Textstelle der ersten Strophe gibt eindeutig über die Gefühlswelt des lyrischen Ichs Auskunft? Markiere sie farbig.
b) Beschreibe in eigenen Worten anhand dieser Textstelle, was das lyrische Ich bewegt.

_____

_____

_____

7 a) Kennzeichne alle Textstellen im Gedicht farbig, an denen die sehnsüchtige Stimmung des lyrischen Ichs noch zum Ausdruck kommt. Notiere am Rand jeweils ein Schlagwort pro Textstelle.
b) Wie verändert sich die Stimmung, in der das lyrische Ich sich befindet, von Strophe zu Strophe? Ordne die folgenden Empfindungen bzw. Verhaltensweisen der zugehörigen Strophe zu.

☐ Strophe: trübselig herumsitzen
☐ Strophe: immer an den anderen denken
☐ Strophe: sich einsam/verlassen fühlen
☐ Strophe: beim Erinnern traurig werden
☐ Strophe: sich ganz zurückziehen
☐ Strophe: blind und taub sein für Schönes

c) Kennzeichne Gefühle und Eindrücke, die dir bekannt vorkommen, durch ein Häkchen (✓).

Aufgabentyp 4a – Einen literarischen Text analysieren

Sprachliche Mittel untersuchen

8 a) Erkennst du wichtige rhetorische Figuren? Ordne in der folgenden Tabelle zunächst die Erklärungen (mittlere Spalte) den Fachbegriffen (linke Spalte) durch eine Linie richtig zu.
b) Verbinde anschließend durch eine Linie die Beispiele rechts mit der korrekten Erläuterung.

Rhetorische Figur	Erklärung	Beispiel im Gedicht (Strophe, Vers)
1. Synästhesie	vermenschlichte Darstellung von Gegenständen oder Gegebenheiten (z. B. *das Herz/die Sonne lacht, der Tag lockt*) (A)	Herbst im Herzen (Str. ____, V. ____)
2. Metapher	ungewöhnliche Verknüpfung von ganz verschiedenen Sinneswahrnehmungen (z. B. *kreischende Farben, schrille Gedanken*) (B)	„Der Rosen Duft ... Der Nachtigallen" (Str. ____, V. ____)
3. Parallelismus	Verwendung eines Wortes in ungewohntem Zusammenhang mit Bedeutungsübertragung (z. B. *Wüstenschiff = Kamel*) (C)	„graues Lied" (Str. ____, V. ____)
4. Personifikation	gleicher Aufbau von Sätzen, die sich wiederholen (z. B. *Wenn man dich fragt ... Wenn man uns fragt ...*) (D)	„Maiennacht ruft" (Str. ____, V. ____)

c) Markiere für jede rhetorische Figur mindestens ein weiteres Beispiel im Text. Notiere in der Randspalte neben dem Gedicht den korrekten Fachbegriff.

Die Untersuchungsergebnisse deuten

9 Verknüpfe nun formale, sprachliche und inhaltliche Ergebnisse sinnvoll miteinander. Entscheide mit Hilfe des Tipps, welche der Aussagen dir jeweils schlüssiger erscheint.

> **TIPP**
> Rhetorische Figuren können ...
> ☐ alltägliche Wortbedeutungen verändern,
> ☐ (abstrakte) Dinge veranschaulichen,
> ☐ Aussagen betonen oder verstärken,
> ☐ ungewohnte Vorstellungen erzeugen.

Die regelmäßige Wiederholung des immer gleichen Satzes „Weil du nicht da bist" ...

a) ☐ ... soll Langeweile auslösen und passt damit besonders gut zur Stimmung des lyrischen Ichs.

b) ☐ ... betont diesen Sachverhalt und das Gefühl der Verlassenheit, die das lyrische Ich empfindet.

Die vierte Strophe ist die einzige, die nicht mit diesem Satz beginnt, sondern endet. Sie ...

c) ☐ ... stellt das lyrische Ich in den Mittelpunkt, Ort und Tageszeit werden plötzlich vorstellbar.

d) ☐ ... spielt mit widersprüchlichen Angaben zur Jahreszeit, die die Leser verunsichern sollen.

Der gleichmäßige Rhythmus des Metrums wirkt, ...

e) ☐ ... als ob das lyrische Ich heftigen Gefühlsschwankungen unterworfen ist.

f) ☐ ... als sei das lyrische Ich in einem beständigen Gefühl gefangen.

Personifikationen wie die „Dinge reden nur von dir" (Str. 5, V. 4) zeigen sehr bildlich, ...

g) ☐ ... dass die unerträgliche Sehnsucht das lyrische Ich wirklich verwirrt.

h) ☐ ... wie stark und „lebendig" die Erinnerungen sind, die aus den Dingen „sprechen".

Metaphern wie „Winter im Gemüt" (Str. 4, V. 2) führen dazu, dass ...

i) ☐ ... die Bilderwelt des Winters auf die der Gefühle übertragen wird (erfroren, erstarrt ...).

j) ☐ ... mehrere Bilder sich überlagern, die die Verwirrung des lyrischen Ichs verdeutlichen.

Aufgabentyp 4a – Einen literarischen Text analysieren

Die Stellungnahme vorbereiten

10 *a) Welche Einfälle, Erinnerungen und Gefühle kommen dir bei dem Gedanken an „Sehnsucht"?
Lege für deine Stellungnahme einen Ideenstern an. Orientiere dich an folgendem Muster:*

b) Vergleiche deinen Ideenstern mit deinen Ergebnissen im Teil B (Aufgabe 3, und Teil C (Aufgabe 1)): Kannst du die Stimmung des lyrischen Ichs nachvollziehen? Nenne dazu in Stichworten …

Übereinstimmungen: _____

_____

Unterschiede: _____

_____

Ergänzungen: _____

_____

11 *Wie gefällt dir das Gedicht? Begründe deine Ansicht mit Hilfe des Tipps (nur in Stichworten).*

> **TIPP**
> **Mögliche Ansätze für deine Begründung:**
> ☐ Hast du auf Anhieb Zugang zu dem Gedicht gefunden?
> ☐ Sprechen dich der Rhythmus und die bildliche Sprache an?
> ☐ Empfindest du das Gedicht als zu traurig/angemessen?
> ☐ Schätzt du die Gefühlswelt als realistisch/übertrieben ein?

Aufgabentyp 4a – Einen literarischen Text analysieren

D Einen Schreibplan erstellen

TIPP

In einen **Einleitungssatz** gehören
☐ Autor/in und Titel des Gedichtes,
☐ Gedichtart (Ballade, Liebesgedicht),
☐ Thema des Gedichts,
☐ falls bekannt: Erscheinungsjahr.

1 *Formuliere einen Einleitungssatz.*

Das Liebesgedicht „_____

_____" von _____

_____, handelt von _____

_____

_____

_____.

2 *In welcher Reihenfolge willst du die einzelnen Punkte in Hauptteil und Schluss darstellen? Lege aus den folgenden Zwischenüberschriften eine sinnvolle Gliederung für Hauptteil und Schluss an.*

| Erfahrungen und Beobachtungen | Sprachliche Mittel | Eigene Stellungnahme | Die äußere Form |
| Inhaltswiedergabe | Erfahrung des lyrischen Ichs | Das Motiv der Sehnsucht | Deutung der Ergebnisse |

Hauptteil:

1. _____
2. _____
3. _____
4. _____
5. _____

Schluss:

1. _____

_____

2. _____

_____

3. _____

3 *Ordne die folgenden Auszüge zu (E = Einleitung, H = Hauptteil, S = Schluss).*

> Das lyrische Ich lässt die Leser die Sehnsucht nach dem Geliebten, den es „Liebster" (Str. 6, V. 3) nennt, intensiv erleben. Weder das Niederschreiben der Gefühle (Str. 1, V. 2) noch die Reize der Natur (wie z. B. der Rosenduft, Str. 2, V. 2, oder der Nachtigallengesang, Str. 2, V. 3) können den Schmerz der Sehnsucht lindern.

> Das Liebesgedicht „Weil du nicht da bist" von Mascha Kaléko beschreibt sehr anschaulich die starke Sehnsucht nach einer geliebten Person.

> Bis zur sechsten Strophe bleibt unklar, ob es die Sehnsucht nach einer Frau oder nach einem Mann ist, die das lyrische Ich treibt. Ich empfinde es als schade, dass die Autorin diese Offenheit zuletzt auflöst („Mein Lachen, Liebster, ist dir nachgereist", Str. 6, V. 3), denn so fühlen sich männliche Leser durch Kalékos Gedicht vermutlich weniger angesprochen. Davon abgesehen hat mich das Gedicht sehr angesprochen, da es Mascha Kaléko gelungen ist, ein Gefühl in Worte und Bilder zu fassen, das ich sicher nicht so anschaulich beschreiben könnte.

4 *Analysiere nun mit Hilfe deiner Vorarbeiten Mascha Kalékos Gedicht „Weil du nicht da bist" in einem geschlossenen Text.*

E Den eigenen Text überarbeiten

1 *Achte bei deiner Überarbeitung auf deinen Ausdruck. Kreuze die jeweils bessere Formulierung an.*

- a) Mascha Kaléko tut in der letzten Strophe eine Personifikation verwenden, „Träume, die schon schliefen" (Str. 6, V. 2).

- b) Mascha Kaléko verwendet in der letzten Strophe eine Personifikation, „Träume, die schon schliefen" (Str. 6, V. 2).

- c) Die Begründung „Weil du nicht da bist" wird zu Beginn der ersten, zweiten, dritten, fünften und sechsten Strophe und am Ende der vierten Strophe wiederholt (Parallelismus).

- d) „Weil du nicht da bist", das ist total oft drin, nämlich zu Beginn der ersten, zweiten, dritten, fünften und sechsten Strophe – in der vierten Strophe steht's auch, aber am Ende.

- e) Metaphern kommen auch vor, z. B. wo das lyrische Ich den Winter im Gemüt spürt (Str. 4, V. 2).

- f) Metaphern kommen in der vierten Strophe gehäuft vor, z. B. „Winter im Gemüt" oder „Herbst im Herzen" (beide in Vers 2).

- g) Personifikationen gibt es echt viele, in jeder Strophe mindestens eine, in der ersten Strophe ruft z. B. die „Maiennacht" (V. 4), in der dritten Strophe wird die Stadt zum Tier (V. 2) usw.

- h) Die Umwelt erscheint in diesem Gedicht sehr lebendig durch die vielen Personifikationen: „Die Maiennacht ruft laut" (Str. 1, V. 4) nach allen Liebenden, dieser Lockruf ist ein Bild für die Sehnsucht.

2 *Bei der Analyse von literarischen Texten kommt es auf korrektes Zitieren an. Ergänze im folgenden Beispiel fehlende Zitierzeichen mit Hilfe des Tipps und ergänze die Strophen- und Versangaben.*

> **TIPP**
> **Zitieren**
> ☐ Zitiere wörtlich übernommene Auszüge in **Anführungszeichen**, z. B.: Die Strophe beginnt mit den Worten „Weil du nicht da bist".
> ☐ Gib nach den abschließenden Anführungsstrichen in Klammern die **Strophen- und Verszahl** an, in der das Zitat steht, z. B. (Str. 1, V. 1).

Neben den fehlenden Reimen fällt die vierte Strophe auch deswegen auf, weil sie als einzige Strophe nicht mit dem Parallelismus   Weil du nicht da bist   (V. ___) beginnt. Dieser Nebensatz ist hier in den letzten Vers gefügt, sodass er gleich zu Beginn der folgenden Strophe noch einmal wiederholt wird (vgl. V. ___, und ___). Er gewinnt damit noch größere Bedeutung für die Situation, in der das lyrische Ich sich befindet: Hier unterm Dach sitz ich beim Schirm einer Lampe   (St. ___, V. ___). In dieser Situation spürt das lyrische Ich den   Winter im Herzen   und den   Herbst im Gemüt   (St. ___, V. ___), fühlt die ganze Schwermut dieser dunklen Jahreszeiten in sich, in der – bildlich gesprochen – der November   sein graues Lied   (St. ___, V. ___) singt.

3 *Prüfe in deinem Aufsatz, ob du überall korrekt zitiert hast. Gib dabei immer Strophe und Vers an.*

UMGANG MIT TEXTEN UND MEDIEN

Ausziehen = Erwachsen werden? – Informationen entnehmen, in Beziehung setzen und bewerten

1. Stelle die zentralen Aussagen der Materialien M1 bis M4 zum Thema „Bedeutet zu Hause ausziehen, erwachsen zu werden?" nacheinander knapp und präzise dar.
2. Vergleiche die Aussagen von M1 und M4 im Hinblick auf die Ausgangsfrage.
3. Nimm auf der Grundlage aller Materialien abschließend Stellung zu der Frage „Bedeutet zu Hause ausziehen, erwachsen zu werden?". Beziehe dich dabei auch auf eigene Beobachtungen und Erfahrungen.

M1 Generation Nesthocker: Zu viel Fürsorge, zu wenig Streit

Jeder zweite junge Erwachsene lebt auffallend lange bei den Eltern. Die Zeit zwischen Jugend und Erwachsensein verlängert sich, die Betroffenen entwickeln sich langsamer.

In den 1970er Jahren war es üblich, sich möglichst schnell eine eigene Wohnung zu neh-
5 men. Mehr als 90 Prozent der jungen Frauen zogen mit 20, junge Männer spätestens mit 21 Jahren von zu Hause aus. Heute hat sich der Zeitpunkt für 50 Prozent der jungen Erwachsenen um rund zehn Jahre nach hinten verschoben. Zwischen Jugend und Erwachsensein zeichnet sich damit eine neue Phase ab, ein Entwicklungsstopp oder eine Warteschleife im Reifungsprozess. Das sind die Resultate einer Studie, in der über einen
10 Zeitraum von 14 Jahren 200 Familien regelmäßig befragt wurden.

Die Hauptursachen für die verzögerte Reife sind einerseits äußere Gegebenheiten, wie eine längere Ausbildungszeit, aber auch der Mangel an Arbeitsplätzen und damit an Geld. Ohne finanzielle Basis lässt sich der Traum von der eigenen Wohnung aber nicht verwirklichen. Mit ein Grund sind auch die Bedingungen innerhalb der Familie. Zum
15 einen erhalten junge Menschen oft eine ihrem Alter unangemessene Unterstützung von den Eltern: das Hotel-Mama-Phänomen. Wer zu Hause rundum wie ein kleines Kind verwöhnt wird, bleibt gerne und entwickelt sich damit nicht weiter. Außerdem vermeiden viele Familien Konflikte, die aber für die Reifung eines Menschen dringend notwendig sind. Fehlen diese Konflikte, wird ein junger Mensch nicht selbstständig. Der Entschluss,
20 auszuziehen und erwachsen zu werden, fällt also schneller, wenn die Eltern weniger verwöhnen und nicht jedem Streit aus dem Wege gehen.

focus online, 03/2007

M2 Fehlt die Spannung zwischen den Generationen?

Die 15. Shell-Jugendstudie befasst sich detailliert mit den Perspektiven, den Werten und Befindlichkeiten der 15- bis 25-Jährigen. Die notwendige Spannung zwischen den Generationen sei fast verschwunden, sagt Professor Hurrelmann[1] (Leiter der Studie). 70 Prozent der Jugendlichen würden zum Beispiel ihre Kinder so erziehen wol-
5 len, wie die eigenen Eltern dies getan hätten. „Das klingt harmonisch, ist aber eigentlich zutiefst beunruhigend."

Eltern werden ihren Kindern immer ähnlicher. „Die Tochter kommt mit einer provokanten Frisur nach Hause und die Mutter fragt nach der Adresse des Friseurs, statt sich aufzuregen. Wie soll sich das Mädchen da abgrenzen? Wie soll sie sagen: Das bin ich, und
10 ich bin jemand anderer als ihr?"

Die Alten rücken den Jungen dermaßen auf den Pelz, dass die kaum noch Luft zum Atmen haben. Um sich aus dieser Umklammerung zu befreien, müssten die Jüngeren in einer vollkommen unverhältnismäßigen Weise auf die Pauke hauen. Das tun sie nicht, dafür sind die Konflikte mit den Eltern wieder zu gering, die wirtschaftlichen Verhältnisse zu schwierig, das „Hotel Mama" zu bequem.

DIE ZEIT, 21.09.2006

1 **Professor Hurrelmann:** Erziehungswissenschaftler und Leiter der Shell-Studie

M3 Shell-Jugendstudie 2006

„Würdest du deine Kinder so erziehen, wie du selbst erzogen bist?"

	1985	2000	2002	2006
genau so	12 %	12 %	13 %	15 %
ungefähr so	41 %	60 %	57 %	56 %
anders	37 %	20 %	22 %	20 %
ganz anders	11 %	8 %	7 %	7 %

M4 „Ich bin weder bequem, noch unselbstständig!"

Im Rahmen einer Untersuchung zum Auszugsverhalten junger Erwachsener wird die Studentin Nicole M. (23 Jahre) befragt.

Interviewer: *Sie leben also noch zu Hause?*
Nicole M.: Ja, sehr gern sogar! Und nun kommen Sie mir bloß nicht mit dem allgemeinen Vorwurf, dass man bequem das „Hotel Mama" ausnutzt, wenn man in meinem Alter noch zu Hause wohnt. Mithilfe im Haushalt ist für mich selbstverständlich.

Interviewer: *Dann ist vermutlich vor allem das fehlende Geld der Grund dafür, dass Sie noch keine eigene Wohnung haben?*
Nicole M.: Natürlich auch. Mein Bruder macht seine Ausbildung in einem anderen Bundesland – das kostet meine Eltern ganz schön viel Geld. Ich studiere hier in meinem Heimatort, da ist ein Auszug nicht nötig. Außerdem fühle ich mich zu Hause bei meiner Familie ganz einfach wohl!

Interviewer: *Es gibt Psychologen, die eine räumliche Trennung, also eine Ablösung junger Menschen von ihren Eltern, für sehr wichtig halten, weil ...*
Nicole M.: ... weil man sonst nicht selbstständig wird? Ich kann's wirklich nicht mehr hören! Meine Eltern und ich haben eine sehr gleichberechtigte und partnerschaftliche Beziehung – ich fühle mich in jeder Hinsicht ernst genommen, erwachsen und frei. Ich kenne Leute, die schon mit 18 Jahren ausgezogen sind und noch immer die Wäsche nach Hause bringen, den Papierkram vom Papi erledigen lassen und dreimal täglich Mami anrufen. Und überhaupt, was heißt schon „Ablösung"? Ich will mich gar nicht abgelöst fühlen, weil ich so lange wie es geht, Vater und Mutter um mich haben möchte. Ich finde es schön so!

Interviewer: *Worin sehen Sie – abgesehen vom finanziellen Aspekt – die Hauptgründe dafür, dass junge Menschen heute deutlich später ausziehen als früher?*
Nicole M.: Ich denke, dass wir heute im Ganzen etwas verunsicherter sind als die jungen Leute früher. Die Sorge um einen Ausbildungsplatz, die hohen Arbeitslosenzahlen, die ganzen Reformen und Wertediskussionen – da bietet mir meine Familie schon einen Rückhalt und ein Gefühl der Sicherheit.

Aufgabentyp 4b – Textinformationen bewerten

A Die Aufgabe verstehen

1 a) Markiere zunächst die Schlüsselbegriffe und Operatoren in der Aufgabenstellung.
b) Blättere nicht zurück, erinnere dich: Was sollst du in der Klassenarbeit tun? Kreuze an.

Du sollst ...	richtig	falsch
a) ... aus den Materialien M1 – M4 eines auswählen und zusammenfassen.	☐	☐
b) ... abschließend deine Meinung zur Ausgangsfrage darstellen und begründen.	☐	☐
c) ... die wesentlichen Inhalte der vier Materialien kurz zusammenfassen.	☐	☐
d) ... ausschließlich zu den Aussagen der Texte Stellung nehmen.	☐	☐
e) ... keine Argumente aus den Materialien für deine Stellungnahme nutzen.	☐	☐
f) ... deine Erfahrungen zum Thema in der Stellungnahme berücksichtigen.	☐	☐
g) ... die Kernaussagen von M1 und M4 zueinander in Beziehung setzen.	☐	☐
h) ... der Tabelle M3 in deinem Aufsatz keinerlei Beachtung schenken.	☐	☐

B Erstes Textverständnis – Stoff sammeln

Die gemeinsame Problemstellung erkennen

1 Welche der folgenden Aussagen fasst die gemeinsame Problemstellung **aller** vier Materialien treffend zusammen? Kreuze die richtige Aussage an.

Die vier Materialien nähern sich von verschiedenen Seiten dem Thema an, dass ...

a) ☐ ... junge Menschen heutzutage unreif sind, weil sie später aus dem Elternhaus ausziehen.
b) ☐ ... zwischen den Generationen wieder mehr kritische Auseinandersetzung notwendig wäre.
c) ☐ ... junge Menschen sich aus verschiedenen Gründen von ihrem Elternhaus später ablösen.
d) ☐ ... im Vergleich zu früher zwischen den Generationen ein besseres Verhältnis herrscht.

Unterschiede und Gemeinsamkeiten der Materialien erkennen

2 Die Materialien haben verschiedene inhaltliche und argumentative Schwerpunkte.
Verbinde M1, M2, M3 und M4 durch Pfeile mit dazu passenden Aussagen (Doppelungen sind möglich).

In dem Material ...

M1	... wird das lange Wohnen im Elternhaus grundsätzlich eher positiv bewertet. **(A)**
M2	... zeigt sich, dass 2002 mehr Kinder den elterlichen Erziehungsstil akzeptieren als 1985. **(B)**
M3	... wird behauptet, dass es in heutigen Familien deutlich zu wenig Konflikte gibt. **(C)**
M4	... wird der späte Auszug von zu Hause überwiegend als problematisch bewertet. **(D)**

Aufgabentyp 4b – Textinformationen bewerten

C Übungen

Die Kernaussagen der Texte zusammentragen

1 *Betrachte nun zunächst die Texte genauer. Lies sie dazu sorgfältig durch und markiere in jedem Text höchstens vier Schlüsselwörter. Notiere am Rand wenige Stichpunkte, die das jeweilige Material erfassen. Trage dessen Kernaussage in die folgende Liste ein:*

M1: _____ M2: _____ M4: _____

_____   _____   _____

_____   _____   _____

_____   _____   _____

_____   _____   _____

_____   _____   _____

Eine Tabelle auswerten

2 *Markiere in der Tabelle M3 die Zahlen, aus denen sich folgende Aussagen ergeben:*

a) Etwa 70 Prozent der Jugendlichen würden ihre Kinder ähnlich oder ebenso erziehen wollen, wie ihre eigenen Eltern dies getan haben.

b) 48 Prozent der Jugendlichen stimmen mit der Erziehung ihrer Eltern so wenig überein, dass sie ihre Kinder teilweise oder ganz anders erziehen würden.

3 *Ergänze den folgenden Satz mit Hilfe der Zahlen aus der Tabelle:*

War _____ knapp die Hälfte der Kinder nicht mit der eigenen Erziehung einverstanden, sind es 2006 nur

noch _____ Prozent.

Die Materialien vergleichen

4 *Worüber gibt das Material jeweils Aufschluss? Kreuze an. (Mehrere Kreuze pro Zeile sind möglich).*

M1	M2	M3	M4	
☐	☐	☐	☐	a) Ein wichtiger Grund, länger zu Hause zu wohnen, ist Geldmangel.
☐	☐	☐	☐	b) Eltern gestalten ihren Kindern das Leben zu Hause zu bequem.
☐	☐	☐	☐	c) Weil Eltern heute anders erziehen als früher, gibt es weniger Streit.
☐	☐	☐	☐	d) Eltern werden Kindern immer ähnlicher – und umgekehrt auch.
☐	☐	☐	☐	e) Konflikte sind wichtig für die Persönlichkeitsentwicklung des Kindes.
☐	☐	☐	☐	f) Die Unterstützung durch das Elternhaus ist heute besonders wichtig.
☐	☐	☐	☐	g) Ein später Auszug aus dem Elternhaus verzögert den Reifungsprozess.
☐	☐	☐	☐	h) Der Auszug aus dem Elternhaus garantiert keine Selbstständigkeit.

Aufgabentyp 4b – Textinformationen bewerten

Einen eigenen Standpunkt entwickeln

5 *Wie stehst du selbst zu der Frage „Bedeutet zu Hause ausziehen, erwachsen zu werden?"*
Markiere durch ein Kreuz auf der folgenden Skala deine persönliche Position.

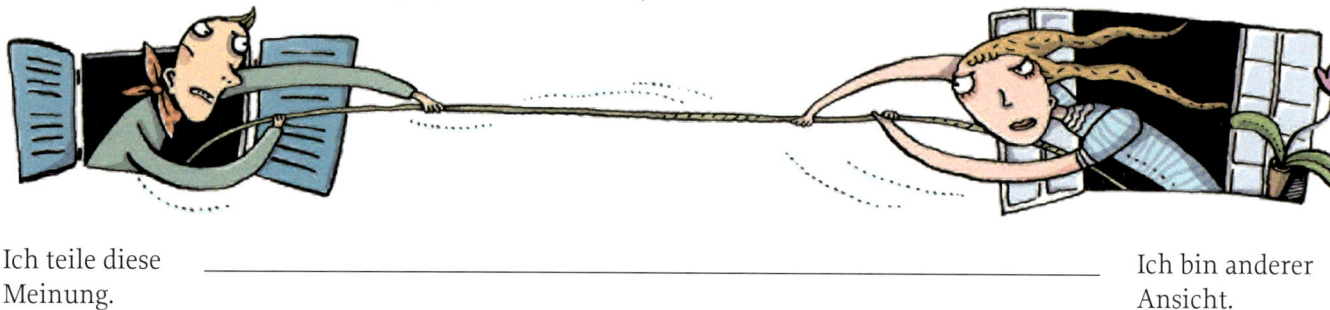

Ich teile diese —— Ich bin anderer
Meinung. Ansicht.

6 *Überlege, warum du so entschieden hast. Was verbindest du mit der Vorstellung, nicht mehr bei deinen Eltern zu wohnen? Sammle Gedanken und Beobachtungen dazu in der folgenden Mind-Map.*

Angst vor …

…

Zu Hause ausziehen heißt …

Spaß an der Unabhängigkeit:

selbst einkaufen …

Argumente sammeln, ordnen und gewichten

7 a) *Markiere in der Mind-Map diejenigen Argumente, die für bzw. gegen einen Auszug sprechen, die aus deiner Sicht am stärksten sind.*
b) *Ergänze deine Mind-Map gegebenenfalls um Argumente, die in den Materialien genannt wurden, sofern sie zum Thema gehören und dir wichtig erscheinen. Greife dazu auf deine Vorarbeiten zurück.*

8 *Übertrage die drei überzeugendsten Pro- und Kontra-Argumente in folgende Tabelle (Stichworte).*

Ausgangsfrage: Bedeutet von zu Hause ausziehen, erwachsen zu werden?

Pro-Argumente	Kontra-Argumente
( )	( )
( )	( )
( )	( )

9 *Gewichte nun die Pro- und Kontra-Argumente jeweils nach ihrer Überzeugungskraft, indem du sie entsprechend durchnummerierst. Nenne das stärkste Argument auf jeder Seite zuletzt.*

Aufgabentyp 4b – Textinformationen bewerten

D Den Schreibplan erstellen

Die Materialien auswerten

1 *Lege fest, welche Teile der Aufgabenstellung du in Einleitung, Hauptteil und Schluss bearbeiten möchtest. Notiere hier einige Stichpunkte, damit du nichts vergisst.*

Einleitung: Einstieg ins Thema formulieren, ...

Hauptteil: _____

_____

_____

Schluss: _____

2 *Formuliere in deinem Heft eine **vollständige Einleitung**, in der du das übergreifende Thema (vgl. Teil B, Aufgabe 1) sowie Titel und Quellen der Materialien nennst. Orientiere dich an den folgenden Beispielen.*

> **A** Es ist zu beobachten, dass Kinder heute im Gegensatz zu früher später ... Die Frage, mit wie viel Jahren ein junger Mensch auf eigenen Beinen ... Mit dieser Thematik beschäftigen sich die vorgegebenen Materialien aus verschiedenen Perspektiven: ...

> **B** „Garantieren die eigenen vier Wände den Schritt in die Selbstständigkeit?" Mit dieser Frage setzen sich die vorliegenden Materialien auseinander ... Einige wichtige Aspekte zu diesem Thema finden sich ... Eine gegensätzliche Sicht kann man ... entnehmen: ...

3 *Die Aufgabenstellung verlangt, dass du im **Hauptteil** deines Textes die zentralen Aussagen aller vier Materialien (vgl. Teil B, Aufgabe 2 und Teil C, Aufgabe 1) darstellst. Du kannst z. B. so beginnen:*

Die Materialien M1, M2 und M3 setzen bei aller Übereinstimmung unterschiedliche Schwerpunkte:

Im Focus-Artikel (M1) ...

_____

_____

_____

4 *Vergleiche dann im Sinne der Aufgabe M1 und M4 (vgl. Teil C, Aufgabe 1 und 2). So kannst du fortfahren:*

Im Gegensatz dazu argumentiert die Studentin (M4) ...

_____

Sie betont im Interview außerdem, dass ...

_____

_____

Aufgabentyp 4b – Textinformationen bewerten

Zur Ausgangsfrage Stellung nehmen

5 *Begründe nun deine Ansicht mit Hilfe deiner Vorarbeiten (Teil C, Aufgabe 5–9). Beschränke dich auf diejenigen Aspekte aus den Materialien bzw. jene Argumente, die für dich entscheidend sind. Stütze sie durch Belege oder Beispiele aus deinem Umfeld. Der folgende Wortspeicher hilft dir, deine Argumente gedanklich sinnvoll zu verknüpfen. Arbeite in deinem Heft.*

Wortspeicher

Für einen frühen Auszug spricht, dass …
So kenne ich etliche Beispiele …
Als weiteres Argument lässt sich anführen, …
Andererseits zeigt die Erfahrung, dass …
Es besteht kein Zweifel daran, dass …
Dennoch habe ich mehrfach beobachtet, …
Besonders stichhaltig ist für mich das Argument …

TIPP

Du kannst deinen Standpunkt stützen, indem du Gegenargumente bedenkst und entkräftest z. B.:
Eine eigene Wohnung wird häufig als sicheres Zeichen der Selbstständigkeit angesehen. Tatsächlich aber zeigt sich oft …
Weitere Formulierungen dafür sind: *Zwar – aber …; jedoch, allerdings, dennoch, obwohl* usw.

6 *Beende deine Stellungnahme mit einem **Schlusssatz**, in dem du deine Position zusammenfasst und gegebenenfalls einen Ausblick, einen Wunsch, eine Warnung oder Ähnliches formulierst. Welche der folgenden Alternativen gehört auf keinen Fall in den Schluss einer Argumentation? Streiche sie durch.*

a) Nach Abwägung der Pro- und Kontra-Argumente komme ich daher zu dem Ergebnis, dass …

b) Zu guter Letzt möchte ich noch ein neues wichtiges Argument in die Waagschale werfen: …

c) Auf den Punkt gebracht, ließe sich aus dieser Gegenüberstellung die Empfehlung ableiten …

d) Mein Fazit aus den genannten Argumenten lautet folglich, dass ich davor warnen möchte …

E Den eigenen Text überarbeiten

1 *Prüfe mit Hilfe der folgenden Checkliste, an welchen Stellen du deinen Text überarbeiten solltest.*

✓ Checkliste

Inhalt und Aufbau   ➕ ➖

☐ Formulierst du in deiner **Einleitung** das übergreifende Thema aller Materialien?
☐ Hast du im **Hauptteil** die Kernaussagen aller Materialien kurz zusammengefasst?
☐ Machst du dabei die **Gemeinsamkeiten** zwischen M1, M2 und M3 deutlich?
☐ Stellst du diese erarbeiteten Gemeinsamkeiten den Aussagen gegenüber, die in M4 getroffen werden?
☐ Begründest du deine **Meinung** zuletzt auch mit Erfahrungen aus deinem Umfeld?
☐ Stärkst du deine Position, indem du die wesentlichen **Gegenargumente** entkräftest?
☐ Argumentierst du überzeugend, indem du dein stärkstes Argument zuletzt nennst?
☐ Formulierst du einen geeigneten **Schlusssatz** (z. B. Ausblick, Wunsch oder Fazit)?

Sprache

☐ Sind deine Textauswertung und Stellungnahme durchgängig im **Präsens** verfasst?
☐ Verknüpfst du Argumente und Gegenargumente abwechslungsreich?
☐ Stützt du deine Argumente durch **Beispiele**, **Belege** oder **Zitate** aus den Materialien?
☐ Hast du deinen Text auf **Rechtschreib- und Zeichensetzungsfehler** geprüft?

■ LESEVERSTEHEN – ZENTRALE PRÜFUNG

Susann Reichert: Medien von morgen –
Geschlossene Aufgabenformate trainieren

In diesem Kapitel kannst du verschiedene Aufgabenformate üben, die in der **zentralen Prüfung** der Klasse 10 vorkommen können.
Alle diese **Aufgabenformate** (Auswahl-, Einsetz-, Richtig-Falsch-, Zuordnungs- oder Kurzantwortaufgaben) prüfen, wie genau und sorgfältig du den zu Grunde liegenden Text gelesen hast.
Neben den Aufgaben steht die Punktzahl, die du maximal erreichen kannst. Mit Hilfe des Punkterasters im Lösungsheft kannst du deine Leistung einschätzen.

Lies den Text „Medien von morgen" intensiv und bearbeite dann die Aufgaben dazu auf den Seiten 88–95.

Susann Reichert

Medien von morgen   2007

[1] Unsere Großeltern hörten Fußballspiele noch im Radio. Unsere Eltern hatten mit etwas Glück schon als Kinder einen Fernseher, aber weder Handy noch Computer. Heute surfen wir wie selbstverständlich im Internet, schauen Videoblogs und hören Podcasts. „Wir befinden uns in der größten Medienrevolution seit Gutenberg", sagt Hubert Burda,
5 Verleger und Kenner der deutschen Medienbranche. Johannes Gutenberg erfand vor mehr als 500 Jahren den Buchdruck. Zuvor wurden Bücher per Hand reproduziert, waren teuer und selten. Dank Gutenbergs Erfindung wurden Medien für jedermann zugänglich. Nach Büchern und Zeitungen kamen Kino, Radio, Fernsehen – all das gehört heute für uns zum Alltag. Und neue Entwicklungen befinden sich bereits in den Startlöchern.
10 Das klassische Fernsehen beispielsweise wird sich in den kommenden Jahren drastisch verändern. Und das nicht nur, weil man heute schon einen Abend damit füllen kann, auf YouTube[1] durch Hunderte von Videos zu stöbern. Man kann im Netz mittlerweile auch „echtes" Fernsehen anschauen. Und es gibt professionelle Sendungen, die ausschließlich für das Internet produziert werden.
15 [2] Die Tagesschau zum Beispiel ist so vorbildlich, ihre Sendungen komplett auf die Homepage zu stellen, und der britische Sender BBC[2] sendet seine Beiträge mittlerweile über YouTube. Mit einem Programm namens Zattoo kann man Sender live über das Internet ansehen. Zattoo erklärt das Fernsehen zum Nebenbei-Medium, für das man nicht mal mehr einen Fernseher braucht: Während man E-Mails schreibt, surft oder Hausar-
20 beiten tippt, kann es direkt auf dem Computer laufen. Allerdings nur das Programm, das gerade gesendet wird. Zattoos Konkurrenten verfolgen einen anderen Ansatz. Hier ist man zeitunabhängig – kann also keine Sendungen mehr verpassen. Ob man die Lieblingsserie ein paar Stunden, Tage oder Wochen später ansieht, spielt keine Rolle. Aufzeichnen muss man dafür nichts. Noch befinden sich die Programme in der Beta-Phase, werden
25 also noch weiterentwickelt.
[3] Bis es so weit ist, muss man sich eben mit Sendungen zufrieden geben, die allein für das Internet entwickelt wurden, die regelmäßig und ausschließlich im Netz erscheinen. Vorreiter ist „Ehrensenf": Die Sendung startete im November 2005 als erste deutsche Internet-Fernsehsendung. Zahlreiche Nachahmer haben sich auch schon gefunden. Dabei

---

1 **YouTube:** Portal im Internet, auf dem man kostenlos Video-Clips ansehen/einstellen kann
2 **British Broadcasting Corporation:** britischer Sender, der Radio- und TV-Programme betreibt

TESTE DICH! ■ TESTE DICH! ■ TESTE DICH! ■ TESTE DICH!

30 brauchen die neuen Fernseh-Macher kaum mehr als eine Kamera und einen Internetzugang. Jeder, der es für nötig hält, kann heute Video- oder Podcasts moderieren und sie über eine entsprechende Plattform³ der Öffentlichkeit zugänglich machen. Und das ist der eigentliche Umbruch. Während man noch vor fünf Jahren lediglich konsumieren konnte, wird man heute ohne viel Geld- und Zeitaufwand selbst zum Sender.

35 **4** Die zarten Anfänge interaktiver⁴ Filmproduktionen sind bereits zu beobachten. Vorreiter in Deutschland ist der Spielfilm „Mitfahrgelegenheit", dessen Entstehung man mitbestimmen kann. Wer soll mitspielen? Wie soll sich der Hauptdarsteller in dieser oder jener Szene verhalten? Wie soll der Film heißen? Solche Fragen werden während der Produktion im Internet heiß diskutiert. Jeder kann abstimmen, Kommentare hinter-
40 lassen, dem Produktionsteam Fragen stellen und Tipps geben. Gleichzeitig berichtet dieses regelmäßig, wie es vorangeht – im Blog, per Videocast und per Podcast. Mal geht es um technische Details, mal gibt es Anekdoten vom Set. Die Dreharbeiten sind mittlerweile abgeschlossen, aber auch in der Postproduktion soll das Publikum mitentscheiden – nämlich beim Schnitt und beim Soundtrack. [...] Nachwuchsbands können Songs ein-
45 reichen, die dann von einer Jury sowie in einem Onlinevoting ausgewählt werden. „Die Auswahl der Filmmusik liegt in den Händen der Bands und deren Fans", erklärt Tino Kreßner, Marketingchef des Projekts. „Das ist Filmvermarktung! In den USA wird inzwischen schon jeder dritte Film mit diesen Methoden veröffentlicht. In Deutschland ist man noch nicht so weit. Wir zeigen, was in Zukunft möglich sein wird." Das ist also die
50 Zukunft der Medien: Fernsehen im Internet. Sendungen, die im Wohnzimmer des Nachbarn produziert werden. Und Kinofilme, bei denen Laien etwas zu sagen haben. Zukunftsmusik?

5 Zurück zu Johannes Gutenberg. Nach der Erfindung der Druckpresse vergingen noch einmal Jahrhunderte, bis tatsächlich die Mehrheit der Bevölkerung Bücher besaß
55 und morgens die Zeitung las. Auch beim Radio dauerte es etwa ein Vierteljahrhundert von der Entwicklung der Funktechnik bis zur ersten richtigen Sendung. Vielleicht – nein, wahrscheinlich – wird die Zukunftsmusik für uns bald ganz normal klingen.

Quelle: Life+science, Nov. 2007

3 **Plattform:** technisches System, mit dessen Hilfe man Inhalte im Netz austauschen kann
4 **interaktiv:** in gemeinsamer Arbeit mit anderen (z. B. dem Zuschauer) entstanden

Zuordnungsaufgaben

TIPP

Bei einer **Zuordnungsaufgabe** (auch Matching-Aufgabe, von engl. *to match* = zusammenpassen) musst du Begriffe oder Aussagen, die einander in zwei Spalten gegenübergestellt sind, zu Paaren ordnen, die inhaltlich zusammenpassen.

 Gehe in Zweifelsfällen nach dem Ausschlussverfahren vor: Bilde zuerst die Paare, bei denen du dir sicher bist, und triff dann die Wahl zwischen den übrigen Paaren.

1 *Verschaffe dir einen groben Überblick über den Text. Nummeriere hierzu die Absätze des Textes „Medien von morgen" und ordne jeder Überschrift durch einen Pfeil den passenden Absatz zu.*

(A) Verändertes Fernsehverhalten: jederzeit per Internet	Absatz: 1
(B) Einmischen erwünscht – ein deutscher Mitmachfilm	Absatz: 2
(C) Die erste Medienrevolution seit Gutenberg	Absatz: 3
(D) Wachsendes Tempo der Medienrevolution	Absatz: 4
(E) Im Internet auf Sendung: billig, einfach – kein Problem	Absatz: 5

2,5 P.

TESTE DICH! ■ TESTE DICH! ■ TESTE DICH! ■ TESTE DICH!

2 *Der Text enthält viele, ursprünglich englische Fachbegriffe – kennst bzw. verstehst du sie alle? Ordne dem Anglizismus jeweils die richtige Übersetzung bzw. Worterklärung zu.*

1 Postproduktion

2 Videoblog

3 Podcast

4 Set

5 Homepage

6 Soundtrack

7 Onlinevoting

A Szenenaufbau, Dekoration für Film- oder Fernsehaufnahmen

B Startseite einer Firma, Organisation oder Privatperson; sie stellt im Internet eine Art Visitenkarte dar

C Abstimmung, die über das Internet erfolgt

D Verarbeitungsschritte des Films nach den Dreharbeiten

E im Internet dargebotene Mediendateien (Audio oder Video)

F Zusammenstellung der für einen Film eingespielten oder zusammengestellten Musikaufnahmen

G digitales öffentliches Tagebuch im Internet, das neue Einträge (mehrheitlich oder ausschließlich) als Video enthält

3 P.

3 *Welche Entwicklungen im Medienbereich zeichnen sich ab? Verbinde die beiden Teilsätze jeweils mit der inhaltlich passenden Konjunktion, sodass sich ein logischer Gedanke ergibt.*

A Fernsehen wird immer mehr zum „Nebenbei-Medium", ...	*während*	... Fernseh-Macher heute nur eine Kamera und einen Internetzugang benötigen. (a)
B Die Produktion eines Films war früher teuer und kompliziert, ...	*obwohl*	... man hierbei erst von zarten Anfängen sprechen kann. (b)
C Viele Internet-Programme sind so lange in der Beta-Phase, ...	*da*	... heute viele Zuschauer während der Sendung anderen Tätigkeiten nachgehen. (c)
D Vorreiter von interaktiven TV-Produktionen existieren schon, ...	*wie*	... sie so von Nutzern getestet und verbessert werden können. (d)

4 P.

Multiple-Choice-Aufgaben

TIPP
Bei einer **Multiple-Choice-Aufgabe** sollst du unter mehreren Aussagen die richtige Lösung auswählen und ankreuzen. Hier gibt es **immer** nur eine richtige Antwort. In seltenen Fällen wirst du nach der **falschen** Aussage gefragt. Setze auch dann nur ein Kreuz.

1 *Der Text beginnt mit einem Rückblick in die Zeit von Johannes Gutenberg. Welche Behauptung stimmt nicht mit den Aussagen im Text überein?*

a) ☐ Vor mehr als 500 Jahren wurde die Kunst des Buchdruckes erfunden.

b) ☐ Bücher wurden vor der Erfindung des Buchdruckes zur Vervielfältigung abgeschrieben.

c) ☐ Gutenbergs Erfindung folgten weitere Erfindungen im Bereich der Medien.

d) ☐ Die durch Abschreiben reproduzierten Bücher in der Zeit vor Gutenberg waren sehr günstig.

0,5 P.

TESTE DICH! ■ TESTE DICH! ■ TESTE DICH! ■ TESTE DICH!

2 *Medien werden heute anders genutzt als früher. Welche der Aussagen ist eindeutig falsch?*

a) ☐ Im Internet zu surfen, gehört für die meisten Menschen heute schon zum Alltag.
b) ☐ Fernsehen, wie wir es kennen, ist im Begriff, sich stark zu verändern.
c) ☐ Unsere Eltern hatten schon als Kinder einen Fernseher, ein Handy und einen Computer.
d) ☐ Vereinfachungen der Medientechnik machen es heutigen Nutzern leichter.

0,5 P.

3 *Von wem stammt das Zitat: „Wir befinden uns in der größten Medienrevolution"? Kreuze an.*

a) ☐ Johannes Gutenberg, Buchdrucker
b) ☐ Hubert Burda, Verleger
c) ☐ Susann Reichert, Verfasserin des Textes
d) ☐ Tino Kreßner, Marketing-Chef

0,5 P.

4 *Welche der folgenden Aussagen zum Fernsehempfang über das Internet trifft zu? Kreuze sie an.*

a) ☐ PC-Programme ermöglichen es, bestimmte Fernsehsender über das Internet anzusehen.
b) ☐ YouTube ist ein Sender, der nur Nachrichtensendungen für das Internet produziert.
c) ☐ Fernsehen über das Internet erlaubt kein zeitgleiches Schreiben von E-Mails.
d) ☐ Nur mit einem modernen Fernsehgerät ist es möglich, über das Internet fernzusehen.

0,5 P.

Richtig-Falsch-Aufgaben

TIPP

Bei einer **Richtig-Falsch-Aufgabe** musst du entscheiden, ob eine Aussage richtig oder falsch ist, ob sie zutrifft oder nicht, dem Text zu entnehmen ist oder nicht. Oft hängt diese Entscheidung nur von einem Wort oder einer kleinen Formulierung ab. Lies deshalb sehr genau!

Hinweis Bei dieser Aufgabenart musst du für jede Aussage ein Kreuz an der entsprechenden Stelle (richtig/falsch; trifft zu/trifft nicht zu usw.) setzen.

1 *Welche dieser Aussagen über die „Medien von morgen" treffen zu und welche nicht? Kreuze an.*

	trifft zu	trifft nicht zu
a) Neue Medien nach Büchern und Zeitungen waren Kino, Radio und Fernsehen.	☐	☐
b) Videoblogs und Podcasts gehören zu den neueren Entwicklungen in der Branche.	☐	☐
c) Nur Internet-Spezialisten dürfen Video- oder Podcasts im Internet veröffentlichen.	☐	☐
d) Als Zuschauer/in kann man Fernsehsendungen trotzdem noch nicht mitgestalten.	☐	☐
e) „Mitfahrgelegenheit" heißt ein Spielfilm, der in interaktiver Filmproduktion entsteht.	☐	☐
f) In den USA entsteht inzwischen jeder zweite Kinofilm durch Onlinevoting.	☐	☐

3 P.

TESTE DICH! ■ TESTE DICH! ■ TESTE DICH! ■ TESTE DICH!

2 *Was erfährst du im Text über das Fernsehen im Internet? Entscheide, welche der folgenden Aussagen mit dem Text übereinstimmen und welche nicht.*

	stimmt überein	stimmt nicht überein
a) BBC sendet bereits heute seine Filmbeiträge nur noch über die Plattform YouTube.	☐	☐
b) Zattoo ist ein Programm, mit dem man Fernsehsender im Internet sehen kann.	☐	☐
c) Neben Zattoo gibt es noch weitere Programme, die Internet-TV anbieten.	☐	☐
d) Zattoo hat kürzlich in der Presse das Fernsehen zum wichtigsten Medium erklärt.	☐	☐
e) Die Pioniersendung „Ehrensenf" läuft regelmäßig ausschließlich im Internet.	☐	☐
f) Im Internet findet man ähnliche Sendungen wie „Ehrensenf", es gibt Nachahmer.	☐	☐

3 P.

3 *„Während man noch vor fünf Jahren lediglich konsumieren konnte, wird man heute ohne viel Geld- und Zeitaufwand selbst zum Sender." (Z. 33–34) Dieser Satz aus dem Text „Medien von morgen" weist einige grammatische Phänomene auf, die du erkennen sollst. Entscheide und kreuze an.*

Hierbei handelt es sich um eine(n) …

	richtig	falsch		richtig	falsch
a) … Satzreihe.	☐	☐	c) … nachgestellten Nebensatz.	☐	☐
b) … Temporalsatz.	☐	☐	d) … Satzgefüge.	☐	☐

Einsetzaufgaben

TIPP

Bei **Einsetzaufgaben** musst du das passende Wort in eine vorhandene Textlücke einsetzen. In manchen Fällen kannst du die einzusetzenden Wörter einem Wortspeicher entnehmen. Es kann auch vorkommen, dass du die passenden Wörter zum Füllen der Lücken selbst finden musst.

1 *Erinnere dich: Welche Fakten enthält der Text über den Entwicklungsprozess in der Medienbranche? Fülle die Lücken in den Sätzen sinngemäß mit Wörtern aus dem Wortspeicher:*

Wortspeicher

| Jahrhunderte | Alltag | Zeitung | Nutzung | Fernsehen | Buchdruck | Medien |

Mehr als 500 Jahre ist es her, dass Johannes Gutenberg den _____ erfunden hat. Bis allerdings die Mehrheit der Menschen Bücher besaß oder täglich eine _____ lesen konnte, mussten noch einige _____ vergehen. Nach den gedruckten Medien folgten Kino, Radio und _____, die alle schnell Einzug in unseren _____ gefunden haben. Heute ist der Fortschritt im Bereich der _____ so rasant, dass Entwicklungen in kürzester Zeit ganz neue Formen und Möglichkeiten der _____ wie z. B. im Bereich des Internets möglich machen.

3,5 P.

TESTE DICH! ■ TESTE DICH! ■ TESTE DICH! ■ TESTE DICH!

2 *Welche Aussagen macht der Text über die Zukunft der Medien? Fülle den Lückentext mit passenden Wörtern aus dem Wortspeicher. Du musst sie dabei gegebenenfalls flektieren (beugen):*

Wortspeicher

veröffentlichen   erlauben   scheinen   können   sich wandeln
ausstrahlen   produzieren   anbieten

Die Zukunft des Fernsehens _____ sich im Internet abzuspielen. Bekannte Nachrichtensender _____ ihr vollständiges Programm nicht nur im Fernsehen ihren Zuschauern _____, sondern _____ es ebenfalls im Internet _____. Das Internet _____ sogar, dass neben dem Betrachten einer Sendung eine gleichzeitige Bearbeitung z. B. von E-Mails erfolgen _____. Es gibt auch schon TV-Sendungen, die ausschließlich für die Internetnutzung _____ werden. Viele verschiedene Plattformen im Internet ermöglichen es jedermann, eigene Videoclips oder Podcasts zu _____. Der passive Zuschauer von einst _____ auf diesem Wege zum aktiven Fernseh-Macher.

4 P.

3 *Der Text beschäftigt sich auch mit dem neuen Phänomen der interaktiven Sendungen und Produktionen. Ergänze die folgenden Lücken – möglichst aus dem Gedächtnis, d. h. ohne den Wortspeicher zu nutzen.*

Filmproduktionen, bei denen die Zuschauer über das _____ bei der Gestaltung mitbestimmen können, existieren bereits. Diese _____ betreffen z. B. die genaue Besetzung männlicher oder weiblicher _____, die Umsetzung einzelner _____ oder auch die Zusammenstellung des Soundtracks: Über das Internet wird es dem aktiven _____ ermöglicht, seine Meinung in Form einer Online-_____ kundzutun. Sieht so die Filmgestaltung und Filmvermarktung der _____ aus? In den USA ist diese Art der Filmproduktion schon Realität, _____ steckt hierbei noch in den Anfängen.

Wortspeicher

Deutschland
Internet
Zukunft
Szenen
Abstimmung
Zuschauer
Entscheidungen
Darsteller

4 P.

92

TESTE DICH! ■ TESTE DICH! ■ TESTE DICH! ■ TESTE DICH!

Kurzantworten

TIPP
Bei **Kurzantworten** musst du die richtige Lösung in eigenen Worten formulieren. Antworte so kurz wie möglich, aber immer in vollständigen Sätzen. Verwende – wo möglich – Fachbegriffe.

 Denk daran, dass zu einer Begründung sinnvolle Argumente und Belege gehören.

1 *Hubert Burda, Verleger und Kenner der Medienbranche behauptet, dass wir uns in der größten Medienrevolution seit Gutenberg befinden. Stimmst du der Aussage zu?*

a) ☐ Ja, ich stimme der Aussage zu.   b) ☐ Nein, ich stimme der Aussage nicht zu.   **0,5 P.**

Nenne mindestens zwei Gründe, die zu deiner Entscheidung geführt haben.   **6 P.**

1. _____

_____

2. _____

_____

2 *Erkläre die folgenden Begriffe mit eigenen Worten:*

Eine **Anekdote** (Z. 42) ist ...   Eine **Jury** (Z. 45) ist ...   Eine **Beta-Version** (vgl. Z. 24) ist ...

_____   _____   _____

_____   _____   _____

_____   _____   _____

_____   _____   _____   **4,5 P.**

3 *Im Text heißt es, dass Fernsehen und Internet immer häufiger als „Nebenbei-Medium" (Z. 18) bezeichnet werden. Erkläre den Begriff in eigenen Worten und lege dar, ob du diese Meinung teilst.*

a) Unter dem Begriff „Nebenbei-Medium" verstehe ich, ..._____

_____   **2 P.**

b) Im Text heißt es dazu, „..._____

_____   **1 P.**

c) Ich bin der Meinung, dass ..._____

_____

_____

_____   **3 P.**

TESTE DICH! ■ TESTE DICH! ■ TESTE DICH! ■ TESTE DICH!

4 a) Der Text beschreibt die Entwicklung der Medien von ihren Anfängen bis in die Gegenwart. Die vier folgenden Schaubilder geben die Abfolge der technischen Entwicklung alle korrekt wieder. Welches Schaubild gibt deiner Ansicht nach die Zusammenhänge am besten wieder? Entscheide dich.

Für mich gibt das Schaubild ☐ die Zusammenhänge am besten wieder.

0,5 P.

b) Begründe deine Meinung, indem du für deine Wahl zwei Argumente ausformulierst (Behauptung → Beleg → Beispiel). Gehe dabei vergleichend auf **alle** Schaubilder ein. Arbeite in deinem Heft.

10 P.

Johannes Gutenberg und die Medienrevolution

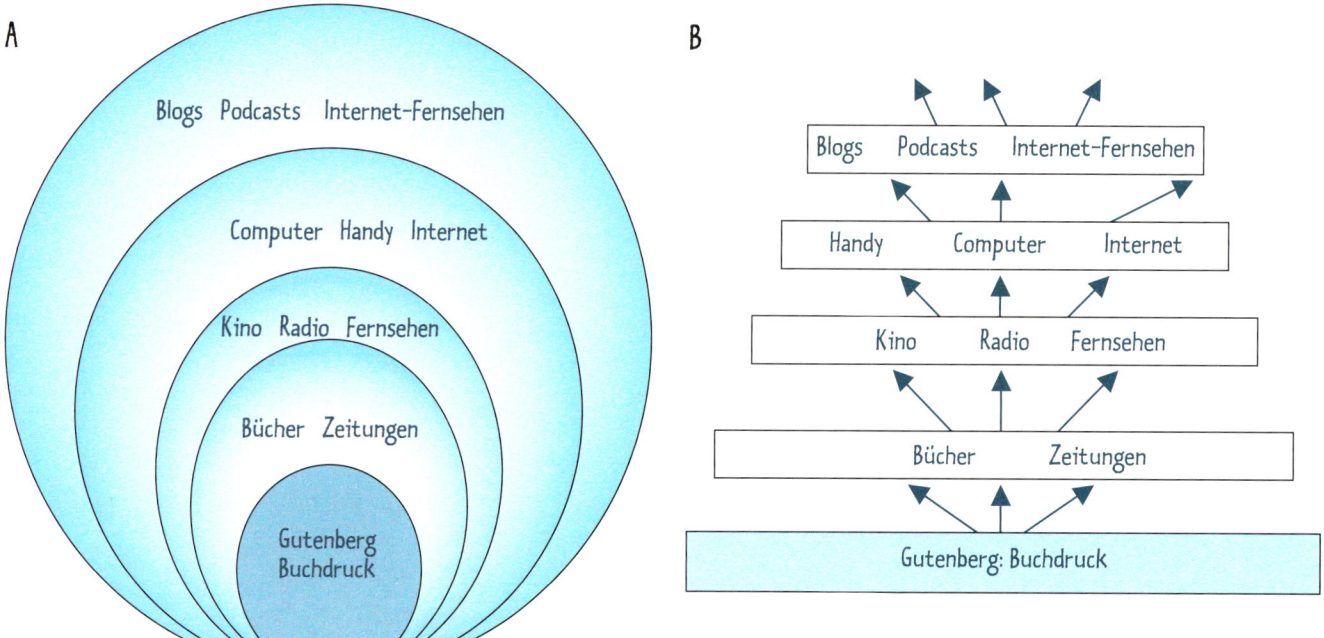

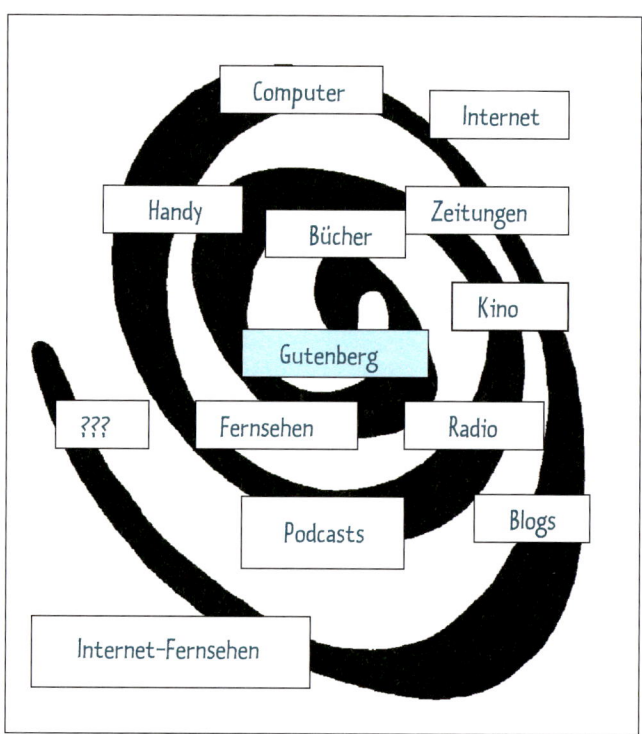

TESTE DICH! ■ TESTE DICH! ■ TESTE DICH! ■ TESTE DICH!

5 a) Lies die folgenden Stellungnahmen zum Text „Medien von morgen". Welcher Stellungnahme zu dem Artikel würdest du am ehesten zustimmen?

Ich schließe mich der Stellungnahme von _____ an. | 0,5 P. |

A Der Artikel „Medien von morgen" fasst die Entwicklung der Medien von ihren Anfängen bei dem Buchdrucker Johannes Gutenberg bis heute gut zusammen. Es ist erstaunlich, wie schnell in dieser „Industrie" neue Erfindungen alles auf den Kopf stellen. Die meisten Medien sind mir schon bekannt. Wer surft heute nicht im Internet oder hat sogar ein Zweithandy? Von TV-Sendungen im Internet, an denen man als Zuschauer mitarbeiten kann, lese ich allerdings zum ersten Mal. Bei Bloggern schaue ich auch von Zeit zu Zeit mal rein, weil es oft interessante Berichte oder Wortwechsel zu lesen gibt. Persönlich finde ich die Vielzahl der Medien bereichernd, da sie anschaulich, informativ und vor allem schnell sind. Ich hätte nicht vor 500 Jahren leben wollen.
(Gülcan)

B Ich finde den Text sehr informativ und sachlich verfasst. Besonders die Schnelligkeit im Bereich der Neuerungen ist beeindruckend. Im Text finden sich ganz viele Begriffe, die aus dem Englischen stammen. Auf manchen Leser können sie auch ganz schön verwirrend wirken. Vor allem, wenn sie von Podcast, Videoblogs oder Internetfernsehen noch gar nichts gehört haben. Die Mönche im Mittelalter, die Bücher kopieren mussten, hätten sich gefreut, wenn sie all die Neuerungen bei den Medien schon damals zur Verfügung gehabt hätten. Im Grunde finde ich es schon hilfreich, zwischen unterschiedlichen Medien auswählen zu können. Aber immer nur vor einem Bildschirm zu hocken, gefällt mir nicht. Mir gefällt es auch, in Büchern zu schmökern.
(Johannes)

b) Begründe deine Wahl. Erörtere dabei Punkte aus den Stellungnahmen, die zu deiner Entscheidung beigetragen haben. Nenne **zwei** PRO- **und** zwei KONTRA-Argumente. | 12 P. |

Pro: _____

_____

_____

_____

_____

_____

_____

_____

Kontra: _____

_____

_____

_____

_____

_____

_____

_____

Textquellenverzeichnis

S. 7: *Frauenpower:* Drei Mechatronikerinnen „stehen ihren Mann": (gekürzt) aus: http://www.brose.net/ww/de/pub/presse/pressestimmen/textarchiv/content4969.htm vom 17.04.2008

S. 12: Veranstaltungs-Flyer; aus: http://www.fes.de/forumjugend/download/ikgflyer07.pdf vom 23.04.2008

S. 12: Interview mit einer Teilnehmerin des Interkulturellen Schüler/innen Dialogs „Was guckst Du?!"; aus: www.fes.de/forumjugend vom 8.02.2006

S. 26/27: EVA DOROTHEE SCHMID: *Aussehen wie ein Star: Wenn 14-Jährige zum Schönheitschirurgen wollen;* gekürzt und mit neuem Vorspann aus: dpa vom 14.03.2001

S. 32/33: BARBARA LEHNERER: *Blind;* aus: Nicola Bardola (Hrsg.): Meine Besten. Deutsche Jugendbuchautoren erzählen. Arena Verlag, Würzburg 2006, S. 75 ff.

S. 37/38: NARINDER DHAMI: *Kick it like Beckham* (Auszug). Ravensburger Buchverlag Otto Maier, Ravensburg, 3. Auflage 2005

S. 48/49: SONJA MOSER: *Mach mich nicht an;* (gekürzt und Reihenfolge umgestellt) aus: http://www.bjr.de/service/jugendarbeit.php?detail_id=1874&rubrik_id=192 vom 19.12.2000

S. 56/57: MATTHIAS HORX: *Wie wirken sich Computerspiele [wie „World of Warcraft"] auf unsere Kultur und Gesellschaft aus?;* (gekürzt und vereinfacht) aus: P.M. Magazin, Heft 8/2006

S. 64/65: BOTHO STRAUSS, *Drüben;* aus: Botho Strauß: Niemand anders. Carl Hanser Verlag, München und Wien, 1987, S. 15–21

S. 72: MASCHA KALÉKO: *Weil du nicht da bist;* aus: Mascha Kaléko, Der Stern, auf dem wir leben. Verse für Zeitgenossen, hg. von Gisela Zoch-Westphal. Rowohlt Verlag, Reinbek 1984, S. 38; © Gisela Zoch-Westphal

S. 80: MONIKA PREUK: *Generation Nesthocker: Zu viel Fürsorge, zu wenig Streit* (gekürzt); aus: http://www.focus.de/gesundheit/ratgeber/psychologie/news/tid-5367/psycho-trend_aid_51333.html vom 07.01.2008

S. 80: *Fehlt die Spannung zwischen den Geschlechtern?;* Auszug aus: SUSANNE GASCHKE, Mensch, Alter (gekürzt und Titel geändert); aus: DIE ZEIT, Nr. 39 vom 21.09.2006

S. 87/88: SUSANN REICHERT: *Medien von morgen* (gekürzt); aus: Life+science; Heft 4; Nov. 2007

Bildquellenverzeichnis

S. 6 links: picture alliance /ZB © dpa-Bildarchiv
S. 6 Mitte: © Jochen Eckel, Berlin
S. 6 rechts: © Werner Bachmeier, Ebersberg
S. 12: © Franz Pfluegl – Fotolia.com
S. 18: © Jörg Lantelmé, Kassel
S. 26: © www.bilderbox.com
S. 27: © Markus Dlouhy / Das Fotoarchiv, Essen
S. 39: © Cinetext Bildarchiv, Frankfurt/M.
S. 48: © imago/Weiss, Essen
S. 72: © Deutsches Literatur Archiv, Marbach
S. 80: © ullstein bild / intro/Auserhofer, Berlin
S. 81: Grafik „Würdest du deine Kinder so erziehen, wie du selbst erzogen bist aus: 15. Shell-Jugendstudie. Jugend 2006. Fischer Taschenbuch Verlag, Frankfurt/M. 2006/TNS Infratest Sozialforschung
S. 87: © filmtrip.de

Redaktion: Caroline Stiller
Bildrecherche: Gabi Sprickerhof
Illustration: Uta Bettzieche, Leipzig
Umschlaggestaltung: Katrin Nehm (Foto: Thomas Schulz)
Layoutkonzept: Katharina Wolff-Steininger
Layout und technische Umsetzung: L101 Mediengestaltung, Berlin

Die Internetadressen und -dateien, die in diesem Lehrwerk angegeben sind, wurden vor Drucklegung geprüft. Der Verlag übernimmt keine Gewähr für die Aktualität und den Inhalt dieser Adressen und Dateien oder solcher, die mit ihnen verlinkt sind.

www.cornelsen.de

1. Auflage, 2. Druck 2009

© 2008 Cornelsen Verlag, Berlin

Das Werk und seine Teile sind urheberrechtlich geschützt. Jede Nutzung in anderen als den gesetzlich zugelassenen Fällen bedarf der vorherigen schriftlichen Einwilligung des Verlages. Hinweis zu den §§ 46, 52a UrhG: Weder das Werk noch seine Teile dürfen ohne eine solche Einwilligung eingescannt und in ein Netzwerk eingestellt oder sonst öffentlich zugänglich gemacht werden.
Dies gilt auch für Intranets von Schulen und sonstigen Bildungseinrichtungen.

Druck: Himmer AG, Augsburg

ISBN 978-3-06-060926-0

 Inhalt gedruckt auf säurefreiem Papier aus nachhaltiger Forstwirtschaft.

Deutschbuch

Trainingsheft für
Klassenarbeiten und
die zentrale Prüfung

Real- und Gesamtschule Nordrhein-Westfalen   Lösungen

9

▷ S. 6 **Was macht ein/e *Mechatroniker/in*? –
Ein Informationsblatt für Auszubildende erstellen**

▷ S. 8 **A   Die Aufgabe verstehen**

1   a) <u>Schlüsselbegriffe</u> und **Operatoren**: **Verfasse** <u>auf Grundlage der Materialien M1-M4</u> **ein Informationsblatt** … <u>für … Mitschülerinnen und Mitschüler</u>; **Begründe** … <u>Aufbau und sprachliche Gestaltung</u> … und <u>deine Informationsauswahl</u>.
b) Sinnvoll sind die Aussagen: b, e, g und i.

▷ S. 8 **B   Erstes Textverständnis – Stoff sammeln**

1   *Vorschlag für W-Fragen:* **1.** Was heißt Mechatronik eigentlich? **2.** Was macht ein Mechatroniker/eine Mechatronikerin? **3.** Was wird für die Ausbildung vorausgesetzt? **4.** Wie muss ich mir die einzelnen Ausbildungsinhalte vorstellen? **5.** Wie viel verdient man während der Ausbildung? **6.** Wie lange dauert die Ausbildung? **7.** Wer kann Mechatroniker/Mechatronikerin werden? **8.** Wo arbeiten Mechatroniker/Mechatronikerinnen? **9.** Wie viel verdient man als Berufseinsteiger/Berufseinsteigerin und wie sind die Übernahmechancen? **10.** Was kann man aus dem Beruf noch machen? **11.** Welche Vor- bzw. Nachteile hat dieser Beruf?

2   *a) + b)* und **3** *So könnten die Antworten auf die W-Fragen lauten (Schlüsselbegriffe sind unterstrichen):*
  1. <u>Schnittstelle</u> zwischen Elektrotechnik, Metalltechnik, Informatik (M2, Z. 1–3)
  2. „<u>Anlagen</u> montieren, demontieren, transportieren, programmieren, prüfen, warten, reparieren" (M2, Z. 8–10); „<u>Kontakt</u> zu <u>Kunden</u>" (M2, Z. 11)
  3. „gute <u>Mathematik</u>-, <u>Physik</u>- und <u>Informatikkenntnisse</u>"; „logisches Denken"; „<u>Abstraktionsvermögen</u>", „Geschick bei technisch-handwerklicher Tätigkeit"; „gute Leistungen in <u>Deutsch</u>"; „<u>Englischkenntnisse</u>" (M1, Z. 7–12)
  4. „elektronische <u>Steuerungen</u>"; „Hard- und <u>Softwarekomponenten</u>"; nach <u>Zwischenprüfung</u>: „mechatronische Systeme" (M4)
  5. in den ersten beiden Ausbildungsjahren <u>700 €</u>, im 3. und 4. Jahr <u>800 €</u> (M4)
  6. <u>3,5-jährige</u> Ausbildung (M2, Z. 8)
  7. „keine bestimmte schulische Vorbildung vorgeschrieben"; „meisten Betriebe bevorzugen […] mittlere[m] Bildungsabschluss"; „weder ein Mindestalter noch ein Höchstalter"; „<u>Frauen</u> wie <u>Männer</u>" (M1, Z. 2–5)
  8. „<u>viele Branchen</u> […] Maschinenbau, Elektronikindustrie, Chemische Industrie, Automobilbau …" (M2, Z. 12–14)
  9. „Anfangsgehalt kann <u>2 000 €</u> übersteigen" (M3, Z. 15)
  10. „<u>Meister</u>- oder <u>Technikerprüfung</u> […] und sogar <u>Diplom-Ingenieurin</u>" (M3, Z. 14–15)
  11. „<u>Zukunftssicherheit</u> […] gute […] <u>Aufstiegschancen</u>" (M3, Z. 13–14); „akzeptiert […] gute Erfahrungen" (M3, Z. 19–20); „<u>qualifizierte Tätigkeit</u>, die <u>selbstständiges</u> Planen, Durchführen und Kontrollieren umfasst" (M4)

▷ S. 9 **C   Übungen**

1   *Folgende Textsortenmerkmale sind richtig: a, b und f.*

▷ S. 10 **2**   *Folgende Mittel können Orientierung geben: b, c, d, f, g und h, eventuell e. Du solltest allerdings nicht alle Mittel zugleich nutzen. Mögliche Begründungen könnten lauten: – um den Text klar zu strukturieren: b, d, h; – um Inhalte zu veranschaulichen: e; – um kurz wichtigste Details oder Unterpunkte präsentieren zu können: f; – um das Informationsblatt allgemein verständlich zu gestalten: g.*

3 *Überschrift* **b)** *eignet sich am ehesten, da sie eine Frage beantwortet, die sich viele Adressaten vermutlich stellen (Zukunftsperspektiven/Chancen auf dem Arbeitsmarkt), das Ziel des Textes deutlich macht (Vorstellung des Berufsbildes „Mechatroniker/in") und so kurz und knapp gehalten ist, dass sie Interesse weckt. Die übrigen Alternativen sind weniger gut geeignet: Überschrift* **a)** *enthält eine Wertung, die man den Adressaten überlassen sollte, Überschrift* **c)** *ist zu lang und macht wenig Lust auf diese Arbeit (wer ist schon gerne „Schnittstelle"?) und Überschrift* **d)** *klingt nach einer geschichtlichen Darstellung des Berufsbildes.*

4 *So könnte deine Überarbeitung aussehen (lange Sätze sind gekürzt, Wiederholungen und persönliche Wertungen gestrichen, umgangssprachliche Formulierungen umformuliert):*
Ein Beruf mit Zukunft: Mechatroniker/in
Mechatroniker/in ist ein **vielseitiger** Job – eine **Mischung** aus Mechaniker, Elektroniker **und Informatiker. Zu den Aufgaben gehört,** Anlagen und Maschinen **zu montieren**, in Betrieb zu nehmen, zu **reparieren** und regelmäßig zu **warten. Man arbeitet zum Teil** bei den Kunden **vor Ort. Dabei verdient man vergleichsweise gut: …**

▷ S.11 **D Den Schreibplan erstellen**

1 *So könntest du die Informationsauswahl für* **Einstieg** *und* **Schluss** *begründen:*
Einstieg: Die Fragen „Was heißt Mechatronik?" und „Was macht ein Mechatroniker/eine Mechatronikerin?" gehören an den Anfang des Informationsblattes, weil alle anderen Informationen ohne diese Grundlagen nicht zu verstehen sind.
Schluss: Die Fragen „Welche Vorteile hat der Beruf?" bzw. „Was kann man aus dem Beruf noch machen?" liefern wissenswerte Zusatzinformationen, die aber über die Darstellung der Ausbildung hinausgehen. Mit ihnen lässt sich gut zum Schlusswort überleiten.

2 *Hier sind unterschiedliche Ergebnisse möglich, je nachdem, welche Aspekte du zusammenfasst und für welche Reihenfolge du dich entscheidest.* **Achtung**: *Die Nummerierung weicht von der im Teil B ab, da es hier nur um den Hauptteil geht:*

Hauptteil:

Ausbildung
(1.) Was lernt man in der Ausbildung?
(2.) Wie lange dauert die Ausbildung zum/zur Mechatroniker/in?
(3.) Wie viel verdient man während der Ausbildung?

Voraussetzungen
(4.) Wer kann Mechatroniker/in werden?
(5.) Was wird für die Ausbildung vorausgesetzt?

Berufs- und Aufstiegschancen
(6.) Wo und wie stark werden Mechatroniker/innen gebraucht?
(7.) Wie viel verdient man nach der Ausbildung?

3 *Hier gibt es mehrere Möglichkeiten, je nachdem, welche Schwerpunkte du setzt. So könnte deine Begründung für die Reihenfolge im* **Hauptteil** *beispielsweise lauten:*
Den Hauptteil habe ich in drei Unterüberschriften gegliedert: Voraussetzungen, Ausbildung, Berufs- und Aufstiegschancen. Voraussetzungen nenne ich zuerst, weil jeder, der sie nicht erfüllt, das Blatt an dieser Stelle beiseitelegen kann. Wer sie erfüllt, wird wohl als Nächstes wissen wollen, wie er sich den Ablauf der Ausbildung vorstellen kann. Zuletzt stelle ich Einsatzmöglichkeiten und Perspektiven dar, um das Bild abzurunden.

4 *So könnte dein Informationsblatt aussehen.*

Mechatroniker/in: Ein Beruf mit Zukunft

Beruf und Begriff bestehen aus denselben Bestandteilen: Mechatroniker/innen bauen mit Hilfe von Mechanik, Informatik und Elektronik komplexe Maschinen, z. B. Anlagen in einer Fabrik, und programmieren. Sie prüfen, testen und warten außerdem die elektronischen Systeme, die solche Anlagen steuern. Dabei arbeiten sie oft vor Ort für und mit den Kunden.

→ Voraussetzungen
Mechatroniker/in ist ein junger Ausbildungsberuf und seit 1998 anerkannt. Die einzige Voraussetzung ist ein mittlerer Schulabschluss. Wer sich für diesen Beruf interessiert, sollte …
- räumliches Vorstellungsvermögen haben,
- gut rechnen können,
- gerne programmieren,
- gerne mit technischen und elektronischen Geräten umgehen,
- gerne im Team mit anderen zusammenarbeiten,
- handwerklich geschickt sein,
- gute Deutsch- und Englischkenntnisse haben.

→ Die Ausbildung
Die Ausbildung dauert insgesamt 3,5 Jahre und wird mit 700–800 € vergütet. Es werden …
- im 1. Ausbildungsjahr Grundlagen der Elektrotechnik/Elektronik erlernt und erste Systeme programmiert,
- im 2. Ausbildungsjahr elektronische Steuerungen selbst gebaut und getestet und
- im 3. und 4. Ausbildungsjahr mechatronische Systeme montiert, programmiert, in Betrieb genommen und in Stand gehalten.
- Die Zwischenprüfung liegt am Ende des zweiten Jahres, die Abschlussprüfung am Ende der Ausbildung.

→ Berufs- und Aufstiegschancen
Ausgebildete Mechatroniker/innen haben sehr gute Berufschancen, da sie sich in vielen Bereichen sehr gut auskennen. Beschäftigung finden sie vor allem in der Elektronik-, Chemie- oder Automobilindustrie sowie bei Energieversorgern. Nach ihrer Ausbildung verdienen Mechatroniker/innen ca. 2 000 € und haben die Möglichkeit, sich zum Meister oder Diplom-Ingenieur weiterzubilden.

→ Der Beruf Mechatroniker/in ist ein junger, zukunftsorientierter und vielseitiger Beruf. Mechatroniker/innen haben vielfältige Spezialisierungsmöglichkeiten, gute Chancen auf dem Arbeitsmarkt und für den beruflichen Aufstieg.

5 *So könnte die Begründung für Aufbau, sprachliche Gestaltung und Informationsauswahl des hier dargestellten Informationsblattes aussehen (unterstrichene Aspekte müssen begründet werden):*

Aufbau, Sprache und Gestaltung dieses Informationsblatts sollen das Ziel (informieren) unterstützen. Die Überschrift soll den Adressaten ansprechen, sein Interesse wecken und deutlich machen, worum es geht. Für folgenden Aufbau habe ich mich entschieden: Damit der Leser weiß, worüber der Text informieren möchte, werden einleitend die Berufsbezeichnung erklärt und das Berufsbild kurz vorgestellt. Die folgenden inhaltlichen Abschnitte sind so angeordnet, dass zuerst die nötigen Voraussetzungen aufgelistet werden. So kann der Leser auf einen Blick entscheiden, ob es sich lohnt, weiterzulesen. Dann wird die Ausbildung im Detail vorgestellt, damit man sich ein genaues Bild machen kann. Zuletzt soll durch die Berufs- und Aufstiegschancen das Interesse für eine solche Ausbildung verstärkt werden. Dieser Gedanke leitet zum Schlusswort über, in dem die Vielseitigkeit des Berufes und andere Vorteile angesprochen werden. Leser, die dort beginnen, lesen danach hoffentlich das ganze Informationsblatt. Bei der sprachlichen Gestaltung habe ich darauf geachtet, die Sätze möglichst kurz und verständlich zu halten und Fremdwörter zu vermeiden. Insgesamt ist der Text sachlich gehalten. Für die optische Gliederung habe ich kurze Abschnitte, Überschriften und Pfeile eingesetzt, die einen gezielten Zugriff auf die gesuchten Informationen erleichtern sollen.

Was guckst du?! –
Einen informativen Text über ein Schulprojekt verfassen

A Die Aufgabe verstehen

1 *Folgende Arbeitsschritte gehören zur Aufgabenstellung: a, c und f.*

2 *Ich habe mich für Satz B entschieden, da die Ziele der Veranstaltung sachlich und gut verständlich beschrieben werden, er enthält wenig Fremdwörter und ist auch nicht zu umgangssprachlich formuliert.*

B Erstes Textverständnis – Stoff sammeln

1 *Ich beabsichtige mit meinem Artikel, meinen MitschülerInnen die wichtigsten Daten und Fakten von der Veranstaltung „Was guckst du?! Ein interkulturelles Miteinander-Training" sachlich zu berichten.*

2 *Was wurde veranstaltet?* – ein interkulturelles Miteinander-Training für maximal 20 SchülerInnen der Klassen 7–10 (aller Schularten) (M1), – Seminar (M3, Z. 3)
Wer hat teilgenommen? – eine Klasse der Realschule und eine Klasse der Gesamtschule (M3, Z. 6–7); – insgesamt 8 verschiedene Nationalitäten (M3, Z. 9)
Wer hat es durchgeführt? – durchgeführt wurde es von zwei Theaterpädagoginnen (M1 + M3, Z. 9–10)
Wann hat das Training stattgefunden? – am 19.09.2007 (M1); – den ganzen Tag (M3, Z. 5)
Wo fand es statt? – Friedrich-Ebert-Stiftung Bonn, Godesbergerallee 149, 53175 Bonn (M1)
Wie wurde trainiert? – szenisches Improvisieren (M1); – Konflikte im Rollenspiel ausprobieren (M3, Z. 9–10/16); – Gruppengespräche (M1 und M3, Z. 18–19); – Diskussion über Vorurteile und Toleranz (M1)
Wozu?/Warum wurde es durchgeführt? – Chance für Integration (M3); – Wenn man einander versteht, kommt man besser miteinander klar (M3); – man muss Unterschiede zwischen Kulturen kennen lernen und verstehen, damit Integration funktioniert (M3); – Vorurteile überwinden (M1); – Toleranz fördern (M1); – „Miteinander" trainieren (s. Titel der Veranstaltung)

C Übungen

1
M1 habe ich nur teilweise verwendet, weil Einzelheiten des Tagesablaufs nicht in den Bericht gehören, z. B. …	… die einzelnen Programmpunkte.
M2 habe ich ganz weggelassen, …	… denn in diesem Interview wird nur die persönliche Meinung einer Teilnehmerin zur Veranstaltung wiedergegeben.
M3 konnte ich für meinen Bericht benutzen, …	… da der Brief weitere Erklärungen zur Durchführung des Trainings und Ziele des Miteinander-Trainings angibt.

Lösungsheft

2 *Richtig sind die Aussagen: b, d und e.*

3 *So könnten Begründungen für die Wahl der Überschrift lauten:*
Überschrift D passt am besten zu meinem informativen Text, weil sie sachlich, informativ und gut verständlich ist, das Thema gut zusammenfasst und durch das Sprachspiel bzw. Bild (Vorstellung im wörtlichen und übertragenen Sinn) Neugierde weckt.

4 *Die Einleitung B ist die gelungenere. Eine Begründung dafür könnte so formuliert werden:*
Ich finde Einleitung B besser, da sie erste allgemeine Informationen liefert, da sie für die Adressaten den richtigen „Ton" findet und Interesse für das Projekt bzw. den Text weckt. Einleitung A ist zu umgangssprachlich formuliert.

▷ S. 16 **5** *Die wichtigsten Informationen über das Miteinander-Training lassen sich beispielsweise so zusammenfassen:*
Am 19.09.2007 hat die Friedrich-Ebert-Stiftung in Bonn ein interkulturelles Training für Jugendliche **angeboten, um** ein friedliches Miteinander zu fördern. **Schülerinnen und Schüler deutscher und nicht deutscher Herkunft aus verschiedenen Schulen** spielten gemeinsam Theater und kamen auf diese Weise in Kontakt. **Die Jugendlichen hatten dabei vor allem Gelegenheit,** typische Konflikte zwischen Jugendlichen unterschiedlicher Kulturen nachzuspielen und anschließend darüber zu sprechen. **Begleitet von zwei Theaterpädagoginnen fiel es ihnen leicht,** aufeinander zuzugehen. **Ziel der Veranstaltung war es,** Vorurteile abzubauen und Respekt und Toleranz zu fördern.

▷ S. 16 ## D Den Schreibplan erstellen

1 *Folgende Zuordnungen sind richtig:*   1 + b   2 + c   3 + a

2 *Die Gliederungspunkte sollten folgende Informationen enthalten:*
Einleitung: **Was** fand **wann** und **wo** statt?
Hauptteil: **Wer** hat **wie** und **warum** an der Veranstaltung teilgenommen?
Schluss: Kurze Zusammenfassung, Schlussfolgerung

3 *Die Schlusssätze könnten so zu Ende formuliert werden:*
A Schließlich bleibt festzuhalten, dass diese Art von Workshop eine Chance für ein gemeinsames Miteinander innerhalb von Jugendgruppen darstellt. Um anderen Kulturen näherzukommen, sind Veranstaltungen wie diese sehr förderlich: Wer in eine andere Haut schlüpft, erfährt am eigenen Leib, wie sich der andere fühlen muss.
Schneller und unmittelbarer kann man kulturelle Unterschiede nicht erkennen und verstehen – und vergessen wird man sie auch nicht so schnell wieder.
B Alles in allem hat das Miteinander-Training allen Teilnehmerinnen und Teilnehmern nicht nur Spaß gemacht, sondern auch zu neuen Erkenntnissen verholfen – über sich und andere. Es bleibt daher zu hoffen, dass noch viele Jugendliche aus den verschiedensten Kulturen die Möglichkeit haben, an einer solchen Veranstaltung teilzunehmen, um selbst diese positiven Erfahrungen zu machen. So eine Veranstaltung sollte häufiger angeboten werden – und zwar nicht nur in der Schule.

▷ S. 17 **4** *So könnte ein informativer Bericht für eure Schülerzeitung über das interkulturelle Miteinander-Training der Friedrich-Ebert-Stiftung lauten:*

„Was guckst du?!" hieß ein interkulturelles Training für Jugendliche, das die Friedrich-Ebert-Stiftung am 19.09.2007 in Bonn durchgeführt hat. Es lud in der Tat nicht zum Zugucken, sondern zum Mitmachen ein:
Jugendliche aus unterschiedlichen Kulturen kamen zusammen und haben unter der Anleitung von Theaterpädagoginnen einen ganzen Tag verbracht. Aus verschiedenen Schulen haben 20 Schülerinnen und Schüler deutscher und nicht deutscher Herkunft der Klassen 7–10 miteinander Theater gespielt und sich auf diese Weise einmal in (buchstäblich) anderen Rollen kennen gelernt.
Die Schülerinnen und Schüler hatten dabei Gelegenheit, typische Konflikte zwischen Jugendlichen unterschiedlicher Kulturen nachzuspielen und sich anschließend darüber auszutauschen. So gelang es ihnen schnell, Vorurteile zu erkennen und zu überwinden und gegenseitigen Respekt aufzubauen. Ziel der Veranstaltung war es nämlich, ein friedliches Miteinander zu fördern und für Toleranz zu werben.
Zu guter Letzt bleibt festzuhalten, dass diese Art von Workshop tatsächlich zu einem friedlicheren Miteinander in Jugendgruppen beitragen kann: Wer sich in andere hineinversetzt, lernt, andere besser zu verstehen – das gilt auch für Kulturen. So ein Erlebnis bleibt unvergessen und hilft, sich im nächsten Konflikt anders zu begegnen.

5 *Folgende Überlegungen habe ich beim Schreiben des* **Berichts** *angestellt: Besonders die Materialien* **M1** *und* **M3** *habe ich benutzt, denn darin wurden viele wichtige* **Fakten** *über das interkulturelle Miteinander-Training gegeben. M2 habe ich weggelassen, da dieses Material zu viele persönliche* **Meinungsäußerungen** *enthält. Einige Aussagen aus M3 waren sehr hilfreich, weil darin wesentliche* **Ziele** *des Miteinander-Trainings gut verdeutlicht wurden. Obwohl der Bericht für die Schülerzeitung gedacht ist, habe ich es vermieden,* **Umgangssprache** *zu verwenden. Die Informationen habe ich sachlich und präzise dargestellt. Gegliedert habe ich den Text in drei Absätze (Einleitung, Hauptteil und Schluss). Einleitend stelle ich die Veranstaltung kurz vor (was?, wann?, wo?), im Hauptteil gebe ich nähere Informationen zum Workshop (wer?, wie?, warum bzw. wozu?) und abschließend würdige ich die Initiative, da der Workshop ein voller Erfolg war.*

Lösungsheft

▷ S.18 Sollten Handys in Schulen verboten werden? – Einen Online-Leserbrief schreiben

▷ S.19 **A Die Aufgabe verstehen**

1 *Die **Operatoren** und Schlüsselbegriffe sind: **Verfasse** auf Grundlage der Materialien M1 und M2 einen Online-Leserbrief, in dem du für oder gegen ein Handy-Verbot Stellung nimmst.*

▷ S.20 **2** *Zugehörig sind die Aussagen: c, d, e und g.*

3 *Zutreffend sind die Aussagen: a, b, c und g.*

▷ S.20 **B Erstes Textverständnis**

1 *So könnte deine Ansicht lauten:*
Handys sollten in Schulen ganz verboten werden, da sie dort keinen sinnvollen Zweck erfüllen und nur ablenken.
Handys sollten in Schulen nicht verboten werden, da die Schüler/innen das Recht haben zu kommunizieren und Handys inzwischen der Organisation des Alltags dienen.

2 + 3 *So könnte deine Tabelle aussehen, in der Argumente stehen, die Vorteile von Handys benennen:*

Vorteile (= Argumente **gegen** ein Handyverbot)	Belege	Beitrag M/Nr.
Handys sind nicht nur Telefone:	Sie sind Fotoalbum, Kalender und Notizblock.	M2, Nr. 2
Handys sind heute unerlässlich:	Man kann Fahrgelegenheiten organisieren, ist von der Familie jederzeit zu erreichen, kann bei Verspätungen reagieren, kann es als Uhr, als MP3-Player und Kamera benutzen.	M2, Nr. 4
Handys können kreativ in den Unterricht einbezogen werden:	Man kann zu Fotos Berichte schreiben lassen.	M2, Nr. 5

▷ S.21 **4** *Weitere Argumente **gegen** ein Handyverbot sind z. B.:*
– Rasche Benachrichtigung im Notfall: Z. B. bei einem Unfall kann man umgehend einen Notarzt alarmieren.
– Handys eignen sich, um Beweisfotos anzufertigen: Wenn man beobachtet, dass jemand Mobiliar in der Schule zerstört, hat man die Möglichkeit, aus sicherer Entfernung mit einem Fotohandy für Beweisfotos zu sorgen.

5 *In deiner Tabelle könntest du folgende Argumente auflisten, die Gefahren von Handys nennen:*

Gefahren (= Argumente **für** ein Handyverbot)	Belege	Beitrag M/Nr.
Handys werden immer häufiger missbraucht:	Mobbing wird erleichtert durch Fotohandys: Demütigungen werden gefilmt und die Aufnahmen z. B. per MMS verbreitet.	M1, M2, Nr. 1 + Nr. 6
Handys führen oftmals in die Schuldenfalle:	Es gibt einen Wettbewerb um das bessere und neuere Handy.	M2, Nr. 3
Handys stören den Unterricht:	Auch ein stumm geschaltetes Handy empfängt SMS und das lenkt ab – ebenso wie das Fotografieren während des Unterrichts.	M2, Nr. 7

6 *Weitere Argumente **für** ein Handyverbot sind z. B.:*
– Handys senden Strahlungen ab: Der wirksamste Schutz vor Elektrosmog und Strahlenbelastung durch Handys ist der Verzicht auf deren Benutzung.
– Handys erleichtern das Cyberbullying: Immer mehr Jugendliche werden durch anonyme Anrufe auf dem Handy oder durch gemeine Sprüche auf der Mailbox belästigt.

7 *Die Aussagen b, c und f geben die Meinung des Verfassers wieder.*

8 *Eine Mind-Map zu den Informationen aus M1 könnte folgendermaßen aussehen:*

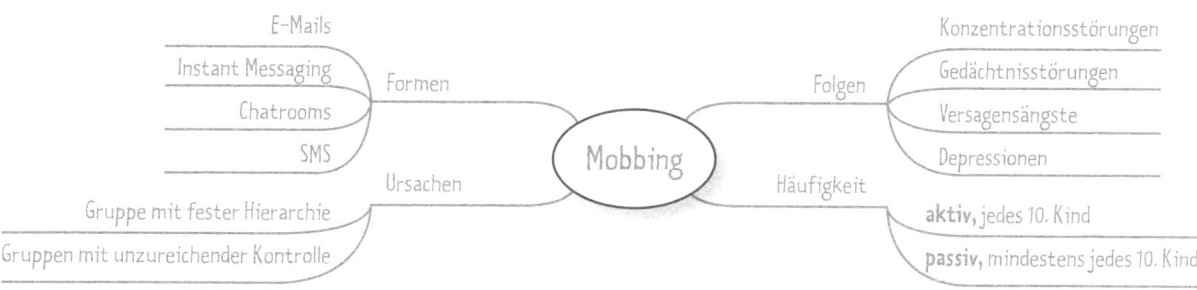

Lösungsheft

▷ S. 22 ## C Übungen

1   a) Richtig ist die Aussage: b. Das Beispiel ist ein Pro-Argument, das die Behauptung, dass viele Schüler/innen ihr Handy als Notizbuch benutzen, am persönlichen Beispiel belegen soll.
b) <u>Behauptung:</u> (Ich bin gegen ein Handyverbot in der Schule, denn) <u>das Handy ist ein unentbehrlicher Alleskönner.</u>
Argument: Viele benutzen und benötigen ihr Handy inzwischen als Adress- und Notizbuch.
Beleg: Ich habe darin z. B. die Termine für Geburtstage, Tests und Klassenarbeiten gespeichert.
c) Richtig ist die Aussage: a (**weil** zeigt eine Begründung an, **z. B.** einen Beleg).

2   Argumente gegen ein Handyverbot aus Beitrag 4 sind beispielsweise:
Wir sind gegen ein Handyverbot, weil **man sonst keine Fahrgelegenheit nach Hause organisieren kann.**
Wir sind gegen ein Handyverbot, da **man das Handy als Uhr benutzen kann.**
Wir sind gegen ein Handyverbot, denn **man kann mit dem Handy spontane Fotos schießen.**

3   a) + b) Anreihung, Aufzählung: ferner, außerdem, also, weiterhin
Begründung: weil, **da, daher**
Einschränkung: auch wenn, **obwohl, aber**
Gegensatz: trotz, **dennoch, aber wenn**
Bedingung: falls, **wenn, sofern**

▷ S. 23 **4**   So könnte dein überarbeiteter Text lauten:
Ich bin gegen ein Handyverbot, denn Handys können auch als Fotoalbum und Kalender genutzt werden. Jeder speichert heute im Handy Fotos und kurze Filme von **seinen Freunden.** Außerdem speichern viele im Handykalender Geburtstage, Termine und Notizen. Wenn sie während des Unterrichts stören, dann können die Lehrer darauf achten, dass die Handys lautlos gestellt werden. Aus diesen Gründen bin ich gegen ein absolutes Handyverbot, aber dafür, dass sie lautlos gestellt werden.

5 + **6**   So könnte deine Tabelle aussehen:

Handyverbot in Schulen

Pro-Argumente	Kontra-Argumente
1. Handys sind Anlass und Mittel für Mobbing/Bullying. **(C)**	1. Handys sind im Notfall unerlässlich. **(A)**
2. Handys stören oft den Unterricht. **(B)**	2. Handys sind viel mehr als Telefone. **(D)**
3. Handys führen in vielen Fällen in die Schuldenfalle. **(F)**	3. Handys bieten kreative Möglichkeiten. **(E)**

E: Bei den letzten Theaterproben haben alle, die nicht auf der Bühne standen, Fotos gemacht – anders hätten wir die Fotos für das Jahrbuch nicht mehr zu Stande bekommen. (Peter, Schülersprecher)
F: Viele Jugendlich haben nicht im Blick, wie teuer SMS- oder MMS-Versand ist. In meiner Klasse sind mehrere Kinder in der Schuldenfalle, weil die Eltern keine Grenzen gesetzt haben. (Frau Schnell, Klassenlehrerin)

7   Einige Beiträge beziehen sich ausdrücklich auf vorhergehende (2, 3, 6, 7), andere gehen auf den Vorredner gar nicht ein (4, 5). Sachlich sind dabei die Beiträge 3 und 7, während 2 und 6 beleidigend formuliert sind.

▷ S. 24 **8**   Eine Möglichkeit, den Satz anders zu formulieren, ist diese:
Zwar kann das Handy in einigen Situationen für Schüler/innen hilfreich sein, aber es wird überwiegend als Spielzeug gebraucht und oft missbraucht.

9   So könntest du deine verknüpften Pro- und Kontra-Argumente formuliert haben:
Natürlich verschulden sich manche Jugendliche wegen ihres Handys, **aber** das kann Erwachsenen ebenfalls passieren.
Selbstverständlich stören manchmal Handys den Unterricht, **allerdings** sind das wohl eher seltene Ausnahmen.
Auch wenn Handys heute unerlässlich sind, kann man sie **doch** in der Zeit während des Unterrichts ausschalten.
So sehr das Handy zur Sicherheit beitragen mag, scheinen mir die mit ihm verbundenen Gefährdungen **dennoch** problematischer.

10   a) Die Verfasserin des Beitrags 6 ist zwar nicht in Wut ausgebrochen, ansonsten hat sie jedoch alle anderen Hinweise zur Kommunikation im Netz nicht beachtet, die im Tipp genannt sind.
b) Eine sinnvolle Überarbeitung des Beitrags im Sinne der Netikette könnte lauten:
Hallo Cord, ich bin schon über deinen ersten Satz gestolpert. Nicht die Eltern sind verantwortlich, sondern die Jugendlichen meinen, durch neue, trendige Handys bei Mitschülern und Mitschülerinnen Beachtung zu finden. Sie geben auch mit ihren Videos vor anderen an. Die Eltern sind meist völlig ahnungslos und können sich auch nicht vorstellen, dass ihr Kind das Handy so missbraucht.

▷ S. 24 ## D Den Schreibplan erstellen

1 + **2**   Hier gibt es keine richtige oder falsche Lösung, deine Meinung ist gefragt.
3   Die richtige Zuordnung lautet: 3a) + 2c)   3b) + 2a)   3c) + 2b)
▷ S. 25 **4**   Die sinnvollste Reihenfolge der Argumente ist in diesem Fall: 1. a   2. c   3. b
6   Nicht geeignet ist die Formulierung: c.

7 *So könnte dein Online-Leserbrief lauten, wenn du dich **für** ein Verbot von Handys an Schulen aussprechen willst:*

Hallo Jan und Marc,
ich kann eure Argumente gegen ein Handyverbot verstehen. Wir alle haben uns daran gewöhnt, ständig ein Handy zur Verfügung zu haben, sodass wir uns heute kaum mehr vorstellen können, darauf verzichten zu müssen. Aber sind eure Begründungen wirklich stichhaltig? In jeder Schule gibt es doch Telefone, eine Armbanduhr besitzen wir auch alle und so viele wichtige Anlässe für Fotos gibt es auch wieder nicht im Unterrichtsalltag.
Meiner Meinung nach gibt es jedoch wichtige Gründe dagegen, Handys in der Schule zu benutzen. Handys erleichtern die Kommunikation, aber oft stören sie sie nur! Vor Kurzem haben wir uns in einer Freistunde zusammengesetzt, um ein Gruppenreferat für Geschichte zu planen und die Aufgaben zu verteilen. Während der ganzen Zeit hatte eine Mitschülerin nichts anderes zu tun, als SMS zu versenden. Als ich sie ansprach, sagte sie nur: „Das ist dringend!" Sie ist keine Ausnahme: Bestimmt habt ihr es auch schon erlebt, dass man mit der Clique auf dem Schulhof steht und prompt ein Handy klingelt. Verzückt antwortet der Angerufene, dreht sich zur Seite und die anderen sind Luft für ihn. Das empfinde ich als unhöflich und störend für die Gemeinschaft der Gruppe.
Handys stören außerdem auch oft den Unterricht. Wenn ich neben einem Handy-Freak sitze und er heimlich während des Unterrichts SMS schreibt und seine Bemerkungen dazu macht, dann ist nicht nur er abgelenkt. Mich nervt und stört das auch. Mit der Zeit werde ich wütend und meine Konzentration ist dahin. Meine Leistungen werden auch nicht dadurch besser, dass meine Nachbarin mir unter dem Tisch ihre Fotogalerie von der letzten Party zeigen muss. Und wenn vielleicht ein Handy (versehentlich!?) während des Unterrichts klingelt, lacht die Klasse und alle haben den Faden verloren. Wichtig ist mir bei diesem Punkt, dass diese Störungen wirklich nicht nötig wären und das Miteinander stören.
Entscheidend ist für mich jedoch, dass Handys heute zunehmend genutzt werden, um Außenseiter gezielt fertigzumachen. Ob es wirklich stimmt, dass fast „jedes zehnte Kind Opfer von Mobbingattacken" ist, wie die Redaktion schreibt, kann ich nicht beurteilen. Allerdings weiß ich von einer Nachbarschule, in der während des Sport- und Physikunterrichts Filme mit dem Handy gemacht worden sind. Einige dieser Videos sind bei „YouTube" mit beleidigenden Kommentaren ins Netz gestellt worden. Da wird für mich eine Grenze des anständigen Zusammenlebens in der Schule überschritten. Ich jedenfalls möchte nicht auf solch eine Weise bloßgestellt werden!
In einem Satz: Handys können die Kommunikation, den Unterricht und das Zusammenleben stören. Dennoch möchte ich sie nicht verteufeln und völlig in der Schule verbieten. Mir reicht es völlig, wenn sie während der Schulzeit ausgeschaltet bleiben, dann gäbe es alle diese Probleme nicht. Und ganz im Ernst, ihr beiden: Wie oft ruft ihr von der Schule aus das Sorgentelefon an?!
Moni

Schon als Teenager für die Schönheit unters Messer? – Einen Kommentar verfassen

A Die Aufgabe verstehen

1 *Zutreffend sind die Aussagen: b, e, f und h.*   **2** *Falsch ist Antwort c.*

B Erstes Textverständnis – Stoff sammeln

1 *Folgende Zuordnungen sind korrekt:*
a) 3 (Z. 23–51); Randnotiz: Altersgrenzen
b) 4 (Z. 52–61); Randnotiz: Wer trägt die Kosten?
c) 1 (Z. 1–14); Randnotiz: Wunschvorstellungen
d) 2 (Z. 15–22); Randnotiz: Probleme und Folgen

2 *vgl. Lösung zu Aufgabe 1 im Teil C*   **3** *Richtig sind die Aufgaben: a, c, e und f.*

C Übungen

1 a) + b) + c) *So könnte deine Tabelle aussehen:*

Pro-Argumente (= **für** eine Schönheitsoperation)	Belege (Beweise, Beispiele, Zitate)	Nr.
Kinder mit abstehenden Ohren werden gehänselt.	Korrektur vor der Einschulung, „ab dem sechsten Lebensjahr" (Z. 30–31), damit das nicht passiert	4
Man sieht anschließend so schön aus wie ein Star.	„Bei Jungen ist es dann Brad Pitt, […] Mädchen wollen eine Nase wie Sabrina Setlur." (Z. 3–4)	1
Einige Korrekturen übernimmt die Krankenkasse.	„Krankenkassen zahlen […], wenn der Körper stark von der Norm abweicht." (Z. 54–55)	3

Pro-Argumente (= *für* eine Schönheitsoperation)	Belege (Beweise, Beispiele, Zitate)	Nr.
Vererbte „Schönheitsmängel" lassen sich beheben.	z. B. biologisch bedingte „Reithosen" oder schwere Akne lassen sich behandeln (vgl. Z. 12–14)	2
Ein weiteres Argument ist z. B.: Unfallopfer, egal in welchem Alter, sollten nicht unter den Entstellungen leiden müssen.	*Als Beispiel hierfür könnte angeführt werden:* Ein Mädchen in der Nachbarklasse hat Brandnarben im Gesicht, ich erschrecke mich jedes Mal, wenn ich sie ansehe. Sie steht oft allein und tut mir leid.	

Kontra-Argumente (= *gegen* eine Schönheitsoperation)	Belege (Beweise, Beispiele, Zitate)	Nr.
Folgeeingriffe sind bei Jugendlichen besonders häufig.	Eine 14-Jährige ließ sich ihre Brüste vergrößern; Wachstum führte zu einer Folgeoperation. (Z. 15–21)	4
Irgendwann ist der Star out und damit auch das angepasste Aussehen.	Annas Meinung: „Irgendwann ist die [Britney Spears] out und dann – na super!" (Z. 36)	1
Die Kosten für eine Schönheitsoperation sind sehr hoch.	„Schönheitsoperationen sind nicht billig. (...) Je nach Fall kosten diese Operationen um die 5000 Euro." (Z. 52–54)	2
Der Körper von Jugendlichen verändert sich noch.	Z. B. können sich die Operationsnarben durch das natürliche Köperwachstum vergrößern (Z. 25), verhärten und verformen. (Z. 27–28)	3
Ein weiteres Argument ist z. B.: Gerade das Nichtperfektsein macht einen Menschen einzigartig und unverwechselbar.	*Als Beispiel hierfür kann angeführt werden:* Modells sollen ein gleichmäßiges Gesicht haben, damit sich die Kunden auf die Kleidung konzentrieren können.	

▷ S. 29 **D Den Schreibplan erstellen**

1 *Einleitung C ist am besten gelungen, weil* sie die Wünsche der Zielgruppe aufgreift, sich namentlich auf den Artikel bezieht, die Leserschaft anspricht („wir", „du und ich") und außerdem Thema und Meinung benennt.

2 *Hier zählt deine Meinung, die du dir durch das Sammeln der Argumente gebildet hast.*

▷ S. 30 **3** + **4** *So könnte deine Gliederung aussehen:*

Modell: Das Sanduhr-Prinzip	Beispiel: Kontra	Pro
Einleitung *mit Nennung der* eigenen Position:	*Ich bin gegen Schönheitsoperationen bei Jugendlichen.*	
These der Gegenposition:	*Schönheitsoperationen sollten nicht verteufelt werden.*	
1. Stärkstes Argument *der Gegenposition:* *(+ Beleg)*	*Kinder mit abstehenden Ohren werden gehänselt.*	3
2. Mittelstarkes Argument *der Gegenposition:* *(+ Beleg)*	*Einige Korrekturen übernimmt die Krankenkasse.*	2
3. Schwächeres Argument *der Gegenposition:* *(+ Beleg)*	*Man sieht anschließend so schön aus wie ein Star.*	1
These der eigenen Position:	*Trotzdem rate ich von Schönheitsoperationen bei Kindern und Jugendlichen dringend ab.*	
1. Schwächstes Argument *der eigenen Position:* *(+ Beleg)*	*Irgendwann ist der Star out und das angepasste Aussehen auch.*	1
2. Mittelstarkes Argument *der eigenen Position:* *(+ Beleg)*	*Die Kosten für eine Schönheitsoperation sind sehr hoch.*	2
3. Stärkstes Argument *der eigenen Position:* *(+ Beleg)*	*Folgeeingriffe sind bei Jugendlichen besonders häufig.*	3
Schlussfolgerung/Fazit:	*Man sollte lieber warten, bis der Körper ausgewachsen ist (vom hässlichen Entlein zum schönen Schwan ...).*	

▷ S. 31 **5** *Die folgende Antwort ist falsch:* c.

6 *Mögliche Stichpunkte:* Ausstrahlung ist wichtiger als Aussehen, „erst hässliches Entlein, dann schöner Schwan"

7 *So könnte dein Kommentar lauten:*

Schon als Teenager für die Schönheit unters Messer?

Wer möchte nicht aussehen wie Britney Spears oder Brad Pitt? Aus diesem Grund verändern immer mehr Jugendliche wie du und ich ihr Aussehen mit allen Mitteln, wie in dem Artikel „Aussehen wie ein Star: Wenn 14-Jährige zum Schönheitschirurgen wollen" zu lesen ist. Meiner Ansicht sollte man als Teenager einen großen Bogen um den Operationstisch machen, ich bin also gegen Schönheitsoperationen bei Jugendlichen.

Natürlich gibt es durchaus Argumente dafür, schon bei Kindern und Jugendlichen Schönheitsoperationen durchführen zu lassen, etwa wenn sie auf Grund von abstehenden Ohren gehänselt werden. Um diesen Kindern lebenslange Komplexe zu ersparen, werden solche Korrekturen sogar ab dem sechsten Lebensjahr durchgeführt, also vor dem Schulbeginn. Ein Eingriff dieser Art kann auch sinnvoll sein, wenn die Betroffenen erheblich leiden, z. B. durch Narben, die von einem Unfall oder von Brandwunden stammen. Ein Mädchen unserer Nachbarklasse wird wegen ihres verunstalteten Gesichts ausgegrenzt; darunter leidet sie zusätzlich. Für eine Operation spricht, dass die Krankenkassen sogar die sonst vielleicht unbezahlbaren Kosten für den Eingriff übernehmen, wenn die Entstellungen mit all ihren Folgen so erheblich sind.

Die größte Gefahr sehe ich jedoch darin, dass Kinder und Jugendliche sich in der Pubertät in ihrem eigenen Körper oft nicht mehr wohl fühlen. Da ist etwa die Nase zu lang, der Hintern zu dick oder die Brüste sind zu klein. Wer sich so fühlt, wünscht sich nichts sehnlicher, als so auszusehen wie z. B. Britney Spears, Pamela Anderson oder Brad Pitt. Man denkt oft, mit einer Schönheitsoperation seien alle Probleme gelöst – doch oft fangen sie jetzt erst an.

Daher rate ich dringend davon ab, sich im jugendlichen Alter einer Schönheitsoperation zu unterziehen. Wie Anna aus Hamburg es in dem Artikel treffend ausdrückt, weiß man nie, wie lange diese Attraktivität anhält: „Sich wie Britney Spears operieren zu lassen, halte ich für vollkommenen Quatsch. Irgendwann ist die out und dann – na super!" Dann ist nicht nur Britney out, sondern man selbst macht sich zum Gespött der Leute, denn das Gesicht hat man ein Leben lang – es sei denn, man möchte es wieder umändern lassen, wie andere ihr Frisur. Darüber hinaus sind Schönheitsoperationen sehr teuer, 5.000 Euro sind wirklich kein Taschengeld mehr. Das wichtigste Argument gegen eine Schönheitsoperation bei Kindern und Jugendlichen ist jedoch die Tatsache, dass sich unser Körper noch im Wachstum befindet und in der Pubertät seine endgültige Form noch gar nicht erreicht hat. Wenn man sich in dieser Zeit also einer Schönheitsoperation unterzieht, muss man häufig mit Folgeoperationen rechnen. Jede Operation stresst den Körper, hat Risiken und Nebenwirkungen – und sie kann auch schiefgehen. Ein gutes Beispiel dafür ist ein Mädchen, das im Artikel genannt wird. Sie ließ sich mit 14 Jahren ein Brustimplantat einsetzen, weil ihre Brüste unterschiedlich groß waren. Jahre später musste sie erneut operiert werden, weil sie nun unter zu großen Brüsten litt. Der Arzt musste ihr das alte Implantat entfernen. Das Problem hätte sich von selbst erledigt, wenn sie ihrem Körper mehr Zeit gegeben hätte, sich voll zu entwickeln. Wer weiß, vielleicht wäre sie positiv überrascht gewesen? Zusammenfassend warne ich vor vorschnellen Entscheidungen und rate von Experimenten dringend ab: Lasst uns das Ende der Pubertät abwarten! Wer kennt nicht das Märchen vom hässlichen Entlein, das zu einem schönen Schwan heranwächst? Vielleicht stellt sich später auch bei uns heraus, dass die Nase doch ganz gut in das eigene Gesicht passt, der Körper sich zurechtwächst und all das vielleicht auch gar nicht mehr so wichtig ist für das Lebensglück? Und vergesst eines nicht: Oftmals sind nicht die schönsten Menschen die attraktivsten, sondern die mit der stärksten Ausstrahlung. Und Ausstrahlung lässt sich sogar besser ohne Skalpell erreichen, möchte ich meinen.

▶ S. 31 **E Den eigenen Text überarbeiten**

1 *So sollte deine Zuordnung aussehen:*   A + weswegen/weshalb + c   B + etwa/beispielsweise + d
C + aber + e   D + trotzdem/dennoch b;   E + denn + a

2 Punkteraster zur Selbsteinschätzung

	Anforderungen: Du ...	Punkte (max.)	deine Punkte
Einleitung	... formulierst eine **Einleitung,** die das **Thema** und den zu Grunde liegenden **Artikel (Titel)** nennt, deine **eigene Meinung** enthält und den Leser **neugierig macht.**	5	
	Zwischensumme Einleitung	= 5	
Hauptteil	... hältst das *Sanduhr-Prinzip* ein und ...		
	... nennst die **These der Gegenposition**,	1	
	• ... beginnst mit dem **stärksten Argument** *(These, Begründung, Beleg),*	3 x 2	
	• ... nennst dann das **mittelstarke Argument** *(These, Begründung, Beleg),*	3 x 2	
	• ... schließt mit dem **schwächsten Argument** *(These, Begründung, Beleg),*	3 x 2	
	... formulierst gegebenenfalls eine geeignete Überleitung und ...	1	
	... nennst die **These deiner eigenen Position**,		
	• ... beginnst mit dem **schwächsten Argument** *(These, Begründung, Beleg),*	3 x 2	
	• ... nennst dann ein **mittelstarkes Argument** *(These, Begründung, Beleg),*	3 x 2	
	• ... endest mit dem **stärksten Argument** *(These, Begründung, Beleg).*	3 x 2	
	Du sprichst deine Leser direkt an und beziehst dich an einer Stelle auf den Artikel.	je 1	
	Zwischensumme Hauptteil	= 40	

	Anforderungen: Du ...	Punkte (max.)	deine Punkte
Schluss/ Fazit	... bringst **abschließend** zusammenfassend **deine Meinung** auf den Punkt.	4	
	... äußerst einen Wunsch, eine Warnung oder eine Empfehlung.	6	
	Zwischensumme Stellungnahme	= 10	
Darstellungsleistung	... strukturierst deinen Kommentar und gliederst ihn in **Sinnabschnitte**.	2	
	... formulierst **abwechslungsreiche Sätze**.	3	
	... **belegst** deine Aussagen durch **wörtliche Zitate**.	1	
	... **verwendest** für die Wiedergabe der indirekten Rede den **Konjunktiv** korrekt.	2	
	... **vermeidest umgangssprachliche Ausdrücke** und zu saloppe Formulierungen.	2	
	... machst **gedankliche Zusammenhänge** durch entsprechende Formulierungen deutlich („darüber hinaus"; „nicht nur, sondern auch").	3	
	... beachtest die Regeln der Rechtschreibung, Grammatik und Zeichensetzung.	3	
	Zwischensumme Darstellungsleistung	= 16	
	Gesamtpunktzahl	= 71	

52–71 Punkte (73–100 %): Du liegst im sehr guten bis guten Bereich. Schau dir trotzdem noch einmal genau die Stellen an, an denen du dich noch verbessern kannst.

42–51 Punkte (59–72 %): Deine Leistungen sind durchschnittlich. Einiges gelingt dir schon ganz gut, manches musst du jedoch noch einmal üben. Versuche, Fehlerschwerpunkte zu entdecken und diese gezielt zu beheben.

32–41 Punkte (45–58 %): Deine Leistungen sind ausreichend. Überarbeite deine Arbeit noch einmal. Versuche, Fehlerschwerpunkte zu entdecken und diese gezielt zu beheben.

0–31 Punkte (0–44 %): Du hast in vielen Bereichen noch Schwierigkeiten. Sprich mit deiner Lehrerin/deinem Lehrer darüber, wie du dich verbessern kannst. Sie oder er kann dir helfen, deine Fehlerschwerpunkte zu analysieren und zu beheben.

▷ S.32 *Barbara Lehnerer:* Blind – Eine Kurzgeschichte fortsetzen

▷ S.33 A Die Aufgabe verstehen

1 Folgende Aussagen sind richtig: a, c, g, h und i.

▷ S.34 B Erstes Textverständnis – Ideen entwickeln

1 Folgende Textstellen solltest du markiert haben:
Jan: „frühmorgens [...] zu einem Handball-Match gefahren" (Z. 6–7); „ ,Das ist das erste Mal, dass du alleine da bist' " (Z. 35); „einen Moment lang dachte ich auch an Jan" (Z. 23–24)
Henri: „Er stand ein bisschen abseits an der Bar, nur so für sich" (Z. 11); „Schweigsam. Beobachtend. Wie jeden Freitagabend." (Z. 12); „Turnschuh [...] in einem seltsamen Anti-Takt zu der Musik" (Z. 16–17); „Ein schwarzer Benz, genauso schwarz wie sein Turnschuh und sein Haar." (Z. 31–32); „wie ein Gentleman" (Z. 33).
Das sind mögliche Stichworte zu den beiden männlichen Figuren:
Jan: (kaum Informationen); offenbar anders als Henri, sonst männlicher Begleiter der Hauptfigur, sportlich engagiert
Henri: Einzelgänger; unangepasst (→ Anti-Takt); beobachtend, eventuell nervös; das „Schwarze" an ihm wird betont

2 So könnte deine Lösung zum Beispiel aussehen:

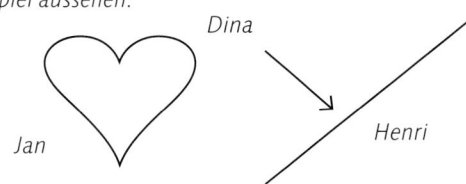

3 So sollte deine Tabelle aussehen:

Zitat	Was ich an dieser Stelle als Leser erwartet habe:
A	Als Frau allein? Dina könnte etwas passieren ohne männliche Begleitung („Freiwild").
B	Dina wird in Versuchung geführt, Jan untreu zu werden, sie wird nachgeben und sich nachher darüber ärgern.
C	Dina wird Henris Anziehungskraft nichts entgegensetzen können. Sie könnte sich in ihn verlieben.
D	Die Beziehung zu Henri ist vielleicht nicht sehr fest. Dina wird so leichtsinnig sein, alle Vorsicht aufzugeben und sich mit Jan einzulassen.
E	Henri will sich an Dina heranmachen und sie beeindrucken oder er ist eigentlich gar nicht persönlich an Dina interessiert; für ihn ist es nur ein Spiel; er zieht die Ahnungslose in ein Verbrechen hinein.
F	Dina wird evtl. für etwas verhaftet, von dem sie gar nichts weiß.

▷ S. 35 ## C Übungen

1 Mögliche Markierungen könnten sein: „Die Nacht mit Henri hätte mich beinahe um meine Sicherheit gebracht" (Z. 5); „Dabei standen alle Vorzeichen auf Warnung: [...]" (Z. 6); „Natürlich hätte ich die Versuchung wittern müssen" (Z. 10)

2 + 3

Zitat	Sinnesorgan	Folgen
„Ich sehe schlecht ..." (Z. 1)	Auge	Das Auge ist als Sinnesorgan für sie unzuverlässig; sie kann sich nicht auf den Schein/das Äußere (= ihre Augen) verlassen.
„Ich höre eben gut und schnell und gerne." (Z. 4)	Ohr	Auf ihre Ohren kann sie sich verlassen.
„... spürte ich seinen Blick und zwang mich wegzusehen." (Z. 13)	Auge	Im Bereich des Sehens, den sie nicht beherrscht, gewinnt er Macht über sie.
„Die Ohren waren jetzt ausgeschaltet, dafür die Augen wie gebannt." (Z. 18–19)	Ohr/Auge	Sie ist nun abhängig von dem Sinnesorgan, auf das sie sich nicht verlassen kann.

4 Für deine Fortsetzung der Geschichte folgen aus dieser Einschätzung der Sinnesorgane folgende Überlegungen:
– Dina löst sich bald wieder aus Henris Bann, verlässt sich wieder auf ihre Ohren und befreit sich von seinem Einfluss.
– Dina ist weiter von visuellen Eindrücken geprägt; erst zum Schluss, als es (fast) zu spät ist, stützt sie sich wieder stärker auf das, was sie hört.

5 + 6 Folgende Vorausdeutungen liegen nahe:
Zitat: „in einem seltsamen Anti-Takt zu der Musik" (Z. 17)
Vorausdeutung: nicht angepasst, gegen den Rhythmus der anderen → bringt Dina durcheinander, erweist sich als Lebenskünstler oder aber als Mensch mit eher unsozialen Zügen
Zitat: „Ein schwarzer Benz, genauso schwarz wie sein Turnschuh und sein Haar." (Z. 31–32)
Vorausdeutung: wirkt reich (oder ist der Wagen gestohlen?); undurchschaubarer, düsterer Charakter → eventuell verbrecherische Methoden, macht Dina zur Ganoven-Braut oder bringt ihr Leben in Gefahr

▷ S. 36 **7** Mögliche Fortsetzungen der Geschichte:

Textzitate	Fortsetzung der Geschichte
A	Dina hat die Kontrolle über sich und die Situation nur vorübergehend verloren und löst sich daher von Henri.
B	Henri sucht eine Pistole oder eine andere Waffe, mit der er später in einen Kampf geht und/oder Dina bedroht.

▷ S. 36 ## D Den Schreibplan erstellen

1 + 2 So könntest du den Text – passend zum Anfang der Kurzgeschichte – beispielsweise fortsetzen:
a) Henri hat aus dem Handschuhfach eine Waffe genommen; der Wagen ist gestohlen, auch sonst ist Henri für die Polizisten kein unbeschriebenes Blatt; sie nehmen ihn fest und Dina kommt mit dem Schrecken davon.
b) Henri verdient sein Geld damit, Diebesgut zu hehlen, daher kann er sich den Benz leisten; vor der Polizei hat er wenig Respekt, weil sie ihn bisher nie erwischt hat, auch dieses Mal hat er Glück; Dina beobachtet er schon länger und will sie erobern.

c) Die Polizisten lassen nicht locker, Henri gibt sich als Fahrer des Wagens zu erkennen und man geht wegen der Fahrzeugpapiere zum Auto; Jan kommt auf dem Heimweg zufällig vorbei und traut seinen Augen nicht: seine Freundin, ein anderer Kerl und zwei Polizisten?! …

d) Dina erkennt, dass Henri sie mit dem ganzen Theater beeindrucken wollte; da ihr Henri trotzdem nicht ganz geheuer ist, stellt sie ihn in Gegenwart der Polizisten zur Rede; es zeigt sich, dass der Wagen geliehen ist, Henri aber (z. B.) aus Übermut/Angst vor einem Alkoholtest geflohen ist. Er kommt zwar mit einer Anzeige davon, hat bei Dina aber nichts mehr zu melden.

3 + 4 *Wenn du dich für (a) entscheidest, könnte die Kurzgeschichte so weitergehen:*

Ich schluckte und hielt die Luft an. Noch ehe ich begriff, wie mir geschah, zog Henri mich plötzlich an sich und versuchte, mich zu küssen. Ich war so überrascht, dass ich reflexartig meine Augen schloss und die Arme um ihn legte. Aber was war das? Unter meinen Fingern spürte ich, dass in seinem Hosenbund hinter dem Rücken ein harter Gegenstand steckte. Ich kniff die Augen zusammen und versuchte, die Form zu ertasten. War das ein Stock? Nein, dazu war das Ding zu krumm. Ich tastete vorsichtig weiter. Verdammt, hatte er etwa eine Pistole unter seiner Jacke versteckt?! Ich erinnerte mich: Der Griff ins Handschuhfach nach der rasanten Flucht – dann waren das also nicht die Papiere gewesen? Als mir dieser Gedanke durch den Kopf schoss, spürte ich, wie mir alle Farbe aus dem Gesicht wich und meine Knie weich wurden. Mit einem Mal hatte ich richtig Angst. „Hey ihr beiden, wart ihr das eben?", hörte ich die Stimme des jüngeren Polizisten plötzlich noch lauter neben mir. Der scharfe Tonfall in seiner Stimme rüttelte mich wach. Von einem Moment zum nächsten legte sich der Schalter um: Meine Augen waren jetzt abgeschaltet, meine Ohren wieder hellwach. „War ich das eben?", fragte ich mich. Was zum Teufel war eigentlich mit mir los? Wo waren meine Sinne, wo war mein Verstand geblieben? „Oh Gott", dachte ich nur und fragte mich, wie ich aus diesem Schlamassel wieder hinauskommen sollte. Die Polizisten – ob ich …? Einen Versuch war es wert: …

5 *So könnte die Begründung für die oben gewählte Fortsetzung lauten:*

Die Wahrnehmung der Ich-Erzählerin zu Beginn der Kurzgeschichte verändert sich durch Henris äußere Erscheinung und sein untypisches Verhalten: Eigentlich vertraut Dina ihrem Hörsinn, denn sie hört „gut und schnell und gerne" (Z. 4). Obwohl oder gerade weil sie sich normalerweise nicht auf ihre Augen allein verlässt, lässt sie sich an diesem Abend im Blue Moon von Henris Auftreten und ganz besonders von den anti-rhythmischen Bewegungen seines „rechten Turnschuh[s]" (Z. 16) in Bann schlagen. **Anfangs ist ihr diese veränderte Sichtweise** noch bewusst und sie wundert sich über sich selbst. Im weiteren Verlauf sind ihre Ohren plötzlich ganz ausgeschaltet (vgl. Z. 18–19). **Diese Veränderung hat Folgen:** Sie nimmt die warnenden Vorzeichen nicht wahr und hat sich selbst und die Situation nicht mehr im Griff.

Ich habe mich in meiner Fortsetzung dafür entschieden, dass die Ich-Erzählerin wieder zu sich findet. Die wiederholte, immer lautere Ansprache durch die Polizei ruft sie sozusagen zur Ordnung, sie hört wieder besser, auch auf ihr Gefühl. Sie stößt Henri von sich und nutzt die Gegenwart der Polizisten, um sich von ihm und der Bedrohung, die von ihm ausgeht, frei zu machen. **Meiner Meinung nach ist dies schlüssig, da** Henri unberechenbar wirkt. Die Farbe „Schwarz", die ihn auszeichnet, lässt ihn bedrohlich und undurchschaubar erscheinen, ebenso der Tatbestand, dass er sich so merkwürdig anders verhält („in einem seltsamen Anti-Takt zur Musik", Z. 17). Da es schon in Zeile 5 des Textes heißt: „Die Nacht mit Henri hätte mich beinahe um meine Sicherheit gebracht", erscheint es mir logisch, dass diese Faszination, die Henri auf Dina anfangs ausübt, nur vorübergehend sein kann.

S. 37 *Narinder Dhami:* Kick it like Beckham – Einen Tagebucheintrag verfassen

S. 38 A Die Aufgabe verstehen

1 + 2 *Folgende Aussagen treffen zu: b, c, e, h und j. Eine sinnvolle Reihenfolge wäre: f → e → h → b → c → j.*

3 *Folgende Aussagen sind richtig: b, e und f.*

S. 39 **4** *Folgende Aussagen sind richtig: c, g, h, j und l.*

S. 39 B Erstes Textverständnis – Ideen sammeln

1 *So lassen sich die Teilsätze verbinden:* 1 + F 2 + A 3 + D 4 + E 5 + C 6 + H 7 + B 8 + G

2 *Diese Kommentare könnten Jess durch den Kopf gehen, nicht alle sind so buchstäblich dem Text zu entnehmen:*
Jess über **Mrs Bhamra**: Ein Aloo gobi kann jeder kochen. Aber wer kann einen Ball schon so anschneiden wie Beckham? Meine Mutter sieht meine wahren Talente nicht. Alles, was ich mir wünsche, ist in ihren Augen nicht indisch genug.
Jess über **Pinky**: Meine Schwester schminkt sich und takelt sich auf, hat nur noch Augen für Teetu. Aber Männer interessieren mich eben nicht! Ich will nicht wie Pinky sein – typisch Mädchen – ich liebe eben Fußball. Das ist ungerecht!
Jess über **Mrs Paxton**: Jules' Mutter ist eigentlich genauso altmodisch wie meine Mutter. Das ist irgendwie tröstlich.

Jess über Jules: Jules und ich, wir haben dieselben Ziele, sie versteht mich wenigstens! Aber ich bin auch neidisch, dass sie vor dem Talentscout spielen kann und ich nicht …

▷ S. 40 **3** *Du kannst verschiedene Positionen einnehmen. Deine Lösung könnte z. B. folgendermaßen lauten:*
 a) *Jess wird ihre Familie belügen, denn* Jess will ihren Traum vom Fußballspielen verwirklichen. Sie ist traurig, aber sie fühlt sich auch unverstanden, daher ist sie trotzig und wütend. Jules' Idee ist die Chance, ihren Traum zu verwirklichen.
 b) *Jess will ihre Familie nicht belügen, denn* sie ist zwar enttäuscht und wütend, aber sie will nicht auch noch lügen, nachdem es schon Streit gab. Außerdem will sie ihre Familie während der Hochzeitsvorbereitungen nicht noch mehr belasten.

▷ S. 40 **C Übungen**

1 *Beispiel A eignet sich besser,* weil es in Jess' Ausdrucksweise verfasst ist und auch sonst eher dem lockeren Stil im Tagebuch entspricht: Einschübe, unvollständige Sätze, Ausrufe und unvollendete Gedanken tauchen auf.

2 *Die zutreffenden Varianten lauten:* 1 + c   2 + a   3 + b   4 + c

▷ S. 41 **D Den Schreibplan erstellen**

1 *So könnte deine Mind-Map aussehen:*

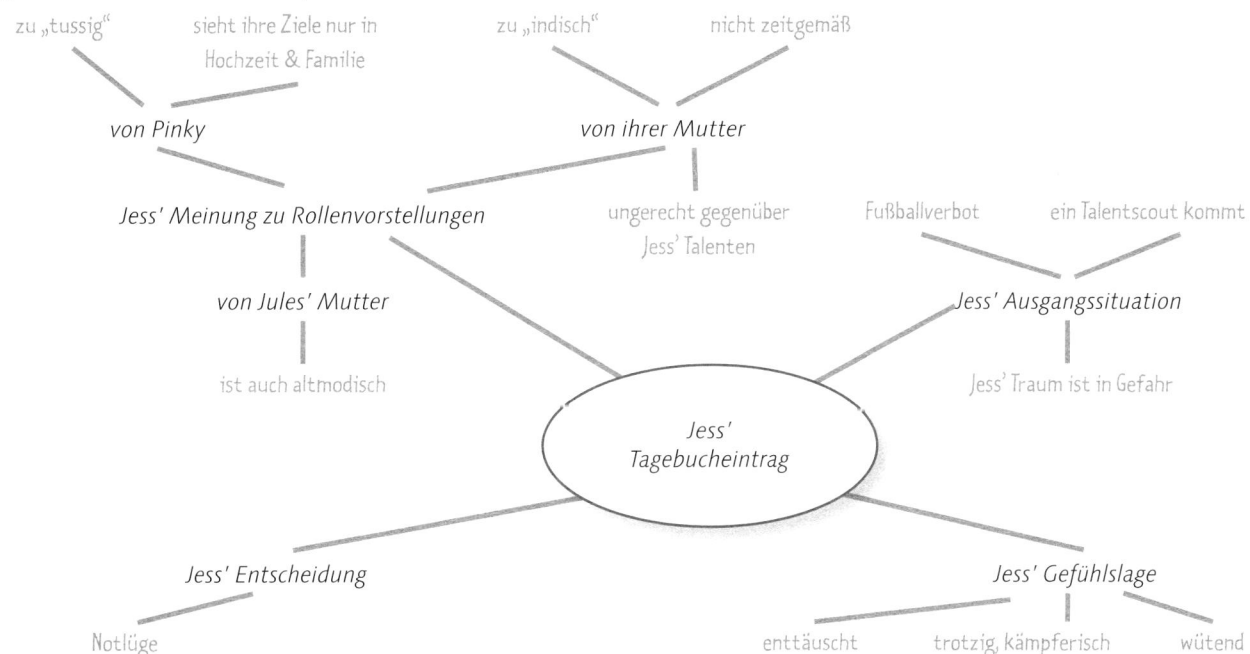

3 a) *So könnte Jess' Tagebucheintrag aussehen:*

> Liebes Tagebuch,
> wo fange ich bloß an? Ich muss meine Gedanken mal sortieren, was für ein Tag!
> Stell dir bloß vor, meine Eltern haben mir das Fußballspielen verboten! So ein Mist! Es ist einfach nicht „indisch" genug für sie. Dabei leben wir doch in England! Okay, auch Jules' Mutter findet Fußball nicht richtig für ein „echtes" Mädchen und hat immer Angst, dass Jules deswegen keinen Freund abbekommt. Einen Freund – für wen ist das denn heutzutage noch das Wichtigste? Naja, für Pinky … Aber die ist sowieso anders als Jules und ich; sie hat immer nur Schminken und ihren Freund Teetu im Kopf. Sie trifft sich schon seit Jahren heimlich mit ihm und niemand sagt etwas, weil sie bald heiraten werden. Und ich? Ich soll jetzt Aloo gobi kochen lernen … Das ist so ungerecht! Kochen – das kann doch jeder. Aber wer kann schon einen Ball wie Beckham schneiden? Ich, Jess Bhamra! Aber das interessiert ja keinen (außer Jules natürlich, aber sie ist eben auch etwas Besonderes) …
> Ich weiß überhaupt nicht, was ich jetzt tun soll. Erst war ich so wütend und enttäuscht, dass ich heute im Park sogar geweint habe – vor Tony, wie peinlich! Aber dann hatte Jules eine Idee: Ich könnte meinen Eltern erzählen, dass ich einen Ferienjob bei HMV habe. Dann könnten wir heimlich weitertrainieren. Jules hat gesagt, dass bald ein amerikanischer Talentscout bei uns in der Frauenmannschaft auftaucht. So eine Chance kann ich mir doch nicht entgehen lassen, oder? Fußballspielen in der amerikanischen Profi-Liga, das wäre einfach das Größte! Dann würden meine lieben Eltern endlich begreifen, wie gut ich bin! Das will ich auf keinen Fall verpassen. Dann bin ich eben nicht die gute Tochter … Obwohl, meine Eltern werden ganz schön enttäuscht sein, wenn ich nur an mich denke, jetzt, wo sie auch so viel Stress mit Pinkys Hochzeit haben … Puh, gut geht's mir mit der Notlüge nicht, ich will ihnen doch nicht weh tun – aber mein Entschluss steht fest: Ich werde spielen –
> ich kann nicht anders!
>
> Bis morgen, deine Jess

13

b) *So könnte dazu die **Begründung** lauten:*

In ihrem Tagebucheintrag entscheidet sich „meine" Jess für die Notlüge, weil sie nur so ihren Traum vom Fußballspielen verwirklichen kann. Sie möchte unbedingt dabei sein, wenn der amerikanische Scout auf Talentsuche geht. Sie hat zwar ein schlechtes Gewissen ihren Eltern gegenüber, denn sie liebt sie und möchte sie nicht verletzen. Gleichzeitig ist sie aber wütend und enttäuscht darüber, dass sie nicht unterstützt wird. Jess hat durch Jules eine Mitstreiterin gefunden, die sie in ihrer Rolle und Einstellung bestärkt, auch gegen die Auffassung ihrer traditionellen Eltern oder ihrer Schwester Pinky. Und sie hat gelernt, für ein Ziel zu kämpfen, wie sie es beim Fußballspielen auch tut, auch wenn ihr nicht wirklich wohl dabei ist.

Jess' Tagebucheintrag habe ich in der Ich-Perspektive verfasst, denn im Tagebucheintrag werden Jess' Gedanken aus ihrer unmittelbaren und sehr persönlichen Sicht dargestellt. Dabei habe ich ihre Ausdrucksweise verwendet, also auch Jugend- bzw. Umgangssprache, damit der Eintrag zum Textauszug passt. Jess' aufgewühlte Stimmung soll durch ihre Gedanken und Gefühle, aber auch durch Einschübe, Ausrufe und Flüche zum Ausdruck kommen. Die Sätze sind eher kurz gehalten, die Gedankenstriche und die unvollständigen Sätze unterstreichen die Gedankensprünge bei ihrer schwierigen Entscheidung.

▷ S. 41 **E Den eigenen Text überarbeiten**

1 Begründung A halte ich für angemessener. Erstens glaube ich auch, dass Jess weitertrainieren wird, da sie sehr zielstrebig und eben kein „artiges" Mädchen ist (vgl. Text B). Zweitens passt auch der Sprachstil besser zu Jess.

▷ S. 42 # „Ich hatte richtig Spaß dabei ..." –
Einen Tagesbericht aus dem Praktikum überarbeiten

▷ S. 42 **A Die Aufgabe verstehen**

1 *Richtig ist die Aussage b.*

▷ S. 43 **2** *Folgende Aussagen treffen zu: b, d, f und h.*

▷ S. 43 **B Erstes Textverständnis – Stoff sammeln**

1 *So könnte deine Tabelle aussehen:*

Uhrzeit	Tätigkeit
9.00–9.30	– Kataloge sortieren
9.30–11.00	– Gut zuhören und beobachten, wie Herr Borowski die Kunden berät
11.00–12.30	– Kundenberatung mit Herrn Borowski (Kataloge suchen, Personalien in den PC eingeben)
12.30–13.30	– Mittagspause
13.30–14.30	– Sendungen und Briefe eintüten und zur Post bringen
15.00–15.15	– Kaffeepause
15.15–17.30	– Gemeinsame Überlegungen mit Herrn Borowski zur Vorbereitung des Aktionstages „Afrika"
17.30	– Feierabend

2 *Zusammen gehören:*
I: Präsens statt Präteritum: Satz 13 **A:** *Umgangs- bzw. Jugendsprache: Satz 12*
I: Präteritum statt Plusquamperfekt: Satz 15 **Sb:** *gleiche Satzanfänge: Sätze 9, 10, 12*

3 *Satz Nr. **10** ist überflüssig, weil es für den Praktikumsbericht nicht wichtig ist, was Sarah in der Pause gegessen oder gekauft hat.*

▷ S. 44 **4** *Die Sätze Nr. 8, 9 und 10 sind für sich genommen sprachlich und grammatikalisch korrekt, aber die Sätze fangen alle mit „Ich" an und müssen deshalb abwechslungsreicher gestaltet werden.*

Lösungsheft

▷ S. 44 **C   Übungen**

1 Folgende Aussagen sind richtig: a, d, f, i und j.

2 So könnte deine Tabelle aussehen:

Satz Nr.	Umgangs- bzw. Jugendsprache	Standardsprache / Umschreibung
2	checken	kontrollieren, überprüfen
2	Boss	Chef, Vorgesetzter, Inhaber
6	ohne Ende	ziemlich
6	es war kaum was los	es war sehr ruhig/es kam wenig Kundschaft
7	Kundenberatung machen	Kunden beraten (oder: bei der ... unterstützen / helfen)
11	superschnell	schnell, zügig
11	machte fertig	erledigte, bearbeitete, kümmerte mich um
12	so'n Zeugs	Briefe, Sendungen, Rundschreiben, Korrespondenz ...
12	schleppen	(weg)bringen, befördern
15	echt viele	sehr viele
16	Boss	Chef, Herr Borowski
16	cool	ein gutes Gefühl

▷ S. 45 **3** a) Aussagen wie z. B. „... das war cool!" stellen einen persönlichen Kommentar dar und sollten in einem sachlichen Bericht weggelassen werden.
b) Folgende Worte solltest du durchstreichen: Satz 3: „denn das war am einfachsten"; Satz 6: „Ich langweilte mich ohne Ende"; Satz 16: „Ich hatte richtig Spaß dabei"; Satz 17: „... das war super".

4 a) Viele Sätze beginnen mit „Ich" + Verbform.
b) So könntest du die Satzanfänge variieren:
(1) Nun sollte ich Kataloge heraussuchen, Personalien aufnehmen und sie in den PC eingeben.
(2) Danach ging ich von 12.00 bis 13.30 Uhr in die Mittagspause.
(3) Anschließend erledigte ich die Post, dafür musste ich insgesamt 83 Tickets und Angebote eintüten und wegbringen.

5 a) Viele Ideen stammen aus Katalogen, in denen ich beim Sortieren Bilder ... entdeckt hatte.
b) Gemeinsam mit Herrn Borowski überlegte ich daher, wie das Reisebüro ... zu dekorieren ist.

6 Zu markierende Sätze: 3, 5, 6, 8, 9, 10, 12, 14, 15, 16. (Da es auf Abwechslung ankommt, müsstest du nicht jeden dieser Sätze ändern, sondern nur die, die unmittelbar aufeinander folgen, d. h. Satz 5 und 6 bzw. 8, 9, 10 oder 14, 15, 16).

▷ S. 46 **7** a) Ich **arbeitete** lieber im Reisebüro, seit man mir mehr Aufgaben **übertragen hatte.**
b) Die Kunden, die ins Reisebüro **kamen, waren** sehr freundlich zu mir.
c) Nachdem ich die Briefe **eingetütet hatte, brachte** ich sie zur Post.

8 *Präteritum* wird hier benutzt, weil über einen Tagesablauf berichtet wird, der bereits vergangen ist.
Plusquamperfekt zeigt an, dass sich ein Geschehen zeitlich vor einem anderen ereignet hat.

9 Präteritum müsste stehen in den Sätzen: 3, 4, 5, 13, 14.
Plusquamperfekt müsste stehen in den Sätzen: 2 (hatte am Vortag gebeten), 15 (zuvor entdeckt hatte).

10 So sollte deine Tabelle über die Fehler in den Sätzen 2 bis 6 aussehen:

Nr.	Fehler	Regel / Fehlertyp (Stichwort)	Verbesserungsvorschlag
2	mein Boss	Umgangssprache	mein Chef
2	bat mich am Vortag	Tempus: Vorzeitigkeit → Plusq.	hatte mich gebeten
2	zu checken	Jugendsprache	kontrollieren
3	denn das war am einfachsten	Wertung	–
3	sortiere	Tempus: Präteritum	sortierte
4	öffnet	Tempus: Präteritum	öffnete
5	soll	Tempus: s. o.	sollte
6	ohne Ende	Jugendsprache / Wertung	–
6	Ich langweilte mich	Wertung	–
6	war kaum was los	Umgangssprache	war es sehr ruhig

▷ S. 47 **11** In Satz **2** steht das gebeugte Verb im **Präteritum**, es muss durch das **Plusquamperfekt** ersetzt werden, die Verbform lautet korrekt: „(er) hatte mich gebeten". Die umgangssprachlichen Ausdrücke „checken" und „Boss" in Satz 2 habe ich ersetzt durch die Begriffe „kontrollieren" und „Chef". Um den Satzbau zu variieren, habe ich den Satzanfang „**Ich + Verb**" der Sätze **5** und **6** umgestellt, indem ich die adverbiale Bestimmung der Zeit an den Satzanfang gestellt habe. Satz 5 beginnt nun mit: „Wie in den letzten Tagen sollte ich ...".
Da persönliche Kommentare oder Meinungsäußerungen nicht in einen sachlichen Bericht gehören, habe ich die Wertungen in den Sätzen 3 („denn das war am einfachsten") und 6 („Ich langweilte mich ohne Ende") weggelassen.

Lösungsheft

▷ S. 47 **D Den Schreibplan erstellen**

1 bis **3** siehe Musterlösung

▷ S. 47 **E Den eigenen Text überarbeiten**

1 a) (15) Zuvor hatte ich mir massig Anregungen aus Prospekten geholt, in denen ich beim sortieren Bilder von Afrikanischen Feten entdeckt hatte. (16) Das machte viel Spaß und der Meister lobte mich, das war klasse! (17) Und weil ich so fleissig war, durfte ich schon um 17.30 Uhr nach Hause gehen.
b) Überarbeitet wurde(n) die Tempusfehler.
Nicht überarbeitet wurde(n) die umgangssprachlichen Ausdrücke und Wertungen.
c) So könnte deine Lösung aussehen: Ich habe die umgangssprachlichen Begriffe „massig", „Fete" und „Meister" ersetzt durch die standardsprachlichen Begriffe „viele", „Feiern" und „Chef". Die unsachlichen Wertungen „Das machte viel Spaß" und „... das war klasse" habe ich weggelassen.

2 Neue Fehlertypen: „beim Sortieren" (Großschreibung), „afrikanischen" (Kleinschreibung), „fleißig" (ss/ß-Schreibung).
So könnte deine Lösung aussehen; die Begründung der Überarbeitung in den Sätzen 2–6 findest du im Teil D, Aufgabe 11.

(1) (Satz 1 ist korrekt.)
(2) Herr Borowski, mein **Chef, hatte mich** am Vortag **gebeten**, die Auslage mit den neuen Fernreisekatalogen zu kontrollieren und zu ordnen.
(3) Ich **sortierte** daher die Kataloge alphabetisch nach Ländern das war am einfachsten.
(4) Um 9.30 Uhr **öffnete** dann das Reisebüro.
(5) **Wie in den letzten Tagen sollte** ich vor allem gut zuhören und beobachten.
(6) Ich langweilte mich ohne Ende, denn In den nächsten anderthalb Stunden kam nur wenig Kundschaft.
(7) Von 11.00 Uhr bis zur Mittagspause durfte ich endlich Herrn Borowski bei der Kundenberatung unterstützen.
(8) (Satz 8 ist korrekt.)
(9) **Danach ging ich** von 12.30 bis 13.30 Uhr in die Mittagspause.
(10) (Satz 10 ist zu streichen.)
(11) Von 13.30 bis 14.30 Uhr erledigte ich schnell die Post.
(12) **Dafür musste ich** insgesamt 83 Tickets, Angebote und weitere Sendungen eintüten und zur Post bringen.
(13) Nach der Kaffeepause **bat** mich mein Chef dann, ihm bei den Vorbereitungen für den nächsten Aktionstag mit dem Motto „Afrika" zu helfen.
(14) Ich **überlegte** daher mit ihm gemeinsam, wie das Reisebüro typisch afrikanisch zu dekorieren ist.
(15) **Mir kamen** sehr viele Ideen, weil ich vorher beim Sortieren der Kataloge Bilder von afrikanischen Festen **entdeckt hatte**.
(16) Ich hatte richtig Spaß dabei und Herr Borowski lobte mich, ...
(17) ... und weil ich so fleißig war, durfte ich schon um 17.30 Uhr nach Hause gehen.

▷ S. 48 ## *Sonja Moser:* „Mach mich nicht an!" – Einen Sachtext analysieren

▷ S. 50 **A Die Aufgabe verstehen**

1 a) Die **Operatoren** und Schlüsselbegriffe sind: **1. Analysiere** den ... Sachtext ... – **Beschreibe** den Textaufbau und **benenne** die Position der Autorin. – **Untersuche** die sprachlichen Mittel, ... **2. Nimm Stellung** ... ob Mädchen und Jungen sich bei der Annäherung anders verhalten. **Beziehe** ... Beobachtungen ... oder eigene Erfahrungen mit ein.
b) Richtig sind die Antworten: b, c, e, h und i.

2 Die Arbeitsschritte in sinnvoller Reihenfolge sind: 1. = b; 2. = c; 3. = e; 4. = f; 5. = h; 6. = i.

▷ S. 50 **B Erstes Textverständnis**

1 a) + b) ... Mädchen: wollen durch Kichern, Hin- und Herlaufen, Schminken auf sich aufmerksam machen (Z. 20–21); achten nicht nur auf das Äußere, sondern auch darauf, ob der Junge freundlich ist oder ob man mit ihm reden kann (Z. 32–34); gehen gern auf Jungen ein, kümmern sich um ihn (Z. 35–36); gehen vorsichtiger auf Jungen zu (Z. 38); sprechen sie selten direkt an (Z. 39); lassen durch eine Freundin vorfühlen, ob der Junge sie auch mag (Z. 39–40).
... Jungen: prahlen und geben an (Imponiergehabe) (Z. 20); kommentieren das Äußere eines Mädchens laut (Z. 28–30); gehen direkt auf ein Mädchen zu und versuchen, es für sich zu gewinnen (24–26); sind manchmal zu forsch und aggressiv, werden auch handgreiflich (Z. 44–47); sind allein in der Regel freundlich und höflich, aber in der Gruppe pöbeln sie Mädchen manchmal plump an (Z. 41–43); machen Mädchen oft an (im negativen Sinn) (Z. 63).

2 Folgende Aussagen treffen zu: a, c, d und f.

Lösungsheft

▷ S. 51 **3** *Die Überschrift B passt nicht zum Text.*

4 *Die richtige Zuordnung der Überschriften zu den Sinnabschnitten lautet:*
1 = E   2 = D   3 = F   4 = C   5 = A

5 *So könntest du den Inhalt der Sinnabschnitte zusammenfassen:*
1. Abschnitt (Z. 1–17): Zunächst wird der Begriff „Anmache" hergeleitet und hier als „unerwünschte Annäherung" erklärt.
2. Abschnitt (Z. 18–36): Anschließend führt die Autorin Unterschiede im Verhalten von Jungen und Mädchen beim Flirten an. Während Jungen Mädchen häufig nach ihrem Äußeren beurteilen, interessieren sich Mädchen vor allem dafür, ob ein Junge freundlich ist und man mit ihm reden kann.
3. Abschnitt (Z. 37–53): Diese Unterschiede werden noch deutlicher in offenen Gruppen, in den Jungen offenbar noch weniger Respekt zeigen. In festen bzw. geschlossenen Gruppen, z. B. einer Schulklasse, akzeptieren sie Grenzen eher und sind umgänglicher. Auch Mädchen verhalten sich in solchen Gruppen vorsichtiger – sie riskieren keine Abfuhr.
4. Abschnitt (Z. 54–70): Die Autorin zeigt nun auf, worin sich Flirten und Anmachen unterscheiden. Wenn sich z. B. jemand in seiner Würde verletzt fühlt, handelt es sich nicht mehr um einen Flirt. Im Folgenden werden Beispiele für unangenehme Annäherungsversuche durch Männer angeführt. Diese sind auch ein Ausdruck von Macht.
5. Abschnitt (Z. 71–78): Als Abschluss schlägt Moser mögliche Lösungen für den Umgang mit „Anmache" vor. Wichtig sei dabei vor allem, dass Mädchen größeres Selbstbewusstsein entwickeln, um sich wehren zu können.

▷ S. 51 ## C Übungen

1 *Folgende Textstellen könnten markiert werden:*
„Dabei zeigten sich <u>deutliche Unterschiede</u> in der Beurteilung der Jungen und der Mädchen. Während Jungen … , bewerten Mädchen ‚Anmache' eher negativ." (Z. 14–16)
„<u>Allzu oft</u> sind es Männer, die Frauen anmachen." (Z. 63)
„ … zumal wenn man/frau bedenkt, dass <u>diejenigen, die ‚anmachen', die Stärkeren und gesellschaftlich Bessergestellten</u> sind. ‚Anmache' ist nicht nur ein <u>Resultat von größerem Mut</u> oder <u>besserem Selbstvertrauen</u>, sondern <u>vor allem auch von Macht</u>." (Z. 68–70)

▷ S. 52 **2** *Richtig ist die Aussage b.*

3 a) + b) + c) *So könnte deine Zuordnung in der Tabelle aussehen:*
A (Z. 2) = 4 + c   D (Z. 68) = 9 + b   G (Z. 40) = 8 + e
B (Z. 75) = 3 + d   E (Z. 29) = 7 + f   H (Z. 20) = 6 + i
C (Z. 52–53) = 1 + g   F (Z. 63–66) = 2 + a   I (Z. 38, 51) = 5 + h

▷ S. 53 **4** *Weitere Beispiele für sprachliche Mittel sind z. B.:* Zitat: „Stell dich nicht so an." (Z. 26); Aufzählung: „ ‚Kennen wir uns nicht irgendwoher?', ‚Hast du mal Feuer?', ‚Wissen Sie, wie spät es ist?' " (Z. 1–2); Rhetorische Frage: „Wundert frau das, solange man(n) das Sagen hat?" (Z. 78); Komparativ: „die Stärkeren und gesellschaftlich Bessergestellten" (Z. 68–69); Metapher: „Was hat die denn für Krallen?" (Z. 28–29); Jugendsprache: „heißer Feger"(Z. 30); Fremdwörter: „sanktioniert" (Z. 74), „reflektieren" (Z. 77); Neologismus: „Anmachsätze" (Z. 2); nicht noch einmal im Text vorhanden ist der Chiasmus (= Überkreuzstellung).

5 Besonders häufig werden im vorliegenden Text z. B. **Komparative** verwendet, weil die Verhaltensweisen miteinander verglichen werden. Alle Unterschiede, die hier benannt werden, wirken damit relativ, nicht absolut. Aussagen über Jungen oder Mädchen sind damit nicht pauschal gemeint, sondern immer nur im Vergleich zu sehen. Auch der Ton Jugendlicher kommt durch **Zitate** und **Jugendsprache** häufiger vor. Das macht den Text glaubhaft und anschaulich, man kann sich die Situationen sehr gut vorstellen.

6 *So müssten die Textstellen – sofern du deren Wortlaut nicht veränderst – korrekt zitiert heißen:*

Ein auffälliges sprachliches Mittel beim Vergleich des Flirtverhaltens von Mädchen und Jungen sind die vielen Komparative: Mädchen sind z. B. „vorsichtiger" **(Z. 38 und Z. 51)**.

„Allzu oft sind es Männer, die Frauen anmachen.", beklagt Sonja Moser **(Z. 63)**.

Die Diskussionsteilnehmerinnen behaupten, dass Mädchen Jungen nicht nach ihrem Äußeren **beurteilten** und sich mehr für die Probleme der Jungen **interessierten (vgl. Z. 31–34)**.

Die Autorin führt einige Beispiele für unangenehme Annäherungsversuche durch Männer an, wie z. B.: **„in der S-Bahn der Mann, der neben einer Frau sitzt, ihr die Hand auf das Bein legt" (Z. 63–64)**.

▷ S. 54 ## D Den Schreibplan erstellen

1 *Deine Einleitung könnte so lauten:*
Der in der Fachzeitschrift *BJR-Jugendnachrichten vom September 1992 erschienene Artikel mit dem Titel „Mach mich nicht an!" von* Sonja Moser *handelt vom* unterschiedlichen Flirtverhalten von Jungen und Mädchen. Die Autorin vertritt darin die Position, dass Männer in unserer Gesellschaft häufig mächtiger sind als Frauen und deshalb diese Stellung oft ausnutzen, um sich Frauen auch gegen deren Willen zu nähern. Unter Jugendlichen kann man ähnliche Verhaltensweisen beobachten.

2 *Die Reihenfolge der Zwischenüberschriften ist:* (C) → (D) → (B) → (A)

Lösungsheft

▷ S. 55 **E Den Text überarbeiten**

Punkteraster zur Selbsteinschätzung (zur Auswertung siehe Lösungsheft S. 9/10)

	Anforderungen: Du ...	Punkte (max.)	deine Punkte
Einleitung	... formulierst einen **Einleitungssatz**, in dem du **Autor**, **Titel** und **Thema** des Textes nennst und **Angaben zur Quelle** des Textes machst.	5	
	Zwischensumme Einleitung	= 5	
Hauptteil	... gibst den **Inhalt** des Textes kurz und knapp wieder.	10	
	... stellst den **Textaufbau** dar.	5	
	... zitierst mindestens **vier sprachliche Mittel**.	4 x 2	
	... ordnest den sprachlichen Mitteln die entsprechenden **Fachbegriffe** zu.	4 x 1	
	... erklärst die **Wirkung bzw. Aufgabe** dieser sprachlichen Mittel.	4 x 2	
	Zwischensumme Hauptteil	= 35	
Stellungnahme	... formulierst **deine** eigene **Meinung** zur Fragestellung.	1	
	... begründest deine Meinung durch drei **überzeugende Argumente**.	3 x 3	
	... beziehst **eigene Erfahrungen** und **Beobachtungen** aus deinem Umfeld mit ein.	2 x 2	
	... **formulierst** auf der Grundlage deiner Argumentation eine kurze **Schlussfolgerung**.	2	
	Zwischensumme Stellungnahme	= 16	
Darstellungsleistung	... stellst in deinem Aufsatz alles **geordnet** und **übersichtlich** dar und machst dabei **gliedernde Abschnitte**.	3	
	... verwendest bei der Wiedergabe und Analyse von Textaussagen das **Präsens**.	1	
	... **formulierst** die Inhaltsangabe **abwechslungsreich** („die Autorin betont", „sie stellt fest", „die Verfasserin zeigt", „an einem Beispiel wird illustriert" ...).	2	
	... **belegst** Aussagen durch korrektes **Zitieren**.	2	
	... **verwendest** für die Wiedergabe der indirekten Rede den **Konjunktiv** korrekt.	2	
	... **vermeidest umgangssprachliche Formulierungen** und verwendest Standardsprache.	1	
	... machst **gedankliche Zusammenhänge** durch entsprechende Formulierungen deutlich („einerseits ..., andererseits"; „zwar ..., aber"; „zunächst ... ferner ... weiter ... zu guter Letzt", „in erster Linie ... außerdem ... darüber hinaus"; „hingegen", „beispielsweise", „etwa", „z. B." usw.).	2	
	... konstruierst Sätze abwechselungsreich, indem du verschiedene Verknüpfungen mit **Konjunktionen** wie „weil", „sodass", „obwohl", „wenn", „während", „denn", „obgleich", „damit", „indem" usw. verwendest.	2	
	Zwischensumme Darstellungsleistung	= 15	
	Gesamtpunktzahl	= 71	

▷ S. 56 *Matthias Horx:* **Wie wirken sich Computerspiele aus? – Einen Sachtext analysieren**

▷ S. 57 **A Die Aufgabe verstehen**

1 a) *Schlüsselbegriffe* und *Operatoren* sind:
(1) **Analysiere** den folgenden Beitrag; **Fasse** die wesentlichen Aussagen ... **zusammen**; **gib** die Position des Autors wieder. **Stelle** den ... Aufbau des Textes sowie auffällige sprachliche Mittel **dar**.
(2) **Nimm Stellung**, inwieweit du ... übereinstimmst; **beziehe** ... eigene Beobachtungen und Erfahrungen **mit ein**.
b) Die Wörter lauten in der richtigen Reihenfolge: zusammenfassen → wiedergeben → beschreiben → benennen → erklären → auseinandersetzen → berücksichtigen.

▷ S. 58 **2** Zusammen gehören: a) Z. 27 und 4   b) Z. 44 und 6   c) Z. 30 und 7   d) Z. 54 und 5
e) Z. 57 und 3   f) Z. 38 und 2   g) Z. 44/45 und 1

18

▷ S. 58 **B Erstes Textverständnis**

1 *Mögliche Kernaussagen in Stichpunkten:*
- Warum haben Computerspiele den schlechtesten Leumund? (Z. 10–11)
- Computerspiele sind (wie Videospiele) ein Beispiel für den „Mephisto-Effekt": Sie steigern die Intelligenz, auch wenn das gar nicht ihr eigentliches Ziel ist (Z. 23 f.), und sind für die Menschheit von Vorteil.
- Spieler trainieren viele Fähigkeiten, die man in der modernen Welt braucht: Sozialkompetenz, Koordination, Flexibilität, Wettbewerbslust, Selbstvertrauen (Z. 35 f.).

2 *Folgende Kernaussagen lassen sich entnehmen:* b, c, e und g.

3 *Deine Zwischenüberschriften könnten lauten:*
(1) Z. 1–3: Einleitung: Stand der Diskussion, strittige Fragen
(2) Z. 4–11: Neue Medien stehen am Anfang oft in der Kritik
(3) Z. 12–18: Widerlegung der häufigsten Kritikpunkte: Computerspiele fördern weder Gewalt noch verschwenden sie Zeit
(4) Z. 19–22: Computerspiele machen nicht passiv, sondern regen an
(5) Z. 23–34: „Der Mephisto-Effekt" – Computerspiele fördern die Intelligenz
(6) Z. 35–52: Spieler entwickeln grundlegende Fähigkeiten des 21. Jahrhunderts
(7) Z. 53–61: Fazit: Vorwurf an die Kritiker und Ausblick auf die Zukunft

▷ S. 59 **C Übungen**

1 *In die Lücken gehören:* a) erzieherischer; b) positiv; c) komplex; d) intelligenzsteigernd; e) wertvolle; 1. sozial kompetent; 2. koordinationsfähig; 3. flexibel; 4. wettbewerbsorientiert; 5. selbstbewusst; f) zeitgemäße; g) beste; h) multimediale

2
a) …, denn Spieler trainierten Gehirn- und Gedächtnisleistungen, die im Arbeitsalltag erforderlich seien (vgl. Z. 29 f.).
b) …, da man viele Spiele nur durch Offenheit, Witz und Geschick im Umgang mit anderen gewinnen könne (vgl. Z. 37 f.).
c) …, denn sie wüssten, dass es immer mehrere Wege gebe, eine Herausforderung zu bewältigen (vgl. Z. 44 f.).
d) …, weil ihnen klar sei, dass jeder gewinnen möchte; der Wettstreit bereite ihnen Spaß und sporne sie an (vgl. 46 f.).
e) …, weil sie im Spiel ganze Welten erschaffen und bewahren könnten und dieses Gelingen ihnen das nötige Selbstvertrauen gebe, auch andere Aufgaben in Angriff zu nehmen (vgl. Z. 50 f.).
f) …, da sie täglich übten, sich an Veränderungen anzupassen, vielschichtige Probleme zu durchschauen, sich an anderen zu messen und für das eigene Handeln Verantwortung zu übernehmen (vgl. Z. 53–55).

▷ S. 60 **3**
1.) Computerspiele fördern Gewaltbereitschaft und Aggressivität.
2.) Computerspiele verleiten zur Passivität und vergeuden kostbare Zeit.
3.) Moderne Computerspiele führen zu Vereinzelung und Vereinsamung.

4 *Richtig ist Lösung b.*

5 *Zusammen gehören:*   a) + 3 + E   b) + 6 + C   c) + 1 + H   d) + 7 + D
e) + 2 + B   f) + 4 + G   g) + 5 + F   h) + 8 + A

6 *Weitere mögliche Beispiele sind u. a.:*
Personifikation: Kulturkritik zieht in den Krieg (Z. 4); Computerspiele den schlechtesten Leumund haben (Z. 10–11)
Metapher: „gewaltige Schinken" (Z. 28)
Aufzählungen: „Humor, Aufgeschlossenheit und Schlagfertigkeit" (Z. 39); „komplex, vielschichtig, herausfordernd" (Z. 27)
Anglizismen: „Gamer" (Z. 53); „Flow" (Z. 22); „Cyberwelten" (Z. 60)
Steigerungsformen: „‚Brainware' vom Feinsten" (Z. 27) = Superlativ; „viel, viel spektakulärer" (Z. 61) = Komparativ
Leitfragen: „Wie groß ist die Gefahr …?" (Z. 2); „Welche Eigenschaften entwickeln die Spieler?" (Z. 35)
Übertreibungen: „mit unendlichen Tabellen, …" (Z. 28–29); „enorm komplex" (Z. 27)
Fachbegriffe: „Realitätsverlust" (Z. 2); „Verwahrlosungs- und Entfremdungstendenzen" (Z. 17–18); „Symbolverarbeitung, Orientierungssinn und Verknüpfung …" (Z. 33–34) usw.

▷ S. 61 **7** *Argumente für Computerspiele:* – stimulieren unser Gehirn; – wirken pädagogisch; – fördern Denk- und Gedächtnisleistung; – trainieren Eigenschaften, die man im 21. Jahrhundert braucht (Sozialkompetenz, Koordinationsfähigkeit, Flexibilität, Wettbewerbslust, Selbstbewusstsein)
Argumente gegen Computerspiele: – verstärken Aggressivität oder verleiten zu Gewalt; – können bereits bestehende Verwahrlosung oder Entfremdung verstärken; – verschwenden Zeit; – können zu Vereinsamung führen

8 *Weitere Argumente für Computerspiele:* – man lernt den Umgang mit Computern; – man verbessert sein Reaktionsvermögen; – man kann gefahrlos seine Grenzen testen; – man kann sich „ohne Folgen" abreagieren
Weitere Argumente gegen Computerspiele: – teures Hobby; – kann süchtig machen; – Bewegungsmangel macht dick und krank; – Flucht in eine Scheinwelt; – Reizüberflutung

9 *Hier gibt es keine richtige oder falsche Antwort, es kommt auf deine Begründung an, z. B.:* Am ehesten kann ich mich der Aussage von Lena anschließen, weil ich oft beobachte, dass Jungen nur noch vor dem Computer sitzen und gar nicht mehr an die frische Luft gehen. Dadurch bleiben sie immer für sich und anderen fehlen von heute auf morgen Spielkameraden.

Lösungsheft

Eigene Meinung: Meiner Ansicht nach sollte man Computerspiele nicht verteufeln, denn man kann nicht bestreiten, dass sie auch positive Seiten haben. Allerdings sollte man Sport und Freunde deswegen nicht vernachlässigen.

10 *Hier kommt es auf deine Position an. Entscheide nach Überzeugungsstärke der Argumente.*

▷ S. 62 **D Schreibplan erstellen**

1 *Die Lücken könnten folgendermaßen gefüllt werden:* die positiven Wirkungen von Computerspielen auf unsere Gesellschaft → Matthias Horx → dass Computerspiele Gewalt und Aggressionen fördern und zu Einsamkeit und Verwahrlosung führen → dass Computerspiele die Intelligenz fördern würden.

2 *Die Reihenfolge lautet:* 1. f) → 2. d) → 3. b) → 4. e) → 5. a) → 6. c)

3 + **4** + **5** + **7** *siehe Lösung* **6**

▷ S. 63 **6** *Zusammen gehören:* (1) und C (2) und B (3) und A.
So könnte deine Lösung aussehen:

Der vorliegende Artikel mit dem Titel „Wie wirken sich Computerspiele auf unsere Kultur und Gesellschaft aus?" aus dem P.M. Magazin vom Juni 2000 thematisiert die positiven Eigenschaften von Computerspielen. Der Autor Matthias Horx widerlegt darin die weit verbreitete Ansicht, dass Computerspiele Gewalt erzeugen sowie Verwahrlosung verstärken. Dabei greift der Verfasser hauptsächlich auf die Thesen Steven Johnsons zurück, der behauptet, dass Computerspiele die Intelligenz fördern würden.
Diese positive Bewertung geht vor allem davon aus, dass Computerspiele Beispiele für den Mephisto-Effekt seien und man sie daher aus erzieherischer Perspektive positiver bewerten sollte. Spiele seien heute so komplex, dass sie sich in vielfacher Weise förderlich auf die Intelligenz auswirkten. Dem Text zufolge seien Computerspiele keine passive Unterhaltung, sondern aktiv und sinnvoll genutzte Zeit (vgl. Z. 21 f.). Denn Spieler trainierten Gehirn- und Gedächtnisleistungen, die heute im Arbeitsalltag erforderlich seien (Z. 29 f.), wie etwa komplexe Abläufe zu koordinieren und dabei den Überblick zu behalten. Computerspieler, so urteilt Horx, besäßen große soziale Kompetenzen, denn sie seien geübt darin, mit anderen auf ein Ziel hin zu arbeiten (vgl. Z. 37 f.). Dass es ihnen leichtfällt, komplexe Probleme zu lösen, weil sie es gewohnt seien, nach Alternativen zu suchen, ist eine weitere These (vgl. Z. 44 f.). Zudem – so argumentiert der Autor – entwickelten die Spieler häufig einen gesunden Ehrgeiz, da der Wettstreit ihnen Spaß mache und nur einer siegen könne (vgl. Z. 46 f.). Außerdem wird die These vertreten, dass „Gamer" selbstbewusster seien, weil sie im Spiel ganze Welten erschaffen würden und dieser Erfolg ihnen das nötige Selbstvertrauen gebe, auch andere Aufgaben in Angriff zu nehmen (vgl. Z. 50 f). Der Autor folgert, dass Computerspieler durch ihre Fähigkeiten bestens auf die Herausforderungen des 21. Jahrhunderts vorbereitet seien, da sie täglich übten, sich an Veränderungen anzupassen, vielschichtige Probleme zu durchschauen, sich an anderen zu messen und für das eigene Handeln Verantwortung zu übernehmen (vgl. Z. 53–55).
Der argumentative Aufbau des Textes lässt sich folgendermaßen beschreiben: **Eingeleitet wird der Text durch einen kurzen Vorspann, in dem** der Gegenstand der Diskussion erläutert wird und strittige Fragen aufgegriffen werden. **Der Verfasser eröffnet seine Argumentation mit der These, dass neue Medien** zunächst immer negativ beurteilt würden. **Als Belege für diese Behauptung führt er Beispiele an wie etwa** die ersten überkritischen Reaktionen auf den Roman oder den Film, die heute Kulturgüter seien. **Noch vor der Darstellung der eigenen Position wird die Kritik vorweggenommen:** Der Autor widerlegt zunächst die Behauptung, dass Videospiele regelmäßig Auslöser für Handgreiflichkeiten an Schulen seien. **Im vierten Abschnitt entkräftet er weitere oft genannte Gegenargumente,** nämlich dass Computerspiele zu passiv seien, Zeit vergeudeten und zu Vereinsamung führten. **Im Anschluss daran präsentiert Matthias Horx seine zentrale These,** dass Computerspiele die Intelligenz förderten. **Er beruft sich dabei auf Steven Johnson, der in seinem Buch** Computerspiele als typisches Beispiel für den „Mephisto-Effekt" beschreibt. **Stephen Johnsons Behauptung stützt sich auf mehrere Argumente, nämlich** zum einen durch die Komplexität der Spiele und zum anderen durch deren positive Auswirkungen auf den Spieler. **Dabei geht der Verfasser erneut auf ein häufig vorgebrachtes Gegenargument ein,** das er widerlegt, und präsentiert eine eindrucksvolle Liste wertvoller Eigenschaften, die Spieler seiner Meinung nach entwickeln. **Matthias Horx beendet seine Argumentation mit der oben genannten Schlussfolgerung. Es folgt abschließend ein Ausblick in die Zukunft, in dem der Autor** auf die rasante Entwicklung hinweist, die in diesem Bereich zu erwarten sei.
Der Beginn des Textes ist so stark von Bildern und Personifikationen geprägt, dass der Leser sich die Debatte sofort als Kampf vorstellen kann: Da „zieht die Kulturkritik in den Krieg" (Z. 4), Romane werden „gebrandmarkt" (Z. 5) und neue Medien müssen um ihren Ruf fürchten (vgl. Z. 10–11). Dieses Bild und der geschichtliche Rückblick unterstreichen, dass diese Debatte nicht nur sachlich geführt wird. Im weiteren Verlauf der Argumentation häufen sich Aufzählungen, Steigerungsformen und Übertreibungen: Computerspiele seien „enorm" komplex (Z. 27) und nur mit Hilfe von „unendlichen Tabellen, Details, Statistiken" (Z. 28–29) zu bewältigen, die Handbücher stehen dem Leser dank einer Metapher gleich als „gewaltige Schinken" (Z. 28) vor dem inneren Auge. Diese Aufzählungen und Übertreibungen wirken verstärkend auf die getroffenen Aussagen und sollen durch ihre „Fülle und Vielfalt" beeindrucken. Mit den durchgängig verwendeten Anglizismen wie „Spielkids" (Z. 32), „Gamer" (Z. 44) und anderen Begriffen aus der PC-Welt spricht der Autor Jugendliche an und zeigt sich als zugehörig zu dieser „Community"; Englisch lernt man als Computerfreak eben auch noch nebenbei, soll das wohl signalisieren. Außerdem verwendet der Verfasser eine ganze Reihe von Fachbegriffen wie beispielsweise „Entfremdungstendenzen" (Z. 17–18) oder „strategisches Simulationsvermögen" (Z. 30) u. a., um dem Leser auch im pädagogischen Bereich Fachkompetenz zu signalisieren.
Was die Bewertung von Computerspielen betrifft, kann ich mich der Darstellung von Matthias Horx nicht anschließen. Spiele dieser Art mögen nicht nur negative Einflüsse ausüben und sogar gewisse Fertigkeiten fördern, die in unserer modernen Welt von Nutzen sind. Meiner Meinung nach überwiegen aber trotz allem die negativen Folgen. Allein die Tatsache, dass man sich beim Computerspielen nur noch „im Kopf" bewegt und dass man dabei nicht einmal mehr die eigene Fantasie nutzt (wie beim Lesen), sondern von Reizen nur so überflutet wird, muss „passiv" machen. Allein die Gefahr, danach süchtig zu werden, wiegt in meinen Augen schwerer als

jedes positive Argument von Matthias Horx bzw. Steven Johnson. Es gibt genug Beispiele von Freunden oder Klassenkameraden, die plötzlich von der Bildfläche verschwunden sind, keine Lust mehr zu gemeinsamen Unternehmungen haben und nur noch vor dem PC sitzen. Von steigenden sozialen Fähigkeiten war da auch nichts zu bemerken und den Zeugnissen hat es meist auch nicht gutgetan. Um die Fähigkeiten und Eigenschaften zu entwickeln, die in unserer modernen Welt gefragt sind, braucht man keine aggressiven Computerspiele. Meiner Ansicht nach gibt es zahlreiche andere Möglichkeiten, diese Fähigkeiten zu trainieren – und gesündere.

S. 63 E Den eigenen Text überarbeiten

1 *In dem Beispiel fehlen Textbelege (mit Zeilenangabe) und die Wirkung der sprachlichen Mittel wird nicht (richtig) beschrieben. So könnte man den Text verbessern (Verbesserungsvorschläge sind **fett**):*

Im Text von Matthias Horx finden sich viele Fachbegriffe **wie „strategisches Simulationsvermögen" (Z. 30)** und Anglizismen **wie beispielsweise „Gamer" (Z. 44). Die Fachbegriffe tragen dazu bei, Fachkompetenz zu signalisieren, und über die Anglizismen sollen „Computerkids"(Z. 51) angesprochen werden.** Zahlreich vorhanden sind auch alle Formen der Steigerung (**„deutlich besser" (Z. 33), „schlechtesten Leumund" (Z. 10–11)** und Übertreibungen („enorm komplex" (Z. 27), **„unvergleichliches soziales Erlebnis" (Z. 37))**, die die Wirkung des Textes verstärken und den Leser beeindrucken sollen. Mit den anschaulichen Bildern, die der Autor zu Beginn des Textes gegen die „Kulturkritik" ins Feld führt (gebrandmarkte Romane (vgl. Z. 5), Medium Film steht unter Verdacht (vgl. Z. 6–7) usw.), gelingt es ihm, **dem Leser die Heftigkeit und Unsachlichkeit der Debatte sozusagen bildlich vor Augen zu führen.**

Mit häufig verwendeten Anglizismen wie „Spielkids" (Z. 32), „Gamer" (Z. 44) und anderen Begriffen aus der PC-Welt spricht der Autor Jugendliche an und betont seine Zugehörigkeit zu dieser „Community". Durch Fachbegriffe aus der Pädagogik und Psychologie zeigt der Autor seine Kompetenz auch auf diesem Gebiet, denn darum geht es hier schließlich (z. B. „motivierte, kreative Wissensarbeit" (Z. 22) oder „Symbolverarbeitung" (Z. 33), „Hirn-Hand-Koordination" (Z. 42–43)).

S. 64 *Botho Strauß:* Drüben –
Eine Kurzgeschichte analysieren und interpretieren

S. 65 A Die Aufgabe verstehen

1 *Folgende Teilaufgaben sind zu bearbeiten: c, d, f und h.*

S. 66 B Erstes Textverständnis – Ideen entwickeln

1 *Möglich sind hier folgende Lösungen:*

2 *Mögliche Antwort:* Die alte Frau bleibt allein; sie redet mit sich selbst, um sich zu beruhigen und weil sie niemand anderen hat. Sie spricht ganz leise, weil sie gelernt hat, dass „man keine Selbstgespräche führt".

3 *Hauptfigur:* deckt den Tisch → wartet auf Tochter → beobachtet Fluss und Straße → telefoniert mit Schwiegersohn → deckt Tisch wieder ab

4 *alte Frau im Altersheim:* tritt auf den Balkon → schlägt mit einem Tuch in die Luft → tritt ins Zimmer zurück → schließt die Tür → wirft entrüstet die Arme hoch

5 Die „schrullige Person" im Altersheim gegenüber wirkt wie ein Spiegelbild der alten Frau, die vergeblich auf ihre Tochter wartet. Beide fühlen sich nutzlos, sprechen (mangels Gesprächspartner) mit sich selbst und scheinen über ihre Umwelt entrüstet bzw. von ihren Mitmenschen enttäuscht zu sein. Während die Frau im Altersheim ihre Enttäuschung jedoch körperlich ausdrückt, bleibt die alte Frau in der Wohnung eher passiv und regungslos.

▷ S. 67 **6** a) Die alte Mutter beschäftigt sich mit dem Geschehen auf dem Fluss und der Straße vor ihrem Fenster, den Gegenständen auf dem gedeckten Tisch (Servietten, Kaffeesahne usw.), ihrer Häkeldecke (um nicht ins Grübeln zu kommen); sie macht sich Gedanken über ihr zukünftiges Zimmer im Altenheim gegenüber, über ihre Tochter bzw. den Grund ihrer Verspätung und über ihr Portemonnaie.
b) Es könnte sein, dass sie den Schritt aus ihrer Wohnung hinaus nicht mehr schafft, da sie bereits jetzt zu passiv ist.

7 Der Konjunktiv zeigt an, dass die Zukunftsvorstellungen der alten Frau unrealistisch sind. Sie setzt schon jetzt keinen Fuß vor die Tür.

8 *Textstellen, an denen die Mutter bewegungslos ist:* „sitzt sie" (Z. 1.); „Sie sitzt" (Z. 5 f.); „wartet" (Z. 6); „Sie hält ihren Kopf aufgestützt" (Z. 12 f.); „Sie setzt sich wieder" (Z. 15); „Doch das Warten ist stärker, es fordert, dass man sich still verhält" (Z. 18 f.); „Sie steht eine Weile" (Z. 61); „steht vor dem gedeckten Tisch" (Z. 65); „Dann setzt sie sich an den Tisch auf ihren Platz" (Z. 67).
Textstellen, an denen die alte Frau in Bewegung ist: „Sie steht auf, rückt auf dem Tisch die Gedecke zurecht, faltet ..." (Z. 14 f.); „Aus der Truhe holt sie die Häkeldecke ..." (Z. 17 f.); „Die alte Frau sucht" (Z. 53); „Dann geht sie langsam ..." (Z. 64).

9 + **10** Die alte Frau und die „schrullige Person" im Altenheim sollten einen sehr kleinen Aktionsradius, die Tochter und ihr Ehemann einen sehr großen erhalten. Der Aktionsradius der Tochter und ihrer Mutter sollten sich nicht überschneiden.

11 Tatsächlicher Blickwinkel: Wohnung alte Frau → Altenheim
Perspektive in ihrer Vorstellung: Wohnung alte Frau ← Altenheim
Die alte Frau blickt schon jetzt aus dem Altersheim auf ihr heutiges Leben, als gehöre es schon zur Vergangenheit. Möglicherweise fühlt sie sich schon jetzt dorthin „abgeschoben", weil es ihr offenbar schwerfällt, am Leben teilzunehmen.

▷ S. 68 ## C Übungen

1 a) Ergänzungen in der Spalte „*Lebensumstände, die der Erzähler mitteilt*":
(1) Z. 15: „Sie setzt sich wieder, legt die Hände lose in den Schoß", Z. 18; „Doch das Warten ist stärker"; Z. 58: „sie möge nicht länger warten"
(6) Z. 61: „Sie steht eine Weile auf dem dunklen Flur."
b) Die fehlenden **Überschriften** in dieser Spalte könnten beispielsweise lauten:
(3) Diejenigen, die der alten Frau am nächsten stehen, sind räumlich am weitesten entfernt.
(4) Auffällig ist auch das Motiv der Stille.
(5) Die alte Frau spricht mit sich selbst.
(6) ..., die das Lebensgefühl/die Stimmung der Beteiligten widerspiegeln;
c) Mögliche Stichpunkte für die Spalte „*Deutungsansätze*":
(2) – Tochter hat Kontakte zu anderen Menschen; – vergisst dabei ihre einsame Mutter; – beide alten Frauen leben ohne Kontakte zur Außenwelt.
(3) – Tochter wirkt egoistisch; – alte Frau kreist sehr um ihre Tochter; – macht sich von ihr abhängig.
(4) – Stille für alte Frau unerträglich; – muss sich immer wieder ablenken bzw. beschäftigen.
(5) – Ersatz für Gespräch mit der Tochter; – ist resigniert; – wirkt traurig (spricht lautlos).
(6) – Leben der alten Frau ist „farblos" und „dunkel"; – nähert sich dem Tod (schwarz); Licht = Hoffnung und Leben; Dunkelheit, Bewegungslosigkeit und Resignation passen zusammen.

▷ S. 69 **2** *Eindeutig falsch ist Antwort: b.*

3 *II. These: Das Decken und Abräumen des Tisches kann man als Ausdruck ihrer mütterlichen Fürsorge betrachten. Dass hier niemand davon Gebrauch macht, zeigt ihre Nutzlosigkeit deutlich.*
III. These: Die heftigen Bewegungen der alten Dame im Altenheim könnten ein letztes, unsinniges Sich-Aufbäumen gegen eine Welt sein, in der sie keinen Platz mehr findet und „keine Rolle mehr spielt".
IV. These: In ihren Gedanken kreist die alte Frau oft um Vergangenheit und Zukunft, weil in ihrer Gegenwart nichts Wichtiges mehr passiert und sie die Zeit nicht selbst sinnvoll zu füllen weiß.
V. These: Der Fluss, der „träg durch den Ort zieht", könnte für ihr Leben stehen, das langsam aber sicher an ihr vorbeizieht, für alle Stunden, die sich unerträglich langsam dahinziehen, weil sie nichts zu tun hat.

▷ S. 70 **4** a) + b) *Mögliche Lösung (weitere hilfreiche Textbausteine sind unterstrichen):*
Insgesamt stellt der Text die alte Frau als eine Figur dar, die zu Langsamkeit bzw. Bewegungslosigkeit auf engem Raum verurteilt ist. Ihre Lebenssituation ist vor allem geprägt von Stillstand und Untätigkeit. Dies zeigt sich z. B. auch darin, dass es sich als nutzlos erweist, wenn sie denn einmal tätig wird – wie z. B. beim Decken des Tisches für den erwarteten Besuch. Sie ist an einem Punkt angelangt, an dem sie den Stillstand in ihrem Leben nur noch dadurch vertreiben kann, dass sie mit sich selber redet (vgl. Z. 69). Auffällig in diesem Zusammenhang ist das Wortfeld „träg/zäh/langsam". So heißt es z. B. in Zeile 10, dass ein „Fluss [...] träg durch den Ort zieht". Die alte Frau nimmt ihn wahr, während sie in ihrer kleinen, engen Wohnung (vgl. Z. 8) still und regungslos am Fenster sitzt und auf ihren Besuch wartet, der nicht kommen will. Diese Textstelle lässt erkennen, dass im Leben der alten Frau nichts Aufregendes mehr passiert, und diese Lebenssituation spiegelt sich in der trägen Bewegung des Flusses wider. Insgesamt kann der träge Fluss als ein Symbol gesehen werden: Er steht dafür, dass das Leben an der alten Frau „vorbeiläuft" und dass diese Zeit unerträglich langsam verrinnt. An anderer Stelle teilt der Erzähler mit, dass die alte Frau den Autoverkehr vor ihrem Haus wahrnimmt. Auch dieser Strom „bewegt sich nur zäh" (Z. 12) an ihr vorbei, in ihrem Umfeld sind alle Geschwindigkeiten drastisch reduziert.

D   Den Schreibplan erstellen

▷ S. 70

1 + 2   *Folgende Elemente könnte deine Mind-Map enthalten (vgl. die Aufgaben 1 bis 3 im Teil C):*
Bewegung/Tätigkeiten: – Decken des Tisches; – Abdecken; – schrullige Alte schlägt mit Tuch → Nutzlosigkeit / Sinnlosigkeit
Lebensumstände: Sehnsucht nach Gesellschaft; – möchte besucht werden; – Ausflugsverkehr; – Tochter
→ Einsamkeit / Ausgeschlossensein
Stillstand/Bewegungslosigkeit: – warten; – sitzen; – „lautlos sprechende Lippen"; – „stilles ... Gegenüber" → Erstarrung / Lähmung
Lebensgefühl/Aussichten: – leere Gegenwart; – Erinnerungen; – unrealistische Zukunftsvisionen → fehlender Lebensinhalt
Hell-/Dunkel-Kontraste: – „endlich Sonne"; – dunkler Flur; – Schattenseite → Traurigkeit /Todesahnung?

3   *Informationen für die Einleitung:* Autor: Botho Strauß, Textsorte: Kurzgeschichte, Titel: „Drüben", Erscheinungsjahr: 1987

▷ S. 71   **4**   In einer 1987 publizierten Kurzgeschichte mit dem Titel „Drüben" stellt Botho Strauß die Lebenssituation einer alten Frau dar.

5   Die Hauptfigur wartet an einem Sonntagnachmittag in ihrer Wohnung vergeblich auf ihre Tochter und deren Mann, die sie zum Kaffeetrinken eingeladen hat. Der Tisch ist gedeckt und sie hat sich für diesen Anlass hübsch gemacht. Wartend beobachtet sie den Ausflugsverkehr, der ebenso zäh aus der Stadt hinausströmt wie der Fluss, der an ihrem Haus vorbeifließt. Sie erinnert sich dabei an ihre Vergangenheit und hängt ihren Plänen nach, in ein gegenüberliegendes Altenheim zu ziehen. Die Tochter hat den Termin bei ihrer Mutter vergessen; und als ihr Schwiegersohn den Besuch unter einem Vorwand telefonisch absagt, räumt die alte Frau den gedeckten Tisch wieder ab, setzt sich nieder und redet leise mit sich selbst.

6 + 7   *Für den Hauptteil deiner Interpretation kannst du zunächst deine Lösung zu Aufgabe 4a auf Seite 70 im Trainer nutzen und an dieser Stelle einfügen. Die Interpretation könnte dann beispielsweise so fortgesetzt werden:*

Diejenigen, die der alten Frau von den Verwandtschaftsverhältnissen her am nächsten stehen, sind in dieser Geschichte räumlich am weitesten von ihr entfernt. Während die alte Frau sich für einen Besuch vorbereitet, den Tisch gedeckt, die Obsttorte „unter einer silbernen Glocke" bereitgestellt (Z. 3) und „ein Ohrgehänge mit Rubinen angelegt" hat (Z. 5), haben sich Tochter und Sohn weit von ihrer Wohnung fortbegeben. Die alte Frau rechnet jedoch damit, dass die beiden jeden Moment in ihrer Wohnung eintreffen und dann neben ihr am Kaffeetisch sitzen werden. Aber die „sind unter Mittag ein Stück ins Land hinausgefahren" (Z. 44 f.). In Sichtweite der alten Frau bleibt so nur die „schrullige Person" (Z. 34) im Altenheim gegenüber, die ihr vor Augen führt, wie ihre eigene Zukunft aussehen könnte. Die Tochter der alten Dame pflegt außerhalb der Stadt jene Kommunikation, an der ihre Mutter keinen Anteil mehr hat: Sie und ihr Ehemann „haben Freunde besucht und sitzen nun zusammen in einem Gartenrestaurant bei Kaffee und Kuchen" (Z. 45 f.). Der alten Frau dagegen bleibt am Ende der Geschichte nichts anderes übrig, als „die Teller und Tassen, die Bestecke und Servietten" unbenutzt wieder wegzuräumen, die sie für Tochter und Schwiegersohn aufgedeckt hatte. Und während die Tochter und ihr Ehemann ihren Aktionsradius nutzen und in Gesellschaft sein können, legt die alte Frau in ihrer „stickige[n] Wohnung" (Z. 51) „wieder den Finger zwischen die flüsternden Lippen" (Z. 68 f.) und wirkt sehr hilflos und verlassen.

Die bedrückende Lebenssituation, in der sich die alte Frau befindet, unterstreicht der Erzähler mit einer Reihe von Hell-Dunkel-Kontrasten. Dabei wird Dunkelheit jeweils dem Lebensraum der alten Frau zugeordnet. Eingangs heißt es bereits, dass die Zimmer ihrer Wohnung „an einem dunklen Flur" liegen (Z. 8 f.). In der Darstellung des Ausblicks, der sich von ihrem Wohnungsfenster bietet, werden dann zwei „Häuserzeilen" erwähnt, die ein „erwartungsloses Gegenüber von Schatten- und Sonnenseite" ergeben. Die Sonnenseiten (des Lebens) sind für die alte Frau – ebenso wie für die noch ältere Dame im Altenheim gegenüber – unerreichbar. Ihre Enttäuschung darüber sieht die wartende Mutter im Auftritt der schrulligen Person auf dem Balkon bestätigt, die in ihrer Fantasie schimpft: „Geh weg, du helle, falsche Welt!" (Z. 38). Es scheint so, als ob sie sich damit trösten will; für sie ist falsch und schlecht, was sie nicht haben kann. Falsch ist die helle Welt aber vielleicht auch, weil ihre Tochter „endlich Sonne" genießen will (Z. 49) und ihre alte Mutter darüber ganz vergisst. Und dann, als sie sich an den versprochenen Besuch erinnert, möchte sie die gute Laune unter Freunden in der Sommerfrische nicht aufgeben (vgl. Z. 48).

Alleine steht die alte Frau daraufhin „eine Weile auf dem dunklen Flur" (Z. 61). Diese Raum- und Farbsymbolik, die Enge des Flures und die Dunkelheit, machen deutlich, dass die zunehmend vereinsamende alte Frau kaum noch Lebensfreude oder Hoffnung (d. h. Licht) für sich sieht.

In einigen Erzählpassagen verwendet der Erzähler den Konjunktiv. Damit wird unterstrichen, dass die alte Frau die für sie bedrückende Wirklichkeit immer wieder in Gedanken verlässt und in ihre Wunschvorstellungen flüchtet. Da sich in ihrem Dasein wenig ereignet, rücken die Vergangenheit und die (ungewisse) Zukunft in ihren Gedanken in den Vordergrund. Während die Erinnerungen an die Vergangenheit im Indikativ stehen (vgl. Z. 28 f.), sind wichtige Aspekte der Gegenwart und Zukunft ungewiss. „Es könnte ihnen schließlich etwas zugestoßen sein", heißt es in Zeile 41, als die alte Frau unruhig wird und sich wundert, warum die Tochter zu dem verabredeten Kaffeetrinken nicht eintrifft. Dies ist jedoch nicht der Fall, denn „sie haben sich gar nicht auf den Weg gemacht zu ihr" (Z. 43). Ebenfalls im Konjunktiv stehen die Zukunftsfantasien der alten Frau, mit denen sie aus ihrer bedrückenden Wirklichkeit flüchtet: „Sie würde sich auch bemühen, die Menschen, die nach ihr dort einzögen, kennen zu lernen und einen Kontakt zu ihnen zu finden", heißt es etwa in Zeile 29 f. über ihren Plan, irgendwann ihre Wohnung anderen Mietern zu überlassen und ins Altenheim zu wechseln. Durch den Konjunktiv stellt der Erzähler zumindest in Frage, ob die alte Frau ihren Plan wirklich in die Tat umsetzen wird; denn schon jetzt gelingt es ihr nicht, aus der Isolation auszubrechen, unter der sie leidet. Die alte Frau ist in ihrem Bewegungsradius bereits deutlich eingeschränkt und kann sich nur noch in Gedanken aus ihrer Wohnung hinausbewegen. Dabei nimmt sie bereits die Perspektive einer Person ein, die sich im Altenheim befindet und auf ihre jetzige Wohnung hinüberschaut (vgl. Z. 26 f.). Vielleicht fühlt sie sich bereits dorthin abgeschoben.

7 *Hier kannst du eine persönliche Reaktion auf die Geschichte formulieren. Achte darauf, dass du die in der Geschichte dargestellte Situation der alten Frau dabei nicht aus dem Blick verlierst. So könnte die Schlussbetrachtung lauten:*

> Mir scheint das Bild vom Alter als zu einseitig: Meine Großmutter blühte erst richtig auf, als sie nicht mehr arbeiten musste und endlich alle Dinge tun konnte, die sie immer hatte aufschieben müssen. Da sie nun mehr Zeit hatte, konnte sie sich mehr Zeit für ihre Enkel nehmen, als sie je für ihre Kinder hatte, konnte Malkurse besuchen, reisen usw.
> Das Bild, das Botho Strauß in seiner Erzählung schafft, zeigt jedoch die Kehrseite der Medaille: Oft genug verlieren Menschen ihre sozialen Kontakte, wenn sie nicht mehr am Arbeitsleben teilnehmen, und ziehen sich immer mehr zurück. Mich hat beeindruckt, wie es dem Erzähler in dieser kurzen Momentaufnahme gelingt, durch Farben und Symbole die Stimmung des Textes zu unterstreichen und durch Verhaltenweisen und Aktivitäten das Lebensgefühl der Figuren einzufangen.

▷ S.71 **E Den eigenen Text überarbeiten**

1 *Folgende **Verbesserungsvorschläge** sind denkbar:*
Anfangs sitzt die Frau „[h]inter dem Fenster" (Z. 1) und wartet auf ihre Tochter. Dann kann die alte Frau ihre Lage nicht mehr ertragen und „muss sich ablenken" (Z. 17). Sie denkt über ihrer Zukunft nach. In Z. 29 heißt es dazu: „Sie würde sich auch bemühen, die Menschen […] kennen zu lernen" (Z. 29 f.). Dieser Konjunktiv II zeigt bereits durch den Modus, dass diese Pläne unrealistisch, d. h. unerfüllbar oder unmöglich sind.

2 *Vgl. die Regeln im Trainer auf Seite 73 im Tippkasten.*

Punkteraster zur Selbsteinschätzung (zur Auswertung siehe Lösungsheft S. 9/10)

	Anforderungen: Du ...	Punkte (max.)	deine Punkte
Einleitung	... formulierst einen **Einleitungssatz**, in dem du **Autor**, **Textsorte**, **Titel**, **Thema** und **Erscheinungsjahr** des Textes nennst.	5	
	Zwischensumme Einleitung	= 5	
Hauptteil	... gibst den **Inhalt** der Geschichte knapp und genau wieder.	10	
	... stellst die **Lebenssituation** der alten Frau ausführlich dar, indem du deine Ausführungen mit Hilfe von **mindestens drei Deutungsansätzen** gliederst, die jeweils einen Aspekt der Geschichte gedanklich klar wiedergeben. Dabei gehst du ein auf ...		
	→ den Lebensmittelpunkt der alten Frau und ihren räumlich eingeengten Bewegungsradius, der sich in den dargestellten räumlichen Verhältnissen im Text widerspiegelt,	4	
	→ Aktivitäten, Gedanken und Lebensgefühl der alten Frau im Verhältnis zu ihrer Tochter bzw. ihrem Schwiegersohn und der damit verbundenen Erfahrung der „Nutzlosigkeit", die symbolisch ebenso in den Hell-Dunkel-Kontrasten und anderen Motiven wie dem Fluss oder dem Ausflugsverkehr zum Ausdruck kommen,	10	
	→ die Verwendung des Konjunktivs, der die Vorstellungen der alten Frau als „Flucht" in Vergangenheit oder Zukunft kenntlich macht und hart durch ihre unerfüllte Gegenwart im Indikativ kontrastiert wird,	2	
	... und belegst diese drei Deutungsansätze **jeweils** mit **drei passenden Textzitaten** (Z. ...) bzw. Textverweisen (vgl. Z. ...), die deine Deutung unterstützen.	3 x 3	
	... **verbindest die Deutungsansätze zu einer** in sich stimmigen, d. h. **widerspruchsfreien Deutung** des Textes.	6	
	Zwischensumme Hauptteil	= 41	
Stellungnahme	... formulierst eine zusammenfassende **Schlussfolgerung** aus deinen Deutungsansätzen,	3	
	... äußerst klar deine **eigene Meinung** zu der im Text dargestellten Lebenssituation,	3	
	... **begründest** deine Ansicht, z. B. anhand von Beobachtungen aus deinem Umfeld.	3	
	Zwischensumme Stellungnahme	= 9	

Lösungsheft

	Anforderungen: Du ...	Punkte (max.)	deine Punkte
Darstel- lungs- leistung	... stellst alle Teile **geordnet** und **übersichtlich** dar und machst dabei gliedernde Abschnitte.	3	
	... **belegst Aussagen durch** korrektes und buchstabengetreues **Zitieren**.	2	
	... verwendest bei der Textwiedergabe und der Analyse das **Präsens**.	2	
	... **wechselst** bei der Wiedergabe des Inhalts einleitende **Konjunktionen und Partikel ab** wie zum Beispiel „zuerst", „dann", „darauf", „später", „im weiteren Verlauf", „zuletzt" usw.	2	
	... verwendest **treffende und anschauliche Verben, Adjektive und Nomen**, um die Lebenssituation der Hauptfigur zu kennzeichnen.	3	
	... verwendest korrekte **Fachbegriffe**, die zur Textsorte passen (Erzähler, Figur usw.).	2	
	... verwendest durchgängig **Standardsprache** und vermeidest umgangssprachliche Ausdrücke wie „total", „raus", „egal", „sowieso" usw.	2	
	Zwischensumme Darstellungsleistung	= 16	
	Gesamtpunktzahl	= 71	

▷ S. 72 # *Mascha Kaléko:* Weil du nicht da bist – Ein Gedicht analysieren

▷ S. 73 ## A   Die Aufgabe verstehen

1 *Falsch sind die Arbeitsschritte B und H.*

2 *Eine sinnvolle Reihenfolge der Arbeitsschritte ist:* 1 = A   2 = E   3 = D   4 = G   5 = I   6 = C   7 = J   8 = F

▷ S. 73 ## B   Erstes Textverständnis

1 *Folgende Stichworte könntest du notiert haben:*
Inhalt: es geht um Einsamkeit und Trennungsschmerz, das lyrische Ich sehnt sich nach einem geliebten Menschen
Sprache: einfacher Satzbau, Reime, kein Satz ist länger als eine Strophe, der Titel taucht in jeder Strophe auf

2 *Richtig ist die Aussage: b.*

▷ S. 74 **3** *Richtig sind die Antworten: a, c und e.*

▷ S. 74 ## C   Übungen

1 *Die richtige Zuordnung lautet:*
1. Strophe = B   2. Strophe = C   3. Strophe = D   4. Strophe = F   5. Strophe = A   6. Strophe = E

2 *Das lyrische Ich verzehrt sich nach einem geliebten Mann:* „Mein Lachen, Liebster, ist dir nachgereist." (Str. 6, V. 3).

3 a) *Das Reimschema der einzelnen Strophen lautet:*
1. = Kreuzreim   3. = Kreuzreim   5. = Kreuzreim
2. = Paarreim   4. = kein Reim   6. = Paarreim
b) *Es fällt auf, dass in Strophe Nr. 4 das Reimschema des Gedichts durchbrochen wird, da hier gar kein Reim vorliegt.*

▷ S. 75 **4** a) *Die Betonung liegt auf den folgenden Silben:*
Weil **du** nicht **da** bist, **sit**ze **ich** und **schrei**be   All **mei**ne **Ein**sam**keit** auf **dies** Pa**pier**.
x x́ x   x́ x   x́ x x́ x   x́   x   x   x́   x x́ x   x́   x   x́ x x́

b) *Der natürlichen Wortbetonung nach wechseln sich unbetonte und betonte Silbe ab:*
Ein **Flie**der**zweig** schlägt **an** die **Fen**ster**schei**be.   Die **Mai**en**nacht** ruft **laut**. Doch **nicht** nach **mir**.
x   x́ x x́   x   x́   x   x́ x x́ x   x   x́ x x́   x   x́   x   x́   x   x́

c) *Das Metrum des Gedichts ist ein Jambus.*

5 *Richtig ist die Antwort: d.*

6 a) *Das Wort „Einsamkeit" (Str. 1, V. 2) gibt Auskunft über die Gefühlswelt des lyrischen Ichs.*
b) *So könnte deine Beschreibung lauten:* Das lyrische Ich ist traurig, weil es sich einsam und verlassen fühlt.

Lösungsheft

7 a) *Textstellen, an denen die sehnsüchtige Stimmung des lyrischen Ichs ebenfalls zum Ausdruck kommt, sind z. B.: „Weil du nicht da bist" (V. 1 in Str. 1, 2, 3, 5, 6 und V. 4 in Str. 5) „Und wenn ich endlich nicht mehr an dich denke" (Str. 5, V. 19), „Dinge um mich reden nur von dir" (Str. 5, V. 20), „weck' vergilbte Träume" (Str. 6, V. 22), „Mein Lachen (…) ist dir nachgereist" (Str. 6, V. 23), „mein Herz verwaist" (Str. 6, V. 24).*
b) *Die passende Zuordnung ist die folgende:*
  1 = sich einsam/verlassen fühlen   3 = sich ganz zurückziehen   5 = immer an den anderen denken
  2 = blind und taub sein für Schönes   4 = trübselig herumsitzen   6 = beim Erinnern traurig werden
c) *Hier kommt es auf deine Erfahrungen an. Was hast du schon erlebt, was kennst du von anderen?*

▷ S. 76 **8** a) + b) *Diese Zuordnung ist korrekt:*
  1 = B = „graues Lied" (Str. 4, V. 15)   3 = D = „Der Rosen Duft … Der Nachtigallen" (Str. 2, V. 7)
  2 = C = „Herbst im Herzen" (Str. 4, V. 14)   4 = A = „Maiennacht ruft" (Str. 1, V. 4)
c) Synästhesie: „November singt in mir sein graues Lied" (Str. 4, V. 5)
  Metapher: „Winter im Gemüt" (Str. 4, V. 14); „weck' vergilbte Träume" (Str. 6, V. 22)
  Parallelismus: „Weil du nicht da bist" (V. 1 in Str. 1, 2, 3, 5, 6 und V. 4 in Str. 5)
  Personifikation: „Dinge um mich reden" (Str. 5, V. 20), „starrt die Nacht mich an" (Str. 3, V. 10)

9 *Die richtigen Antworten sind: b, c, f, h und i.*

▷ S. 77 **10** a) *Folgende Begriffe könntest du mit dem Wort „Sehnsucht" assoziieren:* Ferne, Wunsch, Wunschdenken, Schmerz, Traurigkeit, Ohnmacht, Verzweiflung, Wut, Hoffnung, Vorfreude, liebe Menschen, bester Freund/beste Freundin, keine Lust, Meer, Fernweh …
b) *Diese Lösung hängt davon ab, was du im Ideenstern untergebracht hast; sie könnte lauten:*
  Übereinstimmungen: Traurigkeit und Herbeiwünschen kenne ich gut, auch Lustlosigkeit.
  Unterschiede: Ich fühle mich nicht verspottet, aber kann das Glück anderer nicht gut ertragen, wenn mir jemand fehlt.
  Ergänzungen: Mich wundert, dass das lyrische Ich nicht auch wütend wird – mir geht es so.

11 *Eine mögliche Meinung könnte so lauten: Mir gefällt das Gedicht, weil ich eine ähnliche Situation auch schon einmal erlebt habe. Das lyrische Ich ist traurig, da es vermutlich eine geliebte Person für einen längeren Zeitraum nicht (oder vielleicht nie mehr?) wieder sehen wird. Der Text vermittelt eine verzweifelte Grundstimmung, die ich aber sehr passend finde. Die Gefühlswelt ist sehr anschaulich und nicht übertrieben dargestellt, sodass beim Leser der Eindruck entsteht, das lyrische Ich sei ein sensibler Mensch.*

▷ S. 78 ## D Den Schreibplan erstellen

1 *Der Einleitungssatz könnte so klingen:*
Das Liebesgedicht „Weil du nicht da bist" von Mascha Kaléko, das erst nach ihrem Tod veröffentlicht worden ist, handelt von der Sehnsucht nach einer geliebten Person.

2 *Eine sinnvolle Reihenfolge der einzelnen Punkte könnte sein:*
Hauptteil: 1. = Inhaltswiedergabe → 2. = Das Motiv der Sehnsucht, → 3. = Die äußere Form → 4. = Sprachliche Mittel → 5 = Deutung der Ergebnisse
Schluss 1. = Erfahrung des lyrischen Ichs → 2. = Erfahrungen und Beobachtungen, 3. = Eigene Stellungnahme

3 *Die Auszüge entsprechen der Reihenfolge: H → E → S.*

▷ S. 79 ## E Den eigenen Text überarbeiten

1 *Die jeweils besseren Formulierungen sind: b, c und f und h.*

2 *Neben den fehlenden Reimen fällt die vierte Strophe auch deswegen auf, weil sie als einzige Strophe nicht mit dem Parallelismus „Weil du nicht da bist" (V. 1, 5, 9, 17, 21) beginnt. Dieser Nebensatz ist hier in den letzten Vers gefügt, sodass er gleich zu Beginn der folgenden Strophe noch einmal wiederholt wird (vgl. V. 16 und 17). Er gewinnt damit noch größere Bedeutung für die Situation, in der das lyrische Ich sich befindet: „Hier unterm Dach sitz' ich beim Schirm einer Lampe" (Str. 4, V. 13). In dieser Situation spürt das lyrische Ich den ~~Winter~~ „Herbst im Herzen und den ~~Herbst~~ Winter im Gemüt" (Str. 4, V. 14). Es fühlt die ganze Schwermut dieser dunklen Jahreszeiten in sich, in der – bildlich gesprochen – der November „sein graues Lied" (Str. 4, V. 15) singt.*

26

Lösungsheft

Punkteraster zur Selbsteinschätzung (zur Auswertung siehe Lösungsheft S. 9/10)

	Anforderung: Du…	Punkte (max.)	deine Punkte
Einleitung	… formulierst einen **Einleitungssatz**, in dem du die **Autorin**, die **Gedichtart**, den **Titel** und das **Thema** des Gedichts nennst.	5	
	Zwischensumme Einleitung	= 5	
Hauptteil	…stellst den **Inhalt** strophenweise dar, indem du besonders auf die **Gefühlslage** des lyrischen Ichs und das **Motiv der Sehnsucht** eingehst.	6 x 1	
	… beschreibst formale Aspekte:		
	• **Gedichtaufbau**: 6 Strophen mit jeweils 4 Versen,	2	
	• **Reimschema** (Kreuz-, Paar-, Kreuzreim, kein Reim, Kreuz-, Paarreim),	6 x 1	
	• gleichmäßiges **Metrum** (Jambus).	1	
	… beschreibst sprachliche Aspekte (mit Strophen und Versangabe):		
	• mindestens ein **Parallelismus**, z. B.: „Weil du nicht da bist" (jede Strophe)	2	
	• mindestens eine **Metapher**, z. B.: „Herbst im Herzen" (Str. 4, V. 2)	2	
	• mindestens eine **Personifikation**, z. B.: „November singt …" (Str. 4, V. 3)	2	
	• mindestens eine **Synästhesie**, z. B.: „… sein graues Lied" (Str. 4, V. 3)	2	
	… untersucht formale/sprachliche Aspekte in ihrer Wirkung, z. B. …		
	• … wirken die baugleichen **Strophen** und das gleichmäßige **Versmaß** eintönig und bedrückend, passend zur Stimmung des lyrischen Ichs.	2	
	• … klingt der wiederkehrende **Parallelismus** „Weil du nicht da bist" wie ein Seufzer/Gedanke, der alles überschattet und keine Ablenkung gelingen lässt.	2	
	• … lassen die **Metaphern** die Stimmung des lyrischen Ichs wir die Natur im Winter und Herbst erscheinen: trübselig, dunkel, kalt und ungemütlich.	2	
	• … verstärken die **Personifikationen** (sprechende Dinge, rufende Natur) den Eindruck der Einsamkeit, die das lyrische Ich spürt.	2	
	• … unterstützen die ungewöhnlichen Sinneswahrnehmungen (**Synästhesien**) diese Eindrücke und Gefühle des lyrischen Ichs.	2	
	… verknüpfst formale, sprachliche und inhaltliche Aspekte, z. B. …		
	• … verdeutlicht der gleichmäßige **Rhythmus** den dauerhaften Schmerz des lyrischen Ichs.	3	
	• … unterscheidet sich die **vierte Strophe** von allen anderen: Sie reimt sich nicht und endet mit der Wendung „weil du nicht da bist". Sie stellt eine Art **Höhepunkt** des Schmerzes dar, der sich auch in den Metaphern zeigt.	3	
	Zwischensumme Hauptteil	= 39	
Schluss	… stellst abschließend dar, in welchen Punkten du die Erfahrungen des lyrischen Ichs nachvollziehen kannst und in welchen nicht.	4	
	… knüpfst an **eigene** und/oder **fremde Erfahrungen** an, wie es beispielsweise eine Trennung, ein Abschied oder ein Verlust sein könnten, und stellst Bezüge her, z. B.: Die Verse erinnern mich an die Trennung von meinem Freund. In der Zeit danach kam mir alles sinnlos vor, eben weil er nicht da war.	4	
		4	
	Zwischensumme Schluss	= 12	
Darstellungsleistung	… gliederst deinen Text in sinnvolle **Abschnitte** (Hauptteil, Einleitung, Schluss).	3	
	… verwendest durchgehend das **Präsens** (auch bei der Wiedergabe des Inhalts).	1	
	… bemühst dich um **variierende Satzanfänge** (z. B. „zunächst", „dann", „daraufhin", „anschließend", „zuletzt", „außerdem", „ferner", „schließlich", „daneben" usw.).	2	
	… wechselst die **Verben** (z. B. „beschreibt", „stellt dar", „veranschaulicht" bzw. „erscheint", „wirkt", „erweckt den Eindruck" sowie „ich finde", „meiner Ansicht nach ist", „bin ich der Auffassung").	2	
	… **zitierst** wörtlich und korrekt in Anführungszeichen mit **Versangabe**.	2	
	… vermeidest Umgangssprache (z. B. „etwas" statt „was").	1	
	… verwendest die korrekten **Fachbegriffe** (z. B. Metapher, Personifikation usw.).	2	
	… verknüpfst Aussagen zu Satzgefügen durch geeignete **Konjunktionen** (z. B. „weil", „damit", „obwohl", „sodass", „indem", „als", „während", „nachdem" usw.).	2	
	Zwischensumme Darstellungsleistung	= 15	
	Gesamtpunktzahl	= 71	

▷ S. 80 # Ausziehen = Erwachsen werden? – Informationen aus Texten entnehmen, in Beziehung setzen und bewerten

▷ S. 82 ## A Die Aufgabe verstehen

1 a) *Schlüsselbegriffe* und **Operatoren** der Aufgabenstellung sind: **Stelle** die *zentralen Aussagen* ... *knapp* und *präzise* **dar**; *Vergleiche* die Aussagen von *M1* und *M4* ...; **Nimm** ... **Stellung** ...; **Beziehe dich** dabei *auch* ... *auf* ...
b) Folgende Aussagen sind richtig: b, c, f und g.

▷ S. 82 ## B Erstes Textverständnis – Stoff sammeln

1 Die richtige Antwort ist: d.

2 M1: D (auch C)   M2: C und D   M3: B   M4: A (auch B)

▷ S. 83 ## C Übungen

1 Markierte **Schlüsselwörter** und → **Kernaussagen**:
in M1: **Entwicklungsstopp** oder **Warteschleife** oder **verzögerte Reife, unangemessene Unterstützung, Hotel Mama, (fehlende) Konflikte, evtl. fehlende finanzielle Basis**
→ **Kernaussage**: Ein später Auszug aus dem „Hotel Mama" verzögert den Reifungsprozess.
in M2: **fehlende Spannung, zutiefst beunruhigend, wirtschaftliche Verhältnisse schwierig, Wie ... sich da abgrenzen?**;
→ **Kernaussage**: Die Spannungen zwischen den Generationen bleiben aus. Dadurch wird es für die Jugendlichen immer schwieriger, sich abzugrenzen bzw. erwachsen zu werden.
in M3: 1985: 12 % + 41 % = Konsens, 37 % + 11 % = Abweichung; 2006: 15 % + 56 % = Konsens, nur 27 % Abweichung
→ **Kernaussage**: Immer mehr junge Erwachsene stimmen mit der Erziehung ihrer Eltern überein.
in M4: **Mithilfe im Haushalt, gleichberechtigte Beziehung, ... was heißt ... Ablösung?, Hauptgründe ... später ausziehen?**; → **Kernaussage**: Ablösung ist nicht gewollt, Auszug garantiert nicht Selbstständigkeit.

2 a) 2006: 15 % würden „genau so", 56 % würden „ungefähr so" erziehen, wie sie selbst erzogen wurden.
b) 1985: 37 % würden ihre Kinder „teilweise anders", 11 % würden sie „ganz anders" erziehen.

3 Die Zahlen lauten in der Reihenfolge des Einsetzens: 1985, 27 %.

4 M1: a, b, c, e, g   M2: b, (c), d, e, g   M3: (c), d   M4: a, c, f, h

▷ S. 84 **5** Hier gibt es keine richtige oder falsche Lösung, deine Meinung ist entscheidend.

6 Mögliche Gedanken oder Beobachtungen könnten sein:
– **Spaß an der Unabhängigkeit**: z. B.: selbst einkaufen; sich selbst versorgen; Zeit frei einteilen; essen, was man möchte; sein eigener Herr (im Haus) zu sein ...
– **Entwicklung zur Selbstständigkeit**: Geld selbst einteilen, Kochen lernen, für das eigene Leben Verantwortung übernehmen; Herausforderungen des Alltags annehmen; erwachsen werden ...
– **Angst vor dem Alleinsein**: Kontakt zur Familie schwindet; wachsende Verantwortung tragen; allein wichtige Entscheidungen treffen müssen ...
– **Scheu vor der Arbeit**: immer selbst kochen?; keine Lust auf Tischabräumen, Abwaschen, Putzen, Wäschewaschen ...

7 + **8** *Pro*-Argumente:
– (1) Zum Erwachsenwerden gehört es, die Belange des Alltags selbstständig zu meistern.
– (2) Zu viel Unterstützung und zu wenig Konflikte verhindern eine Weiterentwicklung.
– (3) Ausziehen aus der elterlichen Wohnung erzwingt bzw. erleichtert diesen Reifeprozess.
Kontra-Argumente:
– (1) Auch im elterlichen Haushalt kann man eigenverantwortlich Pflichten übernehmen.
– (2) Die Beziehung zu den Eltern kann auch unter einem Dach partnerschaftlich sein bzw. „reifen".
– (3) Eine räumliche Trennung führt nicht „automatisch" zu zunehmender Selbstständigkeit.

▷ S. 85 ## D Den Schreibplan erstellen

1 *Einleitung*: Einstieg in das Thema formulieren, gemeinsame Problemstellung und Quellen nennen
Wenn du die vollständige Einleitung schreibst, kannst du die Lösung zu Aufgabe 1 im Teil B verwenden.
Hauptteil: Darstellung der zentralen Aussagen aller Materialien, Vergleich der Aussagen aus M1 und M4
Zur Darstellung der zentralen Aussagen kannst du die Ergebnisse aus Aufgabe 2 im Teil B und aus Aufgabe 1 im Teil C verwenden, für den Vergleich kannst du dich an den Aufgaben 2, 3 und 4 in Teil C orientieren.
Schluss: Stellungnahme unter Berücksichtigung eigener Beobachtungen und Erfahrungen
Greife dafür auf die Vorarbeiten aus Aufgaben 5 bis 9 im Teil C und Aufgabe 5 und 6 im Teil D zurück.

2 – 5 *siehe Musterlösung*

S. 86 **6** b) *So könnte deine Lösung lauten:*

Es ist zu beobachten, dass Heranwachsende im Gegensatz zu früher deutlich später von zu Hause ausziehen. Vor diesem Hintergrund beschäftigen sich die vier vorliegenden Materialien mit dem Thema der Ablösung junger Menschen von ihrem Elternhaus und dem veränderten Verhältnis zwischen den Generationen. Es werden dabei aus gegensätzlicher Sicht zwei Fragen behandelt, nämlich welche Rolle das Ausziehen aus der elterlichen Wohnung in diesem Zusammenhang spielt und ob man überhaupt unter dem Dach der Eltern erwachsen werden kann.

Die Materialien M1, M2 und M3 stimmen zwar grundsätzlich in der Bewertung des Sachverhalts überein, setzen aber unterschiedliche Schwerpunkte: Im Focus-Artikel (M1) wird dargestellt, dass Jugendliche heute durchschnittlich 10 Jahre später von zu Hause ausziehen, als das noch in den 1970er Jahren der Fall war. Grundlage des Artikels ist eine Studie, die dieses Phänomen als Verzögerung des seelischen Reifungsprozesses betrachtet. Ursachen für dieses Verhalten seien zum einen äußere Gegebenheiten wie z. B.: längere Ausbildungszeiten und schlechtere finanzielle Voraussetzungen der Familien. Zum anderen wird behauptet, dass die jungen Menschen zu Hause zu viel Unterstützung und zu wenige Konflikte erlebten.

Auf diese fehlende Spannung zwischen den Generationen weist auch der Artikel (M2) aus der Wochenzeitung „DIE ZEIT" hin, der sich inhaltlich auf Ergebnisse der Shell-Jugendstudie 2006 bezieht. Eine Tabelle aus der Shell-Studie (M3) zeigt, dass heute immer mehr junge Erwachsene die Erziehung durch ihre Eltern als nachahmenswert empfinden. Viele wollen ihre Kinder heute so erziehen, wie sie selbst erzogen wurden. Zum Vergleich: 1985 wollten dies nur 53 % der Befragten tun, 2006 hingegen 71 %.

Ursachen für diese neue Harmonie sieht Prof. Hurrelmann, Leiter der Shell-Jugendstudie, vor allem in der Tatsache, dass Eltern ihren Kindern immer ähnlicher würden. Jugendliche hätten deshalb kaum noch Möglichkeiten, sich von Vater und Mutter abzugrenzen. Das wird in dem ZEIT-Artikel als „zutiefst beunruhigend" bewertet.

Im Gegensatz dazu argumentiert die Studentin in dem Interview (M4), dass ein Auszug aus der elterlichen Wohnung ihrer Beobachtung nach kein Anlass sein muss, um selbstständig zu werden. Sie betont außerdem, dass sie viele Gegenbeispiele kenne und man auch im elterlichen Haus Verantwortung übernehmen könne. Außerdem strebe sie eine Ablösung von ihren Eltern nicht an.

Zum Thema „Ausziehen bedeutet erwachsen werden" nehmen die Materialien M1 und M4 gegensätzliche Positionen ein. Ein spätes Ausziehen wird in dem Focus-Artikel eindeutig negativ bewertet und mit einer verzögerten Reife gleichgesetzt. Es wird behauptet, dass die Eltern ihre noch zu Hause wohnenden Kinder zu sehr verwöhnten und unterstützten. Deshalb hätten diese gar nicht den Wunsch auszuziehen („Hotel-Mama-Effekt") und könnten sich nicht weiterentwickeln. Ein weiteres Problem wird darin gesehen, dass in vielen Familien Konflikte vermieden würden. Diese aber seien für das Erwachsenwerden unverzichtbar.

Im Rahmen eines Interviews argumentiert die Studentin Nicole M., die noch zu Hause wohnt, heftig gegen diese Auffassung. Sie hebt vor allem hervor, dass man sich trotz der eigenen vier Wände ausgesprochen abhängig und unselbstständig verhalten könne. Dagegen fühle sie sich frei und unabhängig, da das Verhältnis zu ihren Eltern gleichberechtigt und partnerschaftlich sei. Gegen den Vorwurf, das bequeme Hotel Mama auszunutzen, wehrt sie sich ebenfalls – mit dem Hinweis, dass eine Mithilfe im Haushalt für sie eine Selbstverständlichkeit sei.

In Teilen kann ich mich der Argumentation der Studentin anschließen, die sehr deutlich die Position vertritt, dass man auch im Zusammenleben mit den Eltern selbstständig und erwachsen werden kann. Dennoch bin ich grundsätzlich der Ansicht, dass der Auszug aus der elterlichen Wohnung das Erwachsenwerden begünstigt. Für einen Auszug spricht dabei, dass es innerhalb der Familie schwieriger ist, aus den gewohnten Rollen auszubrechen und sich auf Augenhöhe zu begegnen. So kenne ich etliche Beispiele aus meinem Freundeskreis, denen das erst nach dem Auszug gelungen ist. Andererseits zeigt sich bei Freunden, die eine eigene Wohnung bezogen haben, dass die Bewältigung des Alltags (Haushalt, Versicherungen, Behördengänge u. Ä.) eine Entwicklung zur Selbstständigkeit beschleunigt. Für mich besteht kein Zweifel daran, dass räumlicher Abstand diese Entwicklung fast erzwingt, z. B.: ein Aufenthalt im Ausland. Sich auf eigene Beine zu stellen, ist für mich das Natürlichste auf der Welt, um unabhängig zu werden – und dazu gehört für mich eine eigene Wohnung.

Lösungsheft

▷ S. 87 *Susann Reichert:* Medien von morgen – Geschlossene Aufgabenformate trainieren

▷ S. 88 Zuordnungsaufgaben

1 *Die richtige Zuordnung der Überschriften zu den Textabschnitten lautet:* a = 2   b = 4   c = 1   d = 5   e = 3

▷ S. 89 **2** *Zu den Anglizismen gehören folgende Worterklärungen:*   1 = D   2 = G   3 = E   4 = A   5 = B   6 = F   7 = C

3 *Zusammen gehören:*   A + **da** + c   B + **während** + a   C + **wie** + d   D + **obwohl** + b

▷ S. 89 Multiple-Choice-Aufgaben

Richtig sind die Lösungen: **1** d)   **2** c)   **3** b)   **4** a)

▷ S. 90 Richtig-Falsch-Aufgaben

1 *Zutreffend sind die Aussagen: a, b und e.*

▷ S. 91 **2** *Mit dem Text stimmen überein die Aussagen: b, c, e und f.*

3 *Richtig sind die Lösungen: a und d.*

▷ S. 91 Einsetzaufgaben

1 *Die Reihenfolge der einzusetzenden Wörter lautet:* Buchdruck → Zeitung → Jahrhunderte → Fernsehen → Alltag → Medien → Nutzung.

2 *Die Verben müssen flektiert in dieser Reihenfolge eingesetzt werden:* scheint → bieten ... an → strahlen ... aus → erlaubt → kann → produziert → veröffentlichen → verwandelt sich.

3 *Folgende Wörter passen in die Lücken:* Internet → Entscheidungen → Darsteller → Szenen → Zuschauer → Abstimmung → Zukunft → Deutschland.

▷ S. 93 Kurzantworten

1 *Hier gibt es keine richtige oder falsche Lösung. So könnten deine Begründungen lauten:*
a = 1. Die technische Entwicklung vollzieht sich heute schneller als früher, weil wir mehr wissen. 2. Forschung und Entwicklung überschlagen sich durch die weltweite Zusammenarbeit im Internet.
b = 1. Niemand weiß, ob nicht noch ein viel gravierender Umbruch als nach Gutenberg bevorsteht; 2. Zu der Zeit Gutenbergs war die Neuerung viel revolutionärer als sie heute erscheint.

2 *So könnten deine Worterklärungen lauten:*
Eine **Anekdote** (Z. 42) ist ... eine kurze, meist witzige Geschichte, die sich z. B. während der Dreharbeit ereignet hat.
Eine **Jury** (Z. 45) ist ... eine Gruppe von Kritikern, die z. B. den besten Künstler wählt.
Eine **Beta-Version** (Z. 24) ist ... ein Testprogramm, das getestet und weiterentwickelt wird.

3 *Folgende Ergänzungen sind denkbar:*
a) Unter dem Begriff „Nebenbei-Medium" verstehe ich ... ein Medium, das ständig nebenherlaufen kann. Früher galt das für das Radio, heute ist es das Fernsehen, es läuft oft von morgens bis abends – auch auf dem PC.
b) Im Text heißt es dazu, ... dass Zattoo das Fernsehen zum Nebenbei-Medium erklärt habe, „für das man nicht mal mehr einen Fernseher" (Z. 19) brauche.
c) Ich bin der Meinung, dass ... es nicht sehr sinnvoll ist fernzusehen, während man z. B. gerade eine E-Mail tippt. Man sollte nicht mehrere Dinge gleichzeitig machen, da man sich nur auf eins voll und ganz konzentrieren kann. Gut finde ich die Möglichkeit, dass ich beim Internet-TV aktiv dabei sein kann, das macht mehr Spaß.

▷ S. 94 **4** a) *Hier gibt es keine richtige oder falsche Lösung. Wichtig ist, dass du deine Meinung schlüssig begründest.*
b) *Mögliche Begründungen, in denen alle Schaubilder berücksichtigt werden, sind:*

Lösungsheft

Für alle Grafiken gilt: In allen Schaubildern wird eine Entwicklung deutlich; kein Schaubild arbeitet mit Jahreszahlen.

	Pro	Kontra
A	Der Fortschritt in Form von konzentrischen Kreisen ist ein anschauliches Bild. Die Kreise werden größer, denn es verändert sich immer mehr – wie im Text beschrieben.	Der fehlende „offene Kreis" außen für die Zukunft fällt auf; er lässt das Bild in sich geschlossen wirken und entspricht nicht der Aussage des Textes zum Schluss.
B	Die Entwicklungen ist in Form von Stufen aufgebaut, Gutenbergs Buchdruck als Fundament liegt unten; alles wirkt anschaulich und klar strukturiert, gut verständlich.	Die Offenheit der Darstellung hätte man noch durch ein leeres Kästchen mit einem Fragezeichen deutlicher machen können, so wirkt es unfertig statt bewusst offen.
C	Hier sind die Etappen in einer Art Zeitstrahl dargestellt; der Ursprung ist klar, das Ergebnis ist offen, pro Abschnitt ereignen sich mehrere Neuerungen.	Für einen Zeitstrahl fehlen Jahreszahlen und auch so ist nichts weiter hervorgehoben; auch nach welcher Logik die Begriffe angeordnet sind, ist eher unklar.
D	Hier sind die Veränderungen im turbulenten Wirbel in einer Spirale angeordnet; Ausgangspunkt ist die Mitte, das Herz der Entwicklung, die klar markiert ist.	Das ganze Bild wirkt wie ein Labyrinth, man kann sich nicht sofort orientieren, was zwar sehr gut zur Aussage im Text passt, das Verständnis aber erschwert.

▷ S. 95 **5** *a) + b) So könnten deine Begründungen aussehen:*
PRO-Argumente *zu Gülcans Stellungnahme*

Ich finde Gülcans Stellungnahme gut, denn sie geht auf die Veränderungen und das Tempo im Bereich der Medienentwicklungen ein. Sie berichtet ehrlich über ihre Kenntnisse und bringt ihre Faszination zum Ausdruck. Außerdem zeigt sie sich offen und ist neugierig auf die Nutzungsmöglichkeiten, die sich für sie persönlich aus diesen Entwicklungen ergeben. Diese Begeisterung zeigt sich auch deutlich in ihrer abschließenden Bemerkung.

KONTRA-Argumente *zu Gülcans Stellungnahme*

Gülcans Beitrag hat aber auch Schwächen: Sie vernachlässigt das Problem, bei der rasanten Entwicklung als Nutzer noch mithalten zu können, was viele, vor allem ältere Menschen, völlig überfordert. Darüber hinaus geht sie mit keinem Wort auf Gefahren ein, die mit (übersteigerter) Mediennutzung einhergehen können, wie etwa bei der Spielsucht. Diese Stellungnahme ist mir daher zu unkritisch, denn Mediennutzung sollte Grenzen haben.

PRO-Argumente *zu Johannes' Stellungnahme*

Johannes Kommentar überzeugt mich mehr: Er geht relativ ausführlich auf den Text ein. Er benennt Vorzüge des Textes (Sachlichkeit, Informationsgehalt ...), aber auch sprachliche und inhaltliche Schwächen (z. B. Fachbegriffe). Nachvollziehbar ist, dass er als Nutzer von unterschiedlichen Medien Einseitigkeit ablehnt. Diese ausgewogene Position entspricht mir mehr, zumal ich wie er Bücher mag.

KONTRA-Argumente *zu Johannes' Stellungnahme*

Kritisieren kann man an diesem Beitrag, dass er die Vorteile der Entwicklungen seit Gutenberg deutlicher hätte herausstellen können. Denn wir alle profitieren heutzutage von der modernen Technik, die in Handys, PC und dem Internet mit seinen Möglichkeiten stecken. Dass sich (fast) jeder kostenlos informieren kann, ist für mich Ausdruck von Demokratie. Dasselbe gilt für den Mitmachfilm, bei dem ich mitreden darf. Das ist für mich die eigentliche Revolution: Der neue Umgang mit den Medien.

Punkteraster zur Selbsteinschätzung (zur Auswertung siehe Lösungsteil S. 9/10)

Nr.	Aufgabenstellung/Lösung	max. Punkte	deine Punkte
	Zuordnungsaufgaben (ab Seite 88)		
1	0,5 Punkte für jede richtig markierte Verbindungslinie.	2,5	
2	0,5 Punkte für jede richtig markierte Verbindungslinie.	3	
	Multiple-Choice-Aufgaben (ab Seite 89)		
1	0,5 Punkte für das richtig gesetzte Kreuz.	0,5	
2	0,5 Punkte für das richtig gesetzte Kreuz.	0,5	
3	0,5 Punkte für das richtig gesetzte Kreuz.	0,5	
4	0,5 Punkte für das richtig gesetzte Kreuz.	0,5	
	Richtig-Falsch-Aufgaben (ab Seite 90)		
1	0,5 Punkte für jedes richtige Kreuz.	3	
2	0,5 Punkte für jedes richtige Kreuz.	3	
3	0,5 Punkte für jedes richtige Kreuz.	2	
4	0,5 Punkte für jedes richtige Kreuz.	4	
	Einsetzaufgaben (ab Seite 91)		
1	0,5 Punkte für jeden richtig eingesetzten Begriff.	3,5	
2	0,5 Punkte für jedes richtig eingesetzte und gebeugte Verb.	4	
3	0,5 Punkte für jeden richtig eingesetzten Begriff.	4	
	Kurzantworten (ab Seite 93)		
1 a/b	0,5 Punkte für das gesetzte Kreuz.	0,5	
	3 Punkte für jede nachvollziehbare Begründung, die zum Text passt.	6	
2	1,5 Punkte für jede richtige Erklärung, die mit eigenen Worten formuliert ist.	4,5	
3 a	2 Punkte für die richtige Erklärung, die mit eigenen Worten formuliert ist.	2	
3 b	0,5 Punkt für die richtige Wiedergabe der Textpassage (mit Zeilenangabe).	1	
3 c	3 Punkte für die begründete Stellungnahme (These/Begründung/Beispiel).	3	
4 a	0,5 Punkte für deine Entscheidung.	0,5	
4 b	Je 3 Punkte für die zwei Argumente, je 1 Punkt für die erwähnten vier Grafiken.	10	
5 a	0,5 Punkte für die ausgefüllte Entscheidung.	0,5	
5 b	Je 3 Punkte für die vier Argumente, davon zwei Pro- und zwei Kontra-Argumente.	12	
	Gesamtpunktzahl:	= 71	